Forum ETHIK

Unterrichtsreihe für den Ethikunterricht am Gymnasium
10. Jahrgangsstufe

Herausgegeben von Gertrud Häußler
und Martin Euringer

Erarbeitet von Markus Birner, Martin Euringer,
Marcus Gerber, Susanne Geuder, Gertrud Häußler,
Jutta Kieler-Winter und Britta Stolte
Beratung: Dr. med. Franz Baedeker, Dr. Bruno Hügel,
Prof. Dr. Bernhard Schleißheimer

Ernst Klett Verlag
Stuttgart · Leipzig

1 5 4 3 2 1 | 15 14 13 12 11

1. Auflage

Programmbereich Klett-Auer

Herausgeberin/Herausgeber: Gertrud Häußler, Ulm, unter Mitwirkung von Dr. Martin Euringer, Manching
Autorinnen: Markus Birner, Regensburg; Martin Euringer, Manching; Marcus Gerber, München; Susanne Geuder, München; Gertrud Häußler, Ulm; Jutta Kieler-Winter, Neuburg a. D. und Britta Stolte, Unterhaching
Beratung: Dr. med. Franz Baedeker, Dr. Bruno Hügel, Prof. Dr. Bernhard Schleißheimer

Umschlaggestaltung: weissbunt design und kontext, Berlin
Illustrationen: Steffen Jähde
Satz: Fotosatz H. Buck, Kumhausen
Reproduktion: Meyle + Müller, Medien-Management, Pforzheim
Druck: Offizin Andersen Nexö, Leipzig

Printed in Germany
ISBN: 978-3-12-00**6251**-6

ISBN 978-3-12-006251-6
9 783120 062516

Inhaltsverzeichnis

1 Philosophisch-ethische Deutungen des Menschen

2 Ethik des wirtschaftlichen Handelns

3 Religionsphilosophie und vergleichende Betrachtung der Weltreligionen

4 Medizinethik

Anhang

Liebe Schülerinnen und Schüler!

„Was ist der Mensch?", „Gibt es Gott?", „Warum überhaupt arbeiten?" und „Darf man abtreiben? Was sind die Möglichkeiten und Grenzen moderner Medizin?" – diese Fragen sind Beispiele für die zentralen Themen Ihres Unterrichtsstoffes in der zehnten Jahrgangsstufe. Aber wie hängen diese Themen zusammen? Alle gründen sich auf anthropologische Vorstellungen. Die Anthropologie ist die Lehre vom Menschen, was ihn als Lebewesen auszeichnet und welche Eigenschaften er hat. Von solchen anthropologischen Einsichten sind die ethischen Fragen abhängig, die im vorliegenden Band gestellt werden. Je nachdem, als was für ein Wesen man den Menschen begreift, werden sich die Antworten auf ethische Probleme ändern. Im ersten Kapitel werden Ihnen klassische Modelle aus der Philosophiegeschichte vorgestellt, die mögliche Erklärungen dafür liefern, wie der Mensch zu verstehen ist. Da der Mensch ein Wesen ist, das in einer Gemeinschaft lebt, sind die wirtschaftlichen Rahmenbedingungen seines Daseins für das moralische Zusammenleben von großer Bedeutung. Unser Bild des Menschen ist auch stark von Religionen geprägt. Andererseits hat die Philosophie in ihrer Geschichte solche Vorstellungen stets kritisch beleuchtet. Ein ethischer Bereich, mit dem wir alle im Laufe unseres Lebens konfrontiert sind, ist die Medizinethik: Wie handeln wir in Situationen, bei denen wir in eine gesundheitliche Krise geraten – eine schwere Krankheit, der Tod von Angehörigen, der Wunsch nach gesunden Nachkommen und Ähnliches?

Die sechs Teile des Schulbuchs

Der Bildimpuls führt Ihnen die oft abstrakten Probleme vor Augen.

Die Texte bieten Ihnen Material zum Nachdenken über das jeweilige Thema.

Hier finden Sie Aufgaben, mit denen Sie den Unterrichtsstoff erarbeiten, vertiefen und diskutieren können. Die Diskussion, bei der man vernünftige Argumente austauscht, ist das zentrale Medium des Ethikunterrichts.

Hier erhalten Sie die nötigen Sachinformationen zu einem Thema.

Hier können Sie Ihr erworbenes Wissen anwenden und festigen.

Am Ende jedes größeren Abschnittes gibt es ein Memorierforum, das Ihnen hilft, sich Ihr Wissen dauerhaft zu merken.

Selbstbestimmt und selbstverantwortlich lernen

Die Buchreihe „Forum Ethik" lädt Sie durch eine Vielfalt interessanter Aufgabenstellungen dazu ein, mit Ihren Lehrern einen Plan für Ihren Unterricht zu erstellen. Dazu wählen Sie mit Ihrer Lehrkraft aus, welche Aufgaben Sie zu jedem Thema lösen wollen.
Wir wünschen Ihnen viel Erfolg und Vergnügen dabei!

Die Herausgeber

1 Philosophisch-ethische Deutungen des Menschen

1.1 Die Sophisten

Anton Wagner, Beredsamkeit (Relief am Parlamentsgebäude in Wien)

Martin Euringer: Wer sind die Sophisten und was wollen sie?

Versetzen wir uns in die Lage von Philosophiestudenten … [zur Zeit von Sokrates, das klassische Athen; Anm. d. Verf.], dann haben wir folgende Situation: Wir müssen uns mit 150 Jahren philosophischer Tradition herumschlagen, die sich durch eine Menge von unterschiedlichen philosophischen Standpunkten auszeichnet; Standpunkte, die sich einerseits widersprechen und andererseits alle von sich behaupten, wahr zu sein. Da muss etwas schief gelaufen sein! (…) Beim besten Willen kann nur eine dieser Antworten richtig sein; aber was stimmt da?[1]

Die Sophisten wenden sich von den Problemen einer philosophischen Naturerklärung ab und hinterfragen die Voraussetzungen des menschlichen Denkens. Eine solche „anthropozentrische Wende" wäre […] doch eigentlich ein Paradebeispiel für gutes Philosophieren. Es werden die Denkvoraussetzungen für bestimmte Argumente hinterfragt und anhand der Prüfung dieser Voraussetzungen neue Antworten entwickelt. Warum aber haben dann die Sophisten in der Philosophiegeschichte einen schlechten Ruf, wieso gilt der Ausdruck „Sophist" immer noch als beleidigend?

Es gibt dafür mehrere Gründe. Als erstes ist aus philosophiehistorischer Perspektive festzuhalten, dass sich Sokrates und in seiner Nachfolge Platon scharf gegen die Sophisten gewendet haben. Und deren Kritik (und Polemik) wurde im Lauf der Jahrhunderte beibehalten, sodass der Ausdruck „Sophist" auch heute noch einen schlechten Beigeschmack hat. Worin liegen aber die systematischen Gründe, die Sokrates und Platon zu ihrer Haltung bewogen? Man kann hier zwei Argumente nennen. Zum einen boten die Sophisten ihre Argumentationskunst zum Kauf an. Sie lehrten, wie man argumentiert und – vor allem bei Gerichtsreden – „die schwächere Sache zur stärkeren zu machen"[2]. Für einen Philosophen, der eben per se an der Wahrheit interessiert ist, ist das ein unerträgliches Verhalten. Philosophieren dient der Erkenntnis von Wahrheit und dem Mehren von Wissen; der Bezugspunkt aller Philosophie ist die Wahrheit und nicht irgendein anderes Objekt wie z. B. der Erfolg vor Gericht. Nur mithilfe der Rhetorik, polemisch gesprochen mithilfe von „Tricks", jemanden zu überzeugen, ist das Anliegen eines wahren Philosophen nicht.

Zum anderen muss ein zweites Argument gegen die Sophisten genannt werden, das sehr viel tiefer greift als das Argument von den Sprachverdrehern und Winkeladvokaten. Wir haben gerade gesehen, dass Philosophen im Gegensatz zu Sophisten an der Wahrheit interessiert sind. Nun führen aber die Sophisten, insbesondere Protagoras von Abdera (ca. 485–415) und Gorgias von Leontinoi (ca. 485–376), ein gültiges und gar nicht leicht zu widerlegendes philosophisches Argument für ihre Handlungsweise an. Sie behaupten nämlich, dass es so etwas wie Wahrheit gar nicht gibt. Sophisten sind erkenntnistheoretische und ethische Relativisten. Berühmt geworden ist etwa der Homo-Mensura-Satz des Protagoras: „Aller Dinge Maß ist der Mensch, der Seienden, wie sie sind, der Nichtseienden, wie sie nicht sind."[3]. Und hierin, in dieser Position, ist der zweite und eigentliche Hauptgrund zu sehen, warum Sokrates und Platon sich so vehement gegen die Sophisten gewehrt haben. Wenn die Sophisten mit ihrer Behauptung der Relativität allen Seins recht hätten, wäre jede Philosophie, aber auch nahezu jede Moral beliebig. Die Konsequenz wäre ein (moralischer) Nihilismus.

(Martin Euringer: Griechisch-römische Philosophie im interkulturellen Kontext, S. 42–44)

1 Skirbekk/Gilje, 1993, 39

2 Grünwald, 1991, 184 (Diels/Kranz, B 6b)

3 ebd. (Diels/Kranz, B 1)

Diskussionsforum

Anton Wagner, Beredsamkeit

1 Betrachten Sie das Bild und überlegen Sie, welche Bedeutung die Gesten der einzelnen Figuren haben.

2 Das Relief stammt nicht aus der Antike. Es wurde sehr viel später, im 19. Jahrhundert, von Anton Wagner hergestellt und schmückt das österreichische Parlamentsgebäude. Diskutieren Sie, ob Sie das Thema „Beredsamkeit" gut umgesetzt finden. Wie würden Sie dieses Thema in einem Relief darstellen?

3 Recherchieren Sie eine Propagandarede, z. B. aus der NS-Zeit. Analysieren Sie die in der Rede verwendeten sprachlichen und stilistischen Figuren. Welchen Beitrag leisten solche rhetorischen Mittel zum Erfolg einer Rede?

4 Diskutieren Sie darüber, wie man herausfinden kann, ob ein Mensch weniger an der Wahrheit als an seinem persönlichen Erfolg interessiert ist.

Martin Euringer: Wer sind die Sophisten und was wollen sie?

1 Gliedern Sie den Text in einzelne Sinnabschnitte und formulieren Sie dazu jeweils eine Hauptaussage oder leitende These.

2 Beantworten Sie folgende Frage im Rückgriff auf den Text: Mit welchen Sachverhalten beschäftigen sich die Sophisten?

3 Erklären Sie den Begriff der anthropozentrischen Wende in der Philosophie.

4 Stellen Sie die Vorwürfe, die den Sophisten gemacht wurden, heraus.

5 Diskutieren Sie darüber, ob man behaupten kann, dass die Sophisten es mit der Wahrheit nicht so ernst genommen haben.

6 Diskutieren Sie darüber, weshalb viele Sophisten der Meinung waren, dass es keine Wahrheit gibt. Beziehen Sie dabei den Satz „Der Mensch ist das Maß aller Dinge" auf die Frage nach der Wahrheit.

7 Die Philosophie bezeichnet alles (und zwar wirklich alles: Elefanten, Mathematik, Gefühle, Gedanken usw.), was existiert, mit dem Titel „Sein". Erklären Sie nun den Ausdruck „Relativität des Seins" am Beispiel
- des Problems der Abtreibung ungeborener Kinder,
- der Todesstrafe,
- von Tierversuchen.[4]

8 Wie würden Sie den Begriff des moralischen Nihilismus auffassen? Vergleichen Sie Ihre Vorstellungen mit denen des Textes.

Schon gewusst? Mord?

Lange Zeit war es bei den Inuit so, dass die älteren Menschen, die den langen Wanderungen durch die Eiswüste nicht mehr standhalten konnten, von ihren Kindern erschlagen wurden. Dabei sahen die Mitglieder der Inuit-Gesellschaft in einem solchen Tod ein würdigeres Ende als in einem Zugrundegehen im ewigen Eis und als Belastung der Familie.

1 Diskutieren Sie darüber, ob solche Fälle von Tötung als Mord zu betrachten sind.

2 Viele Denker sehen ein solches Handeln moralisch gerechtfertigt, denn die jeweilige Kultur und die in ihr lebenden Menschen bestimmen ihnen zufolge, was Mord ist. Diskutieren Sie die Folgen eines solchen moralischen Relativismus.

---

[4] Fallbeispiel: So kann ein Schüler sowohl Gründe dafür finden, weshalb es Noten geben muss, als auch, warum sie abzulehnen sind.

Informationsforum

Eine Wende in der Philosophie

Ein wichtiges Motiv für das Entstehen der griechischen Philosophie kann man in dem Interesse an einer Erklärung der Welt sehen, die über religiöse Dinge hinausreicht. Die Philosophen der griechischen **Vorsokratik** wollten wissen, wie die Wirklichkeit (Sein) um uns herum, aber auch geistige Dinge wie Mathematik und Logik funktionieren. Die Vielfalt möglicher Antworten hierzu war für die **Sophisten** verwirrend. So wollten sie herausfinden, wie das menschliche Denken verstanden werden kann. Sie richteten also ihre Aufmerksamkeit nicht mehr primär auf die Dinge in der Welt, sondern auf den Menschen, sein Denken und seine moralischen Probleme. In dieser **anthropozentrischen Wende** liegt die wichtige Bedeutung der Sophisten: Der Mensch ist zum ersten Mal in den **Mittelpunkt des Nachdenkens** gerückt.

Vorzüge der Sophistik

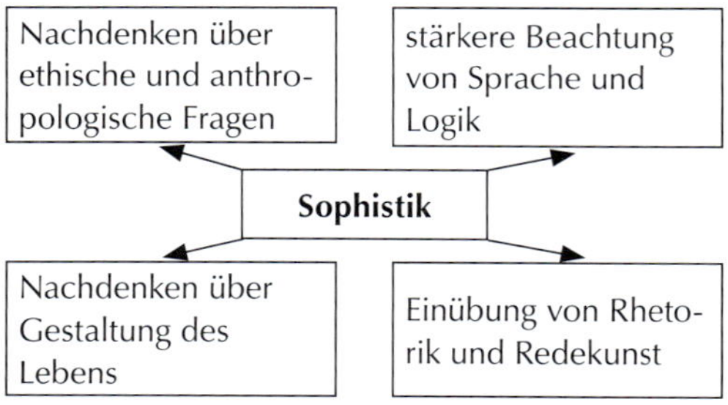

Dies zeigt sich am Beispiel des Sophisten Protagoras: „Der bedeutendste der Sophisten war Protagoras aus Abdera, der etwa von 480–410 gelebt hat. Ganz Griechenland durchwandernd lehrte er als einer der ersten die Kunst, in Rechtshandel und Politik die eigene Sache überzeugend zu vertreten, und erwarb dabei (…) Ruhm und Reichtum. Der berühmteste (…) Ausdruck des Protagoras lautet: „Der Mensch ist das Maß aller Dinge, des Seienden für das Sein, des Nichtseienden für das Nichtsein". Damit ist gesagt: es gibt keine absolute Wahrheit, sondern nur eine relative, keine objektive, sondern nur eine subjektive, eben für den Menschen. (…) Ein und derselbe Satz kann einmal wahr und das andere Mal falsch sein, je nachdem, von wem und unter welchen Umständen er ausgesprochen wird." (Störig, H. J.: Kleine Weltgeschichte der Philosophie)

Der Gedanke, dass es keine von uns unabhängige Wirklichkeit gibt, dass jede Wahrheit also vom Menschen abhängig ist, führt zu einem Problem: dem **Relativismus.**

Die Gefahr einer sophistischen Haltung

Wenn jede Wahrheit vom Denken und Fühlen, der jeweiligen Kultur und der Gesellschaft abhängig ist, gibt es viele unterschiedliche Wahrheiten nebeneinander. Dies hat auch gravierende Auswirkungen auf moralische Fragen: Wie soll man wissen, was gutes Handeln ist, wenn es keine objektive Wahrheit gibt? Gelten die Menschenrechte **universell**, gelten sie nicht, oder sind sie in jeder Kultur anders zu verstehen? Sokrates und Platon haben diese Folgen eines solchen Relativismus erkannt und sich deshalb mit Nachdruck gegen die Sophisten gewandt.

Das Wichtigste auf einen Blick

*Mit ihrer **Hinwendung zum Menschen** spielten die **Sophisten** eine zentrale Rolle für die **europäische Ethik und Anthropologie**. Ihr bekanntester Vertreter **Protagoras** schuf mit dem **Homo-Mensura-Satz** die Problemstellung des Relativismus; eine Frage, die bis heute nicht wirklich gelöst ist: „Der Mensch ist das Maß aller Dinge …".*

Aktionsforum

Gedankenexperiment: Eine neue Form des Sophismus?

Wulkan: Wahrheit

1 Was halten Sie von folgender Behauptung: In unserer modernen Gesellschaft gibt es Berufsgruppen, die ähnlich wie die Sophisten „die schwächere Sache zur stärkeren machen"? Dazu zählen: Rechtsanwälte, Werbefachleute, Sozialarbeiter, Politiker, Diplomaten, Ärzte, Lehrer, Psychologen.
Begründen Sie Ihre Einschätzung anhand von Beispielen.

2 Bringen Sie Ihre Ergebnisse in Bezug zum sophistischen Relativismus. Nutzen Sie dazu das Informationsforum.

Gedankenexperiment: Menschenrechtsverletzungen?

Verschiedene westliche Politiker und zahlreiche Menschenrechtsorganisationen mahnen immer wieder den Umgang der chinesischen Regierung mit Menschenrechtsverletzungen an. Die Antwort Chinas lautet, ihr Staat respektiere und gewährleiste die Menschenrechte. Jedoch unterscheide sich die Sichtweise der chinesischen Kultur in einigen Punkten grundsätzlich von dem westlichen Verständnis der Menschenrechte. So sei beispielsweise der Erhalt des chinesischen Staates wichtiger als individuelle Freiheiten wie Religionsfreiheit oder Pressefreiheit. Zudem sei es wichtiger, zuerst einmal wirtschaftliche Stabilität zu erlangen, bevor solche individuellen Freiheiten gewährt werden können. Diese chinesischen Vorstellungen seien tief in der asiatischen Kultur begründet.

1 Mit welchem Begründungsmuster begegnet China dem Vorwurf der Menschenrechtsverletzung? Halten Sie dies in eigenen Worten fest.

2 Erarbeiten Sie in Partnerarbeit weitere Möglichkeiten, wie China einem solchen Vorwurf begegnen kann.

3 Thematisieren Sie in einer Plenumsdiskussion, wie die westlichen Länder auf eine solche Haltung reagieren sollten.

4 Verfassen Sie einen Essay in ca. 200 Worten, in dem Sie die Problematik der chinesischen Argumentation darlegen. Nutzen Sie dafür auch das Informationsforum und die Ausführungen über das Verfassen eines Essays (Seite 10).

Chinesische Polizisten nehmen eine Anhängerin der Falun-Gong-Sekte fest (am 9.12.1999 vor dem Hotel Lisboa in Macao)

Methode: Das Verfassen eines philosophischen Essays

Eine der bekanntesten philosophischen Formen des Schreibens ist der Essay. Das Wort stammt aus dem Französischen und bedeutet soviel wie „Versuch". Der erste Philosoph, der diese Textart benutzte, war *Michel de Montaigne* (1533–1592).

Michel Eyquem de Montaigne-Delecroix (1533–1592), zeitgenössisches Porträt um etwa 1578

In seinem Hauptwerk, eben den „Essais", beschäftigte er sich mit verschiedenen philosophischen Problemen aus den Bereichen Erkenntnistheorie, Ethik, aber auch Geschichte und Pädagogik. So untersuchte er z. B. „Von der Trunksucht", „Über die Traurigkeit", „Über das Schlafen" oder „Über einen Mangel unserer öffentlichen Verwaltung". Dabei beschränkte er sich aber immer auf „Versuche"; d. h. er beabsichtigte zwar eine rationale und präzise Lösung eines Problems, war sich aber andererseits bewusst, dass er keine vollständige und nach allen Seiten hin abschließende Untersuchung bieten konnte. Ein Essay hat also immer einen vorläufigen Charakter und spiegelt eine individuelle und persönliche, aber dennoch strukturierte und durchdachte Betrachtungsweise des Autors wider.

Auch heute zählen Essays zu den beliebtesten philosophischen, aber auch journalistischen Darstellungsformen.

Hier einige Anregungen zum Schreiben von Essays:

- *Ähnlich wie bei einer Erörterung, die Sie aus dem Deutschunterricht kennen, müssen Argumente gesammelt und geordnet werden.*
- *Im Unterschied zur Erörterung dürfen im Essay persönliche Erfahrungen und Ansichten eine viel stärkere Rolle spielen. Allerdings sollten sie nachvollziehbar und begründet sein. Insofern haben auch kürzere erzählende Passagen im Essay ihren Platz.*
- *Der Essay darf ruhig provokant sein: Er will den Leser schließlich von einer Position überzeugen und verwendet deshalb auch bewusst sprachliche Mittel. Ein Essay ist also sprachlich ausgefeilt und bewusst gestaltet.*
- *Ein Essay will kein wissenschaftlich völlig ausgearbeitetes Ergebnis liefern. Er darf sich deshalb auf einzelne Aspekte konzentrieren. Andererseits ist er ein durch und durch rationales Instrument zur Lösung eines gedanklichen Problems. Insofern verlangt er eine gedanklich tiefe Durchdringung der jeweiligen angesprochenen Sachverhalte.*

Fasst man zusammen, was einen guten Essay ausmacht, so kann man einen anschaulichen Vergleich ziehen. Ein guter Essay ist wie ein schöner Bergsee: klar und tief!

1.2 Sokrates

Sokrates (469 v. Chr.–399 v. Chr.)

Hans-Georg Gadamer: Ein sokratischer Dialog

Sokrates: Wohin so eilig?

Fred: Zum Tennis!

Sokrates: Wo spielst du denn?

Fred: Nun, doch natürlich in dem besten Klub der Stadt.

Sokrates: So, du weißt also, welcher der beste ist?

Fred: Natürlich.

Sokrates: Das interessiert mich. Bei so vielen Dingen habe ich vergebens gefragt, was das ist, was etwas gut sein lässt. Ich bin glücklich, jemanden gefunden zu haben, der es weiß, wenn auch nur im Tennis. Darf ich fragen?

Fred: Bitte.

Sokrates: Sag mir: Warum ist dein Klub der beste?

Fred: Weil man die besten Verbindungen bekommt.

Sokrates: Was für Verbindungen? Zum Tennisspielen?

Fred: Ach wo, halt Verbindungen.

Sokrates: Aber sage mir, gehst du nicht in den Tennisklub, um Tennis zu spielen?

Fred: O ja, das auch.

Sokrates: Nun, dann sage mir, warum dein Klub für dein Tennisspielen der beste ist.

Fred: Weil da die besten Spieler sind.

Sokrates: Das ist eine überzeugende Antwort. Und dennoch habe ich da noch eine kleine Schwierigkeit: Sag mir, mein Freund, wenn es nun alles viel bessere Spieler sind als du – hast du schon einmal erlebt, dass bessere Spieler mit viel schlechteren spielen wollen?

Fred: Gewiss nicht.

Sokrates: Ist es dann nicht richtiger, in einen Klub zu gehen, wo man gleich gute Spieler findet?

Fred: Offenbar.

Sokrates: Aber was heißt: gleich gute Spieler? Solche, die es glauben zu sein, oder solche, die es sind, wenn sie sich auch selbst für besser halten?

Fred: Die es glauben und sind, denn die anderen würden dann doch wieder nicht mit mir spielen.

Sokrates: O weh, mein Lieber, was hast du da gesagt? Hast du schon erlebt, dass jemand, der mit einem anderen gleich gut ist, nicht meint, besser zu sein?

Fred: Ja, das ist wahr.

Sokrates: Ein solcher wird also nicht mit dir spielen mögen. Mit dem wirst du also dann spielen, wenn die, die gleich gut sind, glauben, zu gut zu sein?

Fred: Mit den Schlechteren, die glauben, gleich gut zu sein.

Sokrates: Aber dann lernst du doch wieder nichts. Und außerdem, wenn sie es merken, dass sie schlechter sind, werden sie sich nicht danach drängen, mit dir zu spielen, weil sie doch wollen, dass man sie für gleich gut hält.

Fred: Allerdings.

Sokrates: Es ergibt sich also mein Lieber: nicht wegen der Spieler ist dein Klub der beste. (…)

(Hans-Georg Gadamer, Ein „sokratischer" Dialog, 1965)

Diskussionsforum

Porträt des Sokrates

1 Erstellen Sie nach dem vorliegenden Bild eine passende Personenbeschreibung. Vergleichen Sie anschließend Ihre Beschreibung mit der Charakterisierung Karl Jaspers, die im Informationsforum zitiert wird (Seite 14).

2 Reflektieren Sie den Unterschied zwischen Schönheit und Charisma in Bezug auf konkrete Beispiele.

3 Wie unterscheiden Sie „innere und äußere" Schönheit? Halten Sie Ihre Antworten in einer zweispaltigen Tabelle fest.

4 Vergleichen Sie die Darstellung von Sokrates einerseits mit der Darstellung auf Seite 18, andererseits mit Skulpturen und Gemälden, die Sie in Lexika oder im Internet finden. Beurteilen Sie, inwiefern in die einzelnen Darstellungen ein Pathos gelegt wird.

Hans-Georg Gadamer: Ein sokratischer Dialog

1 Lesen Sie den Text und überlegen Sie, in welche Abschnitte sich der Dialog gliedern lässt. Begründen Sie Ihre Entscheidung.

2 Ermitteln Sie, welche Absicht Sokrates mit seinem Gespräch verfolgt.

3 Vergleichen Sie dieses Gespräch mit Gesprächen, die im Alltag zwischen fremden Menschen geführt werden. Halten Sie Gemeinsamkeiten oder Unterschiede fest.

4 Versetzen Sie sich in die Lage von Fred. Würden Sie mit Sokrates wieder ein Gespräch führen wollen? Erläutern Sie Ihre Auffassung.

5 Diskutieren Sie die Frage, inwiefern dieses sokratische Gespräch lehrreich ist oder zu einer besseren Selbsterkenntnis beiträgt. Begründen Sie Ihr Urteil im Rückbezug auf den Text.

6 Es gibt viele Versuche, die Gesprächshaltung des Sokrates näher zu charakterisieren und hieraus Regeln für die Führung eines Dialogs abzuleiten. Diskutieren Sie, inwiefern die nachfolgenden Regeln dies leisten können. Begründen Sie Ihr Urteil unter Rückbezug auf den Text.

Gesprächsregeln

- Sag stets deine eigene Meinung.
- Sprich in klaren, kurzen Sätzen.
- Höre deinem Gesprächspartner genau zu.
- Teile deine Zweifel ehrlich mit.
- Hinterfrage das eigene Denken und Handeln ebenso wie das des Gesprächspartners.

Quer gedacht: Was hätte Sokrates dazu gesagt?

„Die Wahrheit ist die Tochter der Eingebung; doch Analysieren und Debattieren hält die Menschen von ihr fern."

(Khalil Gibran, 1883–1931)

1 Erklären Sie die unterschiedlichen Aussagegehalte des Aphorismus und der Karikatur.

2 Diskutieren Sie, wie Sokrates auf die beiden Quellen reagiert hätte.

Informationsforum

Das Leben des Sokrates

„Merkwürdig ist, dass wir das Aussehen des Sokrates kennen. Er ist der erste Philosoph, der körperlich leibhaftig vor uns steht. Er war hässlich, die Augen quollen vor. Stülpnase, dicke Lippen, dicker Bauch, gedrungener Körperbau ließen ihn den (...) Satyrn ähnlich erscheinen. Leicht ertrug er mit unerschütterlicher Gesundheit Strapazen und Kälte. Unser Bild des Sokrates ist das des älteren Mannes. Über seine Jugend fehlt jede Kunde."

(Karl Jaspers, Große Philosophen, 1959, S. 107)

Dieser äußerlich unscheinbare, ja geradezu hässliche Mann nimmt einen hervorragenden Platz in der Philosophiegeschichte ein. Wie kommt das?

Geboren wurde er ca. 470 v. Chr. in Athen, wo er 399 zum Tode durch den Schierlingsbecher, ein Gifttrunk, verurteilt und hingerichtet wurde. Seine Mutter war Hebamme, sein Vater Steinmetz. Diesen Beruf übte auch Sokrates aus: Im Gegensatz zu vielen anderen Philosophen war er also keineswegs begütert und war finanziell auf die Zuwendungen von Freunden angewiesen. Er verbrachte seinen Tag damit, dass er in Athen spazieren ging und sich – so berichten es die Schriften Platons und Xenophons – mit den Athener Bürgern unterhielt. Dabei scheute er sich auch nicht, angesehenen Bürgern zu zeigen, dass sie mit ihren Meinungen und Ansichten oftmals im Unrecht waren. So wurde er zu einer bewunderten, aber auch gehassten Berühmtheit in der Stadt, die sehr bald einen Kreis von Schülern um sich scharte.
Sein bekanntester Schüler war der Philosoph Platon, den noch heute viele für den einflussreichsten Denker der Menschheitsgeschichte erachten.
Aufgrund seiner manchmal respektlos erscheinenden Fragekunst und seines angeblich verderblichen Einflusses auf die Jugend wurde Sokrates wegen Gotteslästerung zu Unrecht angeklagt und schließlich zum Tode verurteilt. Das Todesurteil nahm er gelassen als gültiges Fehlurteil hin.

Grundpositionen der Sokratischen Philosophie

Darf man den schriftlich fixierten Dialogen des Platon glauben, die unsere wichtigste Quelle für Sokrates sind, so wanderte der Philosoph in Athen umher und verwickelte mit Vorliebe diejenigen Leute in ein Gespräch, die sich für Spezialisten in einem bestimmten Fachgebiet hielten. So befragte er beispielsweise Feldherren darüber, was Tapferkeit sei. Bei Beginn der Unterhaltung gaben die Feldherren noch sehr selbstbewusst Antworten, als ob es selbstverständlich sei, dass sie über diese Frage Bescheid wüssten.

Auf der agora (Marktplatz, heutige Ansicht) versammelten sich die Athener zum Handeln, Reden, Politisieren und Philosophieren

Sobald sie jedoch länger mit Sokrates redeten, wurden sie immer unsicherer. Denn es gelang Sokrates durch eine bestimmte Technik der Gesprächsführung – in Anlehnung an den Beruf seiner Mutter **Hebammenkunst** (Mäeutik) genannt – herauszufinden, dass seine Gesprächspartner überhaupt nicht die logischen Vorbedingungen ihrer Behauptungen bedacht hatten. Sie mussten also – für große Feldherren natürlich recht peinlich – zugeben, dass sie gar keine Ahnung hätten, was Tapferkeit eigentlich sei.

Sokrates war bei uneinsichtigen Gesprächspartnern oft sehr **ironisch**, bezog dies aber auch auf sich selbst. Denn auch er selber, so lautet ein bekannter Satz von ihm, **wisse nur, dass er nichts wisse**. Die Gespräche des Sokrates endeten also oftmals ergebnisoffen, in der sogenannten **Aporie**[1].
Statt einfach sogenannten Autoritäten zu glauben, verließ sich Sokrates lieber auf seinen eigenen Verstand und sein Gewissen. Diese „innere Stimme", sein **daimonion**, riet ihm dazu, alle **Behauptungen zu hinterfragen** und sich an Wahrheit und Gerechtigkeit zu halten. Damit hatte er in den Sophisten, die ja gerade einen philosophischen Relativismus verfochten, seine Lieblingsgegner gefunden. Diesen Prinzipien blieb er treu, obwohl sie ihn letzten Endes das Leben kosteten.
Sokrates hat also in der Philosophie einerseits durch sein **persönliches Vorbild**, andererseits durch seine philosophische **Methode** des richtigen Fragens grundlegende Bedeutung erlangt.

Gustav Spangenberg: Sokrates und seine Schüler (1883/88)

[1] die Unmöglichkeit, eine philosophische Frage zu lösen

Das Sokratische Fragen: Begriffsanalyse

Wenn Sokrates beispielsweise nach der Tapferkeit fragt, so will er herausfinden, was Tapferkeit überhaupt bedeutet. Er ist also nicht daran interessiert, lediglich Teilantworten zu erhalten, etwa dass Tapferkeit Missachtung der Todesfurcht sei. Eine solche Bestimmung träfe nämlich nur in bestimmten Situationen zu. Sokrates möchte etwas über **allgemeingültige Begriffe** herausfinden, die eine **universelle** Bedeutung haben.

Durch eine Analyse von Begriffen wie Gerechtigkeit, Tapferkeit, Wahrheit und so fort ist es möglich, eine feste, eben in jedem Fall gültige Einsicht in diese Haltungen und Werte zu bekommen. Wenn wir aber über diese ein wahres Wissen erlangen, dann können wir auch eine **für alle Menschen gültige Moral** aufstellen.
Diese erstmals von Sokrates entwickelte **Begriffsanalyse** ist das Grundmodell allen wissenschaftlichen Fragens bis heute:

1. Formulieren einer Ausgangsfrage
2. Versuch einer Definition/These
3. Versuch einer Kritik, z. B. durch einen Selbstwiderspruch
4. Schlussfolgerung: Akzeptanz oder Ablehnung von 2.

Damit hat Sokrates ein **Menschenbild** entworfen, das von einer unbedingten **Wahrheitssuche** mit **wissenschaftlichen Mitteln** geprägt ist. Zugleich verbindet sich mit diesem Menschenbild die Vorstellung, dass diese Wahrheit zur **moralischen Verbesserung** des Menschen beiträgt.

Das Wichtigste auf einen Blick

*Sokrates gilt als der Begründer modernen philosophischen Denkens. Dies zeigt sich in seiner Methode der **Begriffsanalyse**, die versucht, **Allgemeinbegriffe** zu verstehen und auf diese Weise **moralische Werte** zu garantieren.*

Aktionsforum

Gedankenexperiment: Für Wahrheit einstehen?

Ähnlich wie Sokrates wurde einige Jahre später Aristoteles wegen seiner philosophischen Ansichten angeklagt. Im Gegensatz zu Sokrates floh er jedoch aus Athen. Er wolle nicht, so sagte er, dass sich die Athener ein zweites Mal an der Philosophie versündigten.

Diskutieren Sie: Muss ein Philosoph bereit sein, für seine Überzeugungen mit dem Leben einzustehen? Oder kann er sich auf folgenden Standpunkt stellen: „Philosophen suchen die Wahrheit. Eine Aussage kann auch dann wahr sein, wenn die meisten Menschen sie nicht als wahr erkennen. Vielleicht ist dies in meinem Falle so, also ist es sinnlos, mein Leben für eine Wahrheit zu opfern, die die anderen nicht erkennen können."

Gedankenexperiment: Xanthippe

Xanthippe, die Frau des Sokrates, hat in der Geistesgeschichte einen schlechten Ruf: Sie gilt als zänkisch und streitsüchtig; immer wieder versucht sie ihren Mann vom Philosophieren abzuhalten und ihn dazu zu bewegen, einem ordentlichen Beruf nachzugehen.

Luca Giordano: Xanthippe schüttet Sokrates Wasser in den Kragen (undatiert, um 1660/65)

1 Stellen Sie sich vor, Ihr Partner würde einer brotlosen Kunst nachgehen; er forscht philosophischen Fragen nach, um die Wahrheit zu finden und so die Gesellschaft zu verbessern, vernachlässigt dabei aber seine Familie. Verfassen Sie ein Streitgespräch.

2 Verfassen Sie ein Streitgespräch zwischen Sokrates und Xanthippe, in dem Sie den Ansichten beider gerecht werden.

Philosophische Untersuchungen: Philosophie als Königin der Wissenschaften?

Viele Jahrhunderte galt die Philosophie als Königin der Wissenschaften. Ihr wurde aufgrund ihrer streng logischen Ausrichtung und ihrem Interesse an den grundlegenden Prinzipen gegenüber anderen Wissenschaften ein Vorrang eingeräumt. Diese Sicht der Philosophie wurde den Philosophen später allerdings als Arroganz ausgelegt – zu Recht?

Prüfen Sie diese Frage mithilfe der von Sokrates entwickelten philosophischen Methode: der Begriffsanalyse.

1 Erstellen Sie in Partnerarbeit auf einem DIN-A4-Papier ein Schaubild zur Begriffsanalyse. Hilfen hierzu finden Sie im Informationsforum auf S. 15 (Abschnitt „Das Sokratische Fragen: Begriffsanalyse").

2 Vergleichen Sie Ihre Ergebnisse in der Klasse und entwickeln Sie aus den verschiedenen Entwürfen ein möglichst klares und aussagekräftiges Schaubild.

3 Legen Sie Ihr Schaubild Lehrkräften unterschiedlicher Fächer mit der Bitte um Stellungnahme vor. Eine Anregung hierfür finden Sie auf Seite 17.

4 Fassen Sie Ihre Interviewergebnisse in einer Grafik zusammen, die deutlich macht, welche Fächer näher, welche weiter von einem philosophischen Fragen und Denken im Sinne der sokratischen Begriffsanalyse liegen.

Fragebogen

Fach: ____________________

Beantworten Sie die Fragen möglichst spontan!

Ihr Schaubild

(1) Handelt es sich bei dem skizzierten Vorgehen um eine wissenschaftliche Herangehensweise?

Ja ☐ *Nein* ☐

Begründung: ____________________

(2) Schätzen Sie die Brauchbarkeit dieses Verfahrens für die mit Ihrem Fach verbundene(n) Wissenschaft(en) ein!

–3 –2 –1 0 +1 +2 +3

Philosophische Untersuchungen: Apologie[2] des Sokrates

Der griechische Philosoph Sokrates wurde 399 v. Chr. in Athen zum Tode verurteilt, da er bei einigen mächtigen Mitbürgern seiner Polis zu kritisch nachfragte. Nachdem der Urteilsspruch verkündet war, erhielt Sokrates nochmals das Wort.

„Lasst uns aber auch so erwägen, wie viel Ursache wir haben zu hoffen, es sei etwas Gutes. Denn eins von beiden ist das Totsein: entweder so viel als nichts sein noch irgend eine Empfindung von irgend etwas haben, wenn man tot ist; oder, wie auch gesagt wird, es ist eine Versetzung und Umzug der Seele von hinnen an einen andern Ort. Und es ist nun gar keine Empfindung, sondern wie ein Schlaf, in welchem der Schlafende auch nicht einmal einen Traum hat, so wäre der Tod ein wunderbarer Gewinn. Denn ich glaube, wenn jemand einer solchen Nacht, in welcher er so fest geschlafen, dass er nicht einmal einen Traum gehabt, alle übrigen Tage und Nächte seines Lebens gegenüberstellen und nach reiflicher Überlegung sagen sollte, wie viel er wohl angenehmere und bessere Tage und Nächte als jene Nacht in seinem Leben gelebt hat, so glaube ich, würde nicht nur ein gewöhnlicher Mensch, sondern der Großkönig selbst finden, dass diese sehr leicht zu zählen sind gegen die übrigen Tage und Nächte. Wenn also der Tod etwas solches ist, so nenne ich ihn einen Gewinn, denn die ganze Zeit scheint ja auch nicht länger auf diese Art als eine Nacht. Ist aber der Tod wiederum wie eine Auswanderung von hinnen an einen andern Ort, und ist das wahr, was gesagt wird, dass dort alle Verstorbenen sind, – was für ein größeres Gut könnte es wohl geben als dieses, ihr Richter? Denn wenn einer, in der Unterwelt angelangt, nun dieser sich so nennenden Richter entledigt dort die wahren Richter antrifft, von denen auch gesagt wird, dass sie dort Recht sprechen, den Minos und Rhadamanthys und Aiakos und Triptolemos[3], und welche Halbgötter sonst gerecht gewesen sind in ihrem Leben, – wäre das wohl eine schlechte Umwanderung? Oder auch mit dem Orpheus[4] umzugehen und mit Musaios und Hesiodos und Homeros[5], – wie teuer möchtet ihr das wohl erkaufen? Ich wenigstens will gern oftmals sterben, wenn dies wahr ist. Ja, mir zumal wäre es ein herrliches Leben, wenn ich dort den Palamedes und Aias[6], des Telamon Sohn, anträfe, und wer sonst noch unter den Alten eines ungerechten Gerichtes wegen gestorben ist: mit dessen Geschick das meinige zu vergleichen, das müsste, glaube ich, gar nicht unerfreulich sein. Ja, was das Größte ist, die dort eben so ausfragend und ausforschend zu leben, wer unter ihnen weise ist, und wer es zwar glaubt, es aber nicht ist. Für wie viel, ihr Richter, möchte das einer wohl annehmen, den, welcher das große Heer nach Troia führte, auszufragen, oder den Odysseus oder Sisyphos, und viele andere

[2] Verteidigung, Verteidigungsrede, -schrift

[3] griechische Götter und Richter

[4] mythischer Sänger

[5] griechische Schriftsteller

[6] Figuren aus der Ilias

könnte einer nennen, Männer und Frauen, mit welchen dort zu sprechen und umzugehen und sie auszuforschen auf alle Weise eine unbeschreibliche Glückseligkeit wäre! Gewiss werden sie einen dort um deswillen doch wohl nicht hinrichten: Denn nicht nur sonst ist man dort glückseliger als hier, sondern auch die übrige Zeit unsterblich, wenn das wahr ist, was gesagt wird.

Also müsst auch ihr, Richter, gute Hoffnung haben in Absicht des Todes und dies eine Richtige im Gemüt halten, dass es für den guten Mann kein Übel gibt weder im Leben noch im Tode, noch dass je von den Göttern seine Angelegenheiten vernachlässigt werden. Auch die meinigen haben jetzt nicht von ohngefähr diesen Ausgang genommen: sondern mir ist deutlich – dass sterben und aller Mühen entledigt werden schon das Beste für mich war. (...) Jedoch – es ist Zeit, dass wir gehen: ich, um zu sterben, und ihr, um zu leben. Wer aber von uns beiden zu dem besseren Geschäft hingehe, das ist allen verborgen außer nur Gott."

(Platon, Apologie des Sokrates, Auszüge)

1 Gliedern Sie den Text in einzelne Sinnabschnitte und formulieren Sie dazu jeweils eine Hauptaussage oder leitende These.

2 Entwickeln Sie in Form eines kurzen Essays die zwei prinzipiellen Deutungsmöglichkeiten, die Sokrates für den Begriff Tod darstellt.

3 Diskutieren Sie darüber, welche Kritikmöglichkeiten es an der Position des Sokrates geben könnte. An welchen Stellen erscheint Ihnen seine Position
- falsch,
- verbesserungswürdig,
- überzeugend?

4 „Nun ist unklar, ob Sokrates der Auffassung war, man könne allein mit der Vernunft, durch die Analyse der Begriffe, zur vollen Einsicht des Guten (der Tugend) gelangen. (...) Aber wenn Sokrates vielleicht auch keine endgültige philosophische (...) Antwort gegeben hat, so hat er doch dazu beigetragen, die Moral erkenntnistheoretisch auf eine sichere Basis zu stellen: Um das Gute zu tun, muss ich wissen, was das Gute ist. Das Gute, so meint Sokrates, sei ein Allgemeinbegriff. Die Begriffsklärung solcher Allgemeinbegriffe wie das Gute, Glück, Tugend usw. ist deshalb für eine richtige Lebensführung unerlässlich, weil wir das Gute nur tun können, wenn wir wissen, was mit diesem ethischen Allgemeinbegriff gemeint ist. Die einzelne Handlung wird an diesen universellen ethischen Begriffen gemessen. Das Universelle an diesen Begriffen garantiert sowohl ein wahres Wissen (weil das Wissen allgemein ist und nicht speziell oder zufällig) wie auch eine objektive (für jeden gültige) Moral."

(Skirbekk, G./Gilje, N.: Geschichte der Philosophie. Bd. 1. 1993, S. 62 f.)

1 Erklären Sie, worin die Aufgabe der Begriffsanalyse besteht. Unterscheiden Sie dabei eine allgemeine Aufgabe und die spezifische Aufgabe in der Ethik.

2 Diskutieren Sie, inwiefern Sokrates im vorliegenden Text (Apologie) eine solche Begriffsanalyse durchführt.

3 Erläutern Sie: Worin unterscheidet sich Sokrates' Position von der der Sophisten? Verwenden Sie in Ihrer Erläuterung den Begriff „universell".

Jacques-Louis David: Der Tod des Sokrates, 1787

1.3 Platon – Höhlengleichnis

Carsten Nicolai: Polylit, 2006, Stuttgart

Platon: Das Höhlengleichnis

Sokrates unterhält sich mit seinem Schüler in Platons Werk „Der Staat“ (Politeia) über fast alle Themen, mit denen sich Philosophen beschäftigen. Im berühmten „Höhlengleichnis“ erklärt der Ich-Erzähler Sokrates seinem Schüler Glaukon, wie die menschliche Natur zu verstehen sei.

Und jetzt will ich dir ein Gleichnis für uns Menschen sagen, wenn wir wahrhaft erzogen sind und wenn wir es nicht sind. Denke dir, es lebten Menschen in einer Art unterirdischer Höhle, und längs der ganzen Höhle zöge sich eine breite Öffnung hin, die zum Licht hinaufführt. In dieser Höhle wären sie von Kindheit an gewesen und hätten Fesseln an den Schenkeln und am Halse, so dass sie sich nicht von der Stelle rühren könnten und beständig geradeaus schauen müssten. Oben in der Ferne sei ein Feuer, und das gäbe ihnen von hinten her Licht. Zwischen dem Feuer aber und diesen Gefesselten führe oben ein Weg entlang. Denke dir, dieser Weg hätte an seiner Seite eine Mauer, ähnlich wie ein Gerüst, das die Gaukler vor sich, den Zuschauern gegenüber, zu errichten pflegen, um darauf ihre Kunststücke vorzuführen.

Ja, ich denke es mir so.

Weiter denke dir, es trügen Leute an dieser Mauer vorüber, aber so, dass es über sie hinwegragt, allerhand Geräte, auch Bildsäulen von Menschen und Tieren aus Stein und aus Holz und überhaupt Erzeugnisse menschlicher Arbeit. […]

Welch seltsames Gleichnis! Welch seltsame Gefangene!

Sie gleichen uns! – Haben nun diese Gefangenen wohl von sich selber und voneinander etwas anderes gesehen als ihre Schatten, die das Feuer auf die Wand der Höhle wirft, der sie gegenübersitzen?

Wie sollten sie! Sie können ja ihr Leben lang nicht den Kopf drehen!

Ferner: von den Gegenständen, die oben vorübergetragen werden? Doch ebenfalls nur ihre Schatten?

Zweifellos.

Und wenn sie miteinander sprechen können, so werden sie in der Regel doch wohl von diesen Schatten reden, die da auf ihrer Wand vorübergehen.

Unbedingt.

Und wenn ihr Gefängnis auch ein Echo von der Wand zurückwirft, sobald ein Vorübergehender spricht, so werden sie gewiss nichts anderes für den Sprecher halten als den vorüberkommenden Schatten.

Entschieden nicht.

Überhaupt, sie werden nichts anderes für wirklich halten als diese Schatten von Gegenständen menschlicher Arbeit.

Ja, ganz unbedingt.

Nun denke dir, wie es ihnen ergeht, wenn sie frei werden, die Fesseln abstreifen und von der Unwissenheit geheilt werden. Es kann doch nicht anders sein als so. Wenn einer losgemacht wird, sofort aufstehen muss, den Hals wenden, vorwärts schreiten und hinauf nach dem Licht schauen muss – das alles aber verursacht ihm natürlich Schmerzen, und das Licht blendet ihn so, dass er die Gegenstände, deren Schatten er bis dahin sah, nicht erkennen kann –, was wird er dann wohl sagen, wenn man ihm erklärt: bis dahin habe er nur eitlen Tand gesehen – jetzt sei er der Wahrheit viel näher und sähe besser – denn die Gegenstände hätten höhere Wirklichkeit, denen er jetzt zugewendet sei! Und weiter, wenn man auf die einzelnen Gegenstände hinzeigt und ihn fragt, was sie bedeuteten. Er würde doch keine einzige Antwort geben können und würde glauben, was er bis dahin gesehen, hätte mehr Wirklichkeit, als was man ihm jetzt zeigt.

Weit mehr.

Und zwingt man ihn, das Licht selber anzusehen, so schmerzen ihn doch die Augen. Er wird sich umkehren, wird zu den alten Schatten eilen, die er doch ansehen kann, und wird sie für heller halten als das, was man ihm zeigt.

Ja, das wird er tun.

Und zieht man ihn gar den rauen steilen Ausgang mit Gewalt hinauf und lässt nicht ab, bis man ihn hervor ins Sonnenlicht gezogen hat, so steht er doch Qualen aus, wehrt sich unwillig, und, ist er oben im Licht, so hat er die Augen voller Glanz und kann kein einziges von den Dingen sehen, die wir wirklich nennen.

Nein. wenn es plötzlich geschieht, nicht.

Er muss sich an das Licht gewöhnen, wenn er die Gegenstände oben sehen will. Zuerst wird er wohl am besten die Schatten erkennen, später die Spiegelungen von Menschen und anderen Gegenständen im Wasser, dann sie selber. […]

Freilich.

Schließlich wird er in die Sonne selber sehen können, also nicht bloß ihre Spiegelbilder im Wasser und anderswo hier unten erblicken, sondern sie selber oben an ihrem Ort. Er wird ihr Wesen begreifen.

Unbedingt.

Und dann vermag er den Schluss zu ziehen, dass sie es ist, die Jahreszeiten und Jahre hervorbringt, die über die ganze sichtbare Welt waltet und von der in gewissem Sinne alles, was man sieht, ausgeht.

Es ist klar, dass er hierhin zuletzt gelangt.

Nun weiter! Wenn er jetzt an die alte Wohnung zurückdenkt und an die dortige Weisheit und an seine Mitgefangenen, so preist er sich doch glücklich über den Wechsel und bedauert jene.

Gewiss.

Und wie denkt er über die Ehrungen und Lobsprüche und Geschenke, die man da unten voneinander erhielt? Nämlich dann, wenn einer die vorbeikommenden Schatten recht genau erkannte und sich am besten einprägte, welche zuerst, welche nachher und welche zu gleicher Zeit zu erscheinen pflegten, wodurch er denn die in Aussicht stehenden gut erraten konnte. Wird es ihn noch danach verlangen? Wird er die Leute beneiden, die unten in Ansehen stehen und die Macht in Händen haben? Oder wird es ihm so ergehen wie es bei Homer steht? Das heißt, wird er weit lieber Ackerknecht bei einem armen Manne sein und alles aushalten wollen, als jenen Wahn teilen und jenes Leben führen?

Ja, ich glaube, er erträgt lieber alles, als dass er jenes Leben führt.

Denke dir nun auch dies: er stiege wieder hinunter und setzte sich auf den alten Platz. Wird er nicht die Augen voller Finsternis haben, wenn er so plötzlich aus der Sonne kommt?

Ganz und gar.

Und während seine Augen also noch stumpf sind […], müsste er um die Wette mit den dauernd Gefangenen wieder jene Schatten zu erkennen suchen. Nehmen wir nun noch die Zeit, bis er sich an das Dunkel gewöhnt hat, nicht ganz kurz an, so wird man ihn doch auslachen und sagen, er käme von seinem Aufstieg mit schlechten Augen zurück. Es lohne sich nicht, den Versuch zum Aufstieg zu machen. Wer aber andere freimachen und hinaufführen will, den wird man töten, wenn man seiner habhaft wird und ihn töten kann.

Gewiss.

Nun musst du dies ganze Gleichnis mit unserer voraufgegangenen Darlegung zusammenhalten, lieber Glaukon. Setze an Stelle der Gefängniswohnung die durch den Gesichtssinn offenbarte Welt und an Stelle des lichtspendenden Feuers die Kraft der Sonne. Wenn du dir ferner unter dem Aufstieg und dem Kennenlernen der Oberwelt die Wanderung der Seele zur denkbaren Welt hinauf denkst, so verstehst du meine Meinung, die du ja zu hören wünschst, durchaus richtig. Gott weiß, ob ich die Wahrheit gefunden habe! Meine Ansicht jedenfalls geht dahin, dass es in der erkennbaren Welt die Idee des Guten ist, die man zuletzt und mit Mühe gewahr wird. Ist man aber ihrer ansichtig geworden, so muss man zu der Überzeugung kommen, dass alles Rechte und Schöne in der ganzen Welt von ihr ausgeht. In der sichtbaren Welt schafft sie das Licht und den Herrn des Lichts – in der denkbaren Welt ist sie selber Herrin und gibt Wahrheit und Vernunft. Und wer mit Vernunft handeln will, in seinem persönlichen Leben oder als Staatsmann, der muss sie sehen lernen.

Das glaube auch ich, soweit ich die Kraft dazu habe.

Nun, so glaube auch dies und wundere dich nicht darüber!

(aus: Platon, Der Staat. Stuttgart: Kröner, 2011, S. 238–242)

Diskussionsforum

Carsten Nicolai: Polylit

1 Betrachten Sie das Bild und beschreiben Sie, was dargestellt ist.

2 Diskutieren Sie darüber, weshalb es der Fotografie gelingt, die Aufmerksamkeit des Betrachters auf sich zu ziehen.

3 Überlegen Sie: Welcher der nachfolgenden Titel passt Ihrer Ansicht nach zu diesem Bild?
- Licht und Schatten
- Schein und Sein
- Ordnung und Chaos

Begründen Sie Ihre Einschätzung unter Bezugnahme auf das Bild.

Platon: Das Höhlengleichnis

1 Gliedern Sie den Text in einzelne Sinnabschnitte und formulieren Sie dazu jeweils eine Hauptaussage oder leitende These. Vergleichen Sie anschließend Ihre Ergebnisse mit dem Gliederungsvorschlag im Informationsforum und diskutieren Sie die Vorzüge und Nachteile der jeweiligen Gliederungen.

2 Fertigen Sie eine Grafik des Höhlengleichnisses an: Nutzen Sie dazu eine Skizze in der Größe eines DIN-A4-Blattes, auf der Sie sämtliche wichtige Elemente des Gleichnisses darstellen. Vergleichen Sie anschließend Ihre Ergebnisse und besprechen Sie, welche Elemente aus welchen Gründen unbedingt in der Skizze enthalten sein müssen.

3 Erstellen Sie anhand des Textes eine Tabelle, in der Sie die Funktion der Symbole des Gleichnisses gegenüberstellen und erläutern.

4 Informieren Sie sich über den Inhalt des Filmes „Matrix" (Regie: Brüder Wachowski). Diskutieren Sie, welche Gemeinsamkeiten und Unterschiede es zwischen der Idee des Films und Platons Höhlengleichnis gibt.

Symbole im Gleichnis	*ihre Bedeutung*	*Erläuterung*
Situation in der Höhle (Gefängniswohnung)	*durch Sinne offenbarte Welt*	*Sofern wir der Sinnenwelt verhaftet sind, sind auch wir Gefangene.*
	Sonne	*Die Grundlage unseres wichtigsten Gesichtssinnes ebenfalls nur Täuschung.*
Sonne	*Idee des Guten*	

5 In der „Politeia" steht das Höhlengleichnis im Zusammenhang mit der Frage nach der Erziehung des Menschen. Entwickeln Sie Vorschläge dafür, welche Bezüge hier hergestellt werden könnten.

Quer gedacht: Ein Recht auf Dummheit?

In der Diskussion über den gelesenen Text erhebt Sven einen Einwand: „Es heißt doch, dass der Gefangene ins Licht gezwungen werden muss, dass er Schmerzen erleidet und der Weg des Erkenntnisprozesses unsagbar mühselig ist. Warum soll man das überhaupt auf sich nehmen? Ist es nicht besser, glücklich zu sein, auch wenn man dabei vielleicht nicht alles weiß?"

Diskutieren Sie die Ansicht Svens. Berücksichtigen Sie dabei auch folgende Aspekte:
- Sind die Gefangenen glücklich?
- Gibt es verschiedene Formen von Glück, vielleicht auch in unterschiedlichen Intensitätsstufen?
- Gibt es eine Pflicht, sich selbst zu vervollkommnen?

Platon (428–348 v. Chr.)

Der bekannte Sokrates-Schüler Platon unterschied zwischen dem Reich der Wahrnehmung und dem der Ideen. Um die Bedeutung dieser Unterscheidung zu veranschaulichen, entwickelte er sein berühmtes Höhlengleichnis.

Platons Höhlengleichnis: Aufbau

Wie bei jedem Text gibt es unterschiedlich sinnvolle Möglichkeiten, ihn zu gliedern. Auch Platons Höhlengleichnis kann man unterschiedlich einteilen, je nachdem, auf welche Aspekte des Textes man größeren Wert legt. Hier folgt nun eine mögliche Darstellung des Gedankenganges:

Die Situation in der Höhle (Zeile 1–55)

Es wird die Situation von Menschen geschildert, die in einer Höhle gefangen sind. Aus dieser Höhle führt ein steiler und beschwerlicher Weg nach draußen, den die Menschen aber nicht nutzen können, da sie ihr ganzes Leben lang an eine Mauer gebunden sind. Hinter dieser Mauer brennt ein großes Feuer, das die einzige Lichtquelle in der Höhle ist. Zwischen Feuer und Mauer, bzw. auf der Mauer werden Gegenstände und Bildsäulen, z. B. von Tieren, Bäumen oder Menschen, hin und her getragen. Da die Gefesselten sich nicht bewegen können, kennen Sie keine andere Wirklichkeit als die so erzeugten Schattenbilder an der Wand. Diese Schattenbilder halten sie für die Wirklichkeit.

Der Weg aus der Höhle zur Erkenntnis der Wirklichkeit (Zeile 56–113)

Nun wird einer der Gefangenen von den Fesseln befreit. Unter großen Schmerzen und Mühen beginnt er, mehr und mehr von seiner wirklichen Umgebung wahrzunehmen. Er erkennt, dass die Schatten nur Abbilder von Gegenständen sind, die eigentlich realer sind. Wenn man ihn nun zwingt – das muss man, denn der Weg ist beschwerlich und mühsam – ins Licht zu sehen und die Höhle zu verlassen, so erweitert sich seine Wahrnehmungsfähigkeit immer mehr. Aus der Höhle im Sonnenlicht angekommen, erkennt er nun zuerst Schatten und Spiegelungen im Wasser, bis er dann die Gegenstände selber erkennt und ganz zuletzt die Quelle des Lichtes, die echte Sonne selbst betrachten kann. Nun begreift er, dass sie alles Licht überhaupt gibt, dass sie Ursache für den Wechsel der Jahreszeiten und so letztlich für alles Leben überhaupt ist.

Die Situation des zur Erkenntnis Gelangten (Zeile 114–157)

Nachdem der ehemalige Gefangene nun in der Lage ist, die Wirklichkeit selbst zu erkennen, fühlt er sich einerseits glücklich über seinen eigenen Zustand, bedauert andererseits aber gleichzeitig auch die anderen Menschen in der Höhle. Ihm ist nun klar, dass alles, was in der Höhle unter den Menschen als wertvoll gilt, höchst fragwürdig ist. So sind z. B. Ehrungen oder Macht in der Höhle ja nichts anderes als bloße Schatten. Der Befreite steigt aus der lichten Oberwelt wieder hinab in die Tiefe, um auch andere zu befreien. Aber in der dunklen Höhle versagen nun erneut seine Sinne; er kann die Schatten und die Dunkelheit nicht mehr als das ansehen, was sie für die anderen Menschen sind, nämlich eine scheinbare Wirklichkeit. Vielmehr benimmt sich der Befreite notgedrungen tollpatschig, er wird ausgelacht und wenn er versucht, andere zu befreien, dafür sogar getötet.

Platons Höhlengleichnis: Deutung (Zeile 158–186)

Am Ende des Gleichnisses erläutert Platon durch den Mund des Sokrates sein Gleichnis selbst. Natürlich steht die Höhlenwelt für die Realität, die wir durch unsere Sinne erfahren. Die Schatten an der Wand sind all die Dinge, die wir durch unsere Sinnesorgane erfahren. Der verblüffende Gedanke Platons ist also, dass unser ganzes Leben, alles, was wir wahrnehmen, nur der Abglanz einer anderen, höheren und besseren Wirklichkeit ist.

Der Mensch, der es schafft, sich zu befreien und zur wahren Erkenntnis zu gelangen, ist – durchaus mit einem gewissen Pathos zu verstehen – der Philosoph. Paradebeispiel für einen solchen Philosophen wäre für Platon Sokrates, der ja letzten Endes ebenfalls getötet wurde, da er seine philosophischen Überzeugungen veröffentlichte.

Die Sonne symbolisiert Platons Idee des Guten – Wahren – Schönen. So wie die Sonne allem Licht gibt und letztlich alles Leben von der Sonne herrührt, so rührt auch die echte Wirklichkeit – eine Welt der Ideen – von dieser obersten Idee her.

Der Mensch als bildungsfähiges Wesen

Der Mensch wird von Platon als ein Wesen verstanden, das prinzipiell in der Lage ist, **sich zu bilden** und zu **vervollkommnen**. Zwar ist er in der **Scheinwelt** des Schattenreiches (eben der **sinnlich wahrnehmbaren Welt**) gefangen, er kann jedoch durch den Gebrauch seiner **Vernunft** Anteil haben an der **eigentlichen Wirklichkeit** (der Welt der **Ideen**). Dazu muss er aber erst mühsam lernen, wie man seinen Verstand und seine Vernunft gebraucht. Der Lohn dafür ist ein Einblick darein, wie die Welt wirklich ist; die Gefahr allerdings ist, dass man von den Mitmenschen verlacht, vielleicht sogar gefürchtet wird.

Das Wichtigste auf einen Blick

*Das Höhlengleichnis zeigt **Platons philosophische Grundpositionen**: Es wird deutlich, dass der Mensch sich um **Bildung** bemühen muss, damit er die **wahre Wirklichkeit** erkennen kann. Nur wenn er lernt, seine **Vernunft** zu gebrauchen, kann er das Wesen der Dinge und damit die Wahrheit über sie erfahren. Andernfalls verbleibt er in einer **Scheinwelt**.*

Aktionsforum

Rollenspiel: Höhlengleichnis

Interessante Einblicke in den berühmten Text können auch verschiedene Arten des Rollenspiels vermitteln.

1 Entwerfen Sie in Gruppen
- ein kleines Theaterstück,
- eine Pantomime,
- Standbilder,

zum Höhlengleichnis.

2 Tragen Sie sich gegenseitig Ihre Ergebnisse vor und diskutieren Sie, welche Aspekte des Gleichnisses durch welche Art des Rollenspieles besonders betont worden sind.

Gedankenexperiment: Höhlengleichnis

Platons Höhlengleichnis kann als das erste und gleichzeitig als besonders einprägsames Gedankenexperiment der Philosophiegeschichte verstanden werden.

1 Erarbeiten Sie,
- welche Voraussetzungen ein philosophisches Gedankenexperiment haben muss,
- welchen Zielen es dienen kann.

Nutzen Sie dazu als Vorlage das Höhlengleichnis. Beziehen Sie in Ihre Überlegungen auch folgende Begriffe mit ein: fiktiver Charakter, Formulierung einer Fragestellung, Teilaspekte versus vollständige Erfassung eines Problems.

2 Entwickeln Sie anschließend in Gruppen selbst Gedankenexperimente zu den Themen:
- Wahrnehmung und Wirklichkeit
- Gibt es das Böse? Gibt es das Gute?
- Der Mensch vor 2000 Jahren – der Mensch in 2000 Jahren
- „Eines Tages begegnete ich Gott …"

Wählen Sie zu diesen Themenvorschlägen entsprechende Problemstellungen aus, zu denen Sie Gedankenexperimente entwerfen.

Eines Tages begegnete ich Gott …

Philosophische Übung: Textvergleich

8 Die Liebe hört niemals auf./Propheti-
sches Reden hat ein Ende,/Zungenrede ver-
stummt,/Erkenntnis vergeht.
9 Denn Stückwerk ist unser Erkennen,/
Stückwerk unser prophetisches Reden;
10 wenn aber das Vollendete kommt,/ver-
geht alles Stückwerk.
11 Als ich ein Kind war,/redete ich wie ein
Kind,/dachte wie ein Kind/und urteilte wie
ein Kind. Als ich ein Mann wurde,/legte ich
ab, was Kind an mir war.
12 Jetzt schauen wir in einen Spiegel/und
sehen nur rätselhafte Umrisse,/dann aber
schauen wir von Angesicht zu Angesicht.
Jetzt erkenne ich unvollkommen,/dann aber
werde ich durch und durch erkennen,/so
wie ich auch durch und durch erkannt wor-
den bin.
13 Für jetzt bleiben Glaube, Hoffnung, Liebe,
diese drei;/doch am größten unter ihnen ist
die Liebe. (1 Kor 13,8–13)

Lesen Sie diesen Textauszug aus dem Neuen Testament vor dem Hintergrund des Höhlengleichnisses. Arbeiten Sie Unterschiede und Gemeinsamkeiten heraus. Beachten Sie dabei folgende Aspekte:
- Erkenntnis und Erkenntnisgrenzen,
- Erkenntnismittel,
- Bildung.

1.4 Platon: Grundpositionen der platonischen Philosophie

Salvador Dalí: Die zerrinnende Zeit, 1931

Jostein Gaarder: Sofies Welt

Im Roman „Sofies Welt" wird auf spielerische Weise die Geschichte der Philosophie erzählt.

Platon meinte, dass alles, was wir in der Natur greifen und fühlen können, „fließt". Es gibt also keine Grundstoffe, die nicht in Auflösung übergehen. Absolut alles, was der „Sinnenwelt" angehört, besteht aus einem Material, an dem die Zeit zehrt. Aber gleichzeitig ist alles nach einer zeitlosen Form gebildet, die ewig und unveränderlich ist. (...) Warum sind alle Pferde gleich, Sofie? Vielleicht denkst Du, dass sie das doch gar nicht sind. Aber es gibt etwas, das allen Pferden gemeinsam ist, etwas, das dafür sorgt, dass wir niemals Probleme haben werden, ein Pferd zu erkennen. Das einzelne Pferd „fließt" natürlich. Es kann alt und lahm sein, mit der Zeit wird es dann auch krank und stirbt. Aber die eigentliche „Pferdeform" ist ewig und unvergänglich.

Für Platon ist dieses Ewige und Unveränderliche also kein physischer „Urstoff". Das Ewige und Unveränderliche sind geistige oder abstrakte Musterbilder, nach denen alle Phänomene gebildet sind. (...)

Wir stellen uns jetzt vor, Du fällst aus dem Weltraum auf die Erde und hast noch nie eine Bäckerei gesehen. Also stolperst Du in eine verlockende Bäckerei – und da siehst Du fünfzig genau gleiche Pfefferkuchenmänner auf einem Tablett. Ich nehme an, Du würdest Dich am Kopf kratzen und Dich fragen, wieso alle ganz gleich sein können. Dabei ist es gut vorstellbar, dass einem ein Arm fehlt, ein anderer hat vielleicht ein Stück vom Kopf verloren, und der dritte hat einen zu dicken Bauch. Aber nach gründlichem Nachdenken kommst Du doch zu dem Schluss, dass alle Pfefferkuchenmänner einen gemeinsamen Nenner haben. Und mehr noch, Sofie, mehr: Jetzt wird dich der Wunsch überkommen, diese Form zu sehen. Denn es ist klar, dass die Form unbeschreiblich vollkommener – und in gewisser Weise schöner – sein muss als eine ihrer gebrechlichen Kopien. (...)

Diese Formen nannte Platon Ideen. Hinter allen Pferden, Schweinen und Menschen gibt es die „Idee Pferd", die „Idee Schwein" und die „Idee Mensch". (...) Schlussfolgerung: Platon glaubte an eine eigene Wirklichkeit hinter der „Sinnenwelt". Diese Wirklichkeit nannte er die Welt der Ideen. Hier finden wir die „Musterbilder", die Urbilder hinter den verschiedenen Phänomenen, die uns in der Natur begegnen. Diese bemerkenswerte Auffassung bezeichnen wir als Platons Ideenlehre. (...)

Platon meinte, dass alles, was wir um uns herum in der Natur sehen, ja alles, was wir anfassen und betasten können, mit einer Seifenblase verglichen werden kann. Denn nichts, was in der Sinnenwelt existiert, ist von Dauer. (...) Von dem, was der Sinnenwelt angehört – und das wir anfassen und betasten können –, haben wir nur unsichere Meinungen. Sicheres Wissen können wir nur von dem haben, was wir mit der Vernunft erkennen. (...) Wenn Du mit dreißig anderen Schülern in der Klasse sitzt, und der Lehrer fragt, was die schönste Farbe im Regenbogen ist – ja dann bekommt er sicher viele verschiedene Antworten. Aber wenn er fragt, wieviel drei mal acht ist, sollte die ganze Klasse dasselbe Ergebnis nennen. Jetzt urteilt nämlich die Vernunft. (...)

Über das, was wir wahrnehmen oder empfinden, können wir nur unsichere Meinungen haben. Aber über das, was wir mit der Vernunft erkennen, können wir sicheres Wissen erlangen.

(Jostein Gaarder: Sofies Welt. München: Hanser 1993, S. 103–108)

Diskussionsforum

Salvador Dalí: Die zerrinnende Zeit

1 Betrachten Sie das Bild und entwickeln Sie eine Erklärung für die besondere Gestaltung einer Uhr. Wie wird Zeit demnach in dieser Darstellung möglicherweise gedeutet?

2 Diskutieren Sie den Unterschied der Begriffe *zeitlos, ewig, vergänglich, zeitüberdauernd*. Überlegen Sie, ob und inwiefern man diese Begriffe künstlerisch darstellen kann.

3 Betrachten Sie nach der Lektüre des Informationsforums noch einmal das Kunstwerk. Für welche der platonischen Welten kann es stehen? Begründen Sie Ihre Ansicht.

Jostein Gaarder: Sofies Welt

1 Gliedern Sie den Text in einzelne Sinnabschnitte und formulieren Sie dazu jeweils eine Hauptaussage oder leitende These.

2 „Warum sind alle Pferde gleich, Sofie?"
a) Versuchen Sie die Eigenschaften zu sammeln, die ein Tier zu einem „idealen" Tier machen.
b) Wählen Sie Ihr Lieblingstier aus und versuchen Sie nun die platonische Idee, die hinter diesem Tier steckt, zu beschreiben.

3 Partnerarbeit: Jeder von Ihnen formuliert eine Definition für eine platonische Idee. Stellen Sie sich Ihre Ergebnisse gegenseitig vor und diskutieren Sie die Vorzüge der jeweiligen Formulierungen.

4 Setzen Sie die Informationen des vorliegenden Textes in Bezug zu Platons „Höhlengleichnis" (S. 20 ff.): Verfassen Sie einen kurzen Essay zum Stichwort „Die Verwirklichung der platonischen Ideenlehre im Höhlengleichnis".

Schon gewusst? Platonische Körper

Nach dem Vorbild der Ideenlehre sind in der Mathematik die sogenannten platonischen Körper benannt:

Tetraeder: 4 gleichseitige Dreiecke,
Hexaeder: 6 Quadrate,
Oktaeder: 8 gleichseitige Dreiecke,
Dodekaeder: 12 regelmäßige Fünfecke,
Ikosaeder: 20 gleichseitige Dreiecke.

Platonische Körper

1 Bestimmen Sie, welche Figur auf der Abbildung welcher platonische Körper ist.

2 Diskutieren Sie die Frage, weshalb man diese Körper nach der platonischen Ideenlehre benannt hat.

3 Vergleichen Sie die unten abgebildete Figur mit den platonischen Körpern und beantworten Sie die Frage, inwiefern die platonischen Körper wohl eher der Ideenlehre entsprechen.

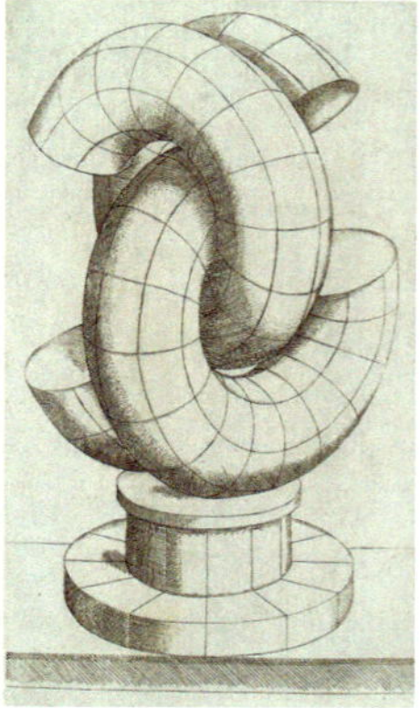

Mathis Zündt, Kupferstich zu Hans Lencker „Perspectiva literaria", Nürnberg 1567

Philosophische Grundpositionen bei Platon

Die platonische Philosophie ist eine der ersten Philosophien, die als vollständiges philosophisches System gilt. Es versucht alles – und zwar wirklich alles: Goldfische, Hamster, Planeten, Kochrezepte, mathematische Gesetze, was die Wirklichkeit eben ausmacht – durch ein grundlegendes Konzept zu erklären.

Platons philosophisches System ist die Ideenlehre, nach der wir die meiste Zeit über in der „Schein-" oder „Werde-"welt leben. Die Klärung einzelner Begriffe kann uns Platons Position verdeutlichen.

Zwei-Welten-Theorie

Es gibt nach Platon zwei unterschiedliche Wirklichkeiten. Eine „Scheinwelt", in der wir uns die ganze Zeit über befinden, die aber nur ein Abglanz und bloße Widerspiegelung einer wirklichen Welt ist – der „Ideenwelt". Diese Ideenwelt erreicht man nur durch das konsequente Benutzen des Verstandes und der Vernunft – am Besten also, indem man philosophiert. Die Scheinwelt ist vergänglich, sie befindet sich immer in Bewegung. Die Ideenwelt ist wie alles Vernünftige ewig, genauer gesagt zeitlos gültig und orientiert sich am Ideal der Perfektion.

Idee

Was ist aber eine Idee? Zuerst einmal muss man einem grundlegenden Missverständnis vorbeugen: In unserem Sprachgebrauch bedeutet der Ausdruck „Idee" oft so etwas wie „Einfall" oder einen „kreativen Gedanken", manchmal auch ein „Plan" oder eine „Vorstellung". So sagt man manchmal „Das ist aber eine tolle Idee!" oder „Welche Idee hast du, um die Situation zu ändern?".

Diese Begriffe haben aber mit der Theorie Platons so gut wie nichts zu tun: Eine platonische Idee ist das, woraus die „wirkliche" Wirklichkeit besteht. Am besten kann man sie anhand von zwei Beispielen erklären:

Beispiel I: Allgemeinbegriffe: Viele Menschen besitzen ein Haustier. Nehmen wir an, Sie sind Besitzer eines Katers mit Namen Murr – vier Beine, Schwanz, graues Fell, maunzt und schnurrt. Außerdem hat er noch die liebenswerte Besonderheit, Mäuse tatsächlich nur als Spielkameraden zu betrachten.

Dieser Kater Murr ist aber nur eine Erscheinung der Idee Katze, die als solche über alle „idealen" Eigenschaften einer Katze verfügt. Eine Katze wird man das ganze Leben nicht sehen, man sieht immer nur einzelne Katzen – die Katze schlechthin kann man nur denken, nicht sehen, hören oder fühlen.

Beispiel II: Mathematik: Das hier abgebildete Zeichen ist nicht wirklich ein Kreis, sondern nur die grafische Darstellung vieler einzelner Punkte auf einer Linie. Das heißt, es handelt sich erneut nur um die individuelle Darstellung einer allgemeinen Vorstellung.

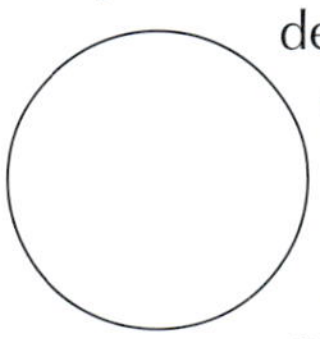

Ein echter Kreis bestimmt sich genau dadurch, dass alle Punkte der Kreislinie exakt gleich weit vom Mittelpunkt entfernt sind – etwas, das in unserer Scheinwirklichkeit aber auch bei größter technischer Perfektion nicht zu verwirklichen ist. Erneut kann ein Kreis nur gedacht werden. Auf dem Blatt Papier oder mithilfe des Computers können nach Platon nur mehr oder weniger ähnliche Zeichnungen, nicht aber der eigentliche Kreis – die Idee des Kreises – dargestellt werden.

Ordnung der Ideenwelt

Die Welt der Ideen ist nach Platon geordnet. Sie ist also – wie das griechische Wort für Ordnung besagt – Kosmos und nicht Chaos. Man kann sich dies als eine Pyramide vorstellen, an deren Spitze die Idee des Guten steht. Sie ist präzise als die Einheit des Wahren – Schönen – Guten zu begreifen. Sie ist gleichsam das Vorbild, nach dem sich alle anderen Ideen und letztlich auch die Scheinwelt richten.

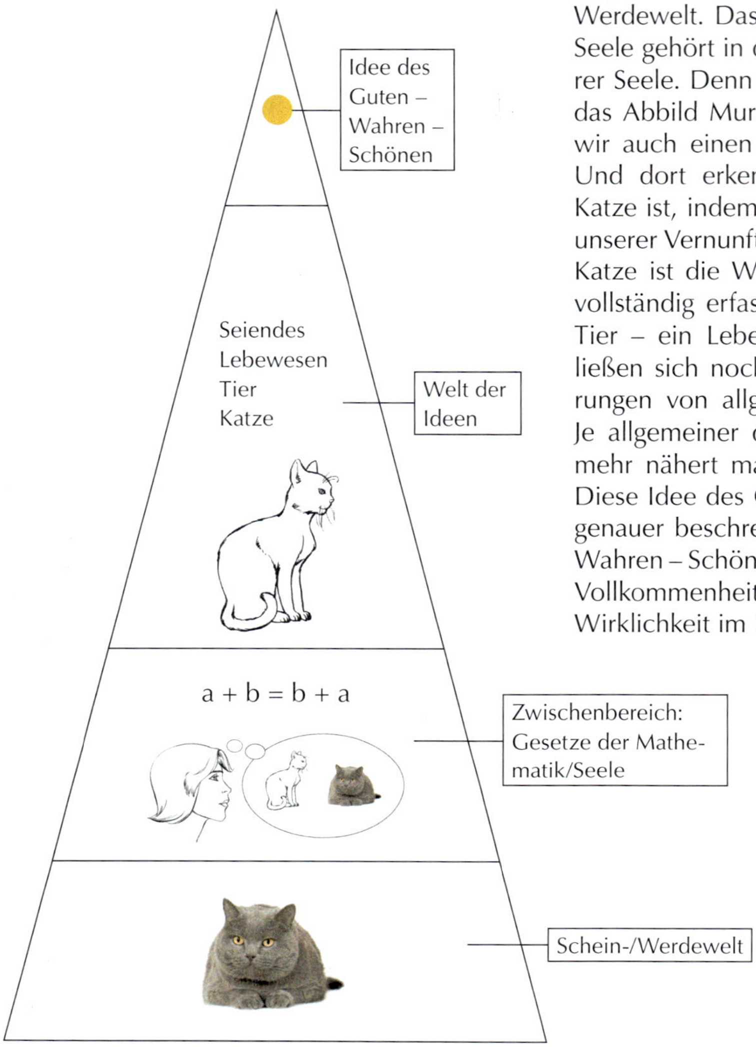

Dass sich alle Ideen an immer größerer Perfektion orientieren, lässt sich leicht am Beispiel der oben erwähnten Allgemeinbegriffe zeigen: Murr ist ein konkretes Ding aus der Werdewelt. Das Bild des Katers in unserer Seele gehört in den Zwischenbereich unserer Seele. Denn hier nehmen wir einerseits das Abbild Murr wahr, andererseits haben wir auch einen Einblick in die Ideenwelt. Und dort erkennen wir, dass Murr eine Katze ist, indem wir die Idee der Katze mit unserer Vernunft wahrnehmen. Mit der Idee Katze ist die Wirklichkeit aber noch nicht vollständig erfasst. Eine Katze ist auch ein Tier – ein Lebewesen – ein Seiendes. Es ließen sich noch viele andere Differenzierungen von allgemeinen Begriffen finden. Je allgemeiner die Begriffe werden, umso mehr nähert man sich der obersten Idee. Diese Idee des Guten muss man eigentlich genauer beschreiben als Idee des Guten – Wahren – Schönen. Denn genau eine solche Vollkommenheit ist für Platon das, was die Wirklichkeit im Innersten zusammenhält.

Das Wichtigste auf einen Blick

*Man kann wichtige philosophische **Grundpositionen Platons** mit seinen Begriffen **Zwei-Welten-Theorie**, **Ideenlehre und Ordnung der Ideenwelt** beschreiben. An der Spitze seines **philosophischen Systems** steht die Idee des **Wahren – Guten – Schönen**. Diese Theorien dienen bis heute als **fundamentale Grundlage des philosophischen Diskurses**.*

Aktionsforum

Gedankenexperiment: Satan als Idee?

Der Philosoph Max Scheler hat einmal bezüglich der Ideenlehre folgende Frage gestellt: Wenn das philosophische System Platons wirklich alles mithilfe von Ideen erklären will, gibt es dann auch eine Idee des Teufels? Und wie passt eine solche Idee zu den anderen Ideen, die sich ja allesamt von der Idee des Wahren – Guten – Schönen ableiten? Auch Platons Schüler Aristoteles hat bereits eine ähnliche Frage gestellt: Wenn alles auf eine Ideenwelt zurückzuführen sei, gibt es dann auch Ideen von Schmutz oder Läusen?

1. Klären Sie im Klassengespräch, worin genau die Problematik einer Idee des Teufels oder des Schlechten im Blick auf Platons Ideenlehre besteht.
2. Wie könnte man den Einwänden der beiden bekannten Philosophen begegnen? Entwickeln Sie in Partnerarbeit eine entsprechende Argumentation. Versuchen Sie, frei Gegenargumente zu finden. Ein Tipp aus der Philosophiegeschichte: Hat die Idee des Teufels den gleichen Status wie die Idee einer Katze?

Projekt: Platons Leben

„Die philosophische Tradition Europas besteht aus einer Reihe von Fußnoten zu Platon" (Alfred N. Whitehead). Ähnlich wurde die Bedeutung Platons in der Geistesgeschichte immer wieder eingeschätzt: Keiner der großen Denker des Abendlandes kam ohne eine Beschäftigung mit Platon aus. Deswegen ist es aber auch interessant zu fragen, was für eine Persönlichkeit der Mensch Platon war. Folgendes Projekt lädt Sie dazu ein, mehr darüber herauszufinden.

Gruppe I Die Welt Platons

Erarbeiten Sie die historischen Hintergründe in Athen zu Lebzeiten Platons. Stichworte, die Sie besonders interessieren sollten: polis, peloponnesischer Krieg, Tyrannis der Dreißig, Erziehung im antiken Athen, Rolle der Religion im antiken Athen.

Gruppe II Platons Biografie

Erarbeiten Sie einen Lebenslauf Platons. Stichworte, die Sie besonders interessieren sollten: adlige Herkunft, Heraklit, Sokrates, Abwendung von der Politik, Sizilienreisen, Gründung der Akademie, Werke.

Küste Siziliens

Gruppe III Platons siebter Brief

Mehrere Briefe Platons sind erhalten; der siebte Brief ist besonders bekannt, da er viele autobiografische Details enthält. Stellen Sie Ihren Klassenkameraden den Inhalt des Briefes vor und formulieren Sie Fragen, die Sie bezüglich dieses Textes in der Klasse diskutieren möchten. Auszüge des Briefes finden Sie auf Seite 34, den vollständigen Text können Sie z. B. im Internet oder in der Schulbücherei finden.

Alle Gruppen sollen für die Bewältigung ihrer Aufgaben das Internet nutzen. Ohne Schul-, evtl. auch Ortsbücherei und die dort aufzufindenden Lexika und Nachschlagewerke werden Sie aber nicht auskommen. Ziel Ihrer Arbeiten sind jeweils Referate mit entsprechend gestalteten Informationsblättern.

Methode: Strukturbilder

Zusammenfassen komplexer Sachverhalte

Die Aufgabe von Strukturbildern besteht darin, komplexe Sachverhalte grafisch darzustellen. Das erfüllt einen mehrfachen Zweck:

1. Man versteht den schwierigen Sachverhalt leichter, indem man ihn grafisch aufbereitet. Dabei überlegt man sich nämlich, worin die wichtigsten Elemente des Problems bestehen und auf welche Weise sie zusammenhängen.
2. Gleichzeitig eignet sich ein Strukturbild für die Veranschaulichung bei einer Präsentation. Dazu muss das Strukturbild aber eventuell noch einmal für das jeweilige Publikum überarbeitet werden.
3. Das Erstellen von Strukturbildern eignet sich auch als Memotechnik: Viele Informationen können in wenigen grafischen Elementen gefasst werden.

Verschiedene Formen von Strukturbildern

Strukturbilder werden häufig in informierenden Texten eingesetzt, also z. B. in Fachzeitschriften, Lehrwerken und Untersuchungen. Auch in der Kooperation am Arbeitsplatz werden sie verstärkt eingesetzt.
Ihre Form kann allerdings sehr unterschiedlich sein. Sie folgt dem Darstellungszweck.

a) Organigramm

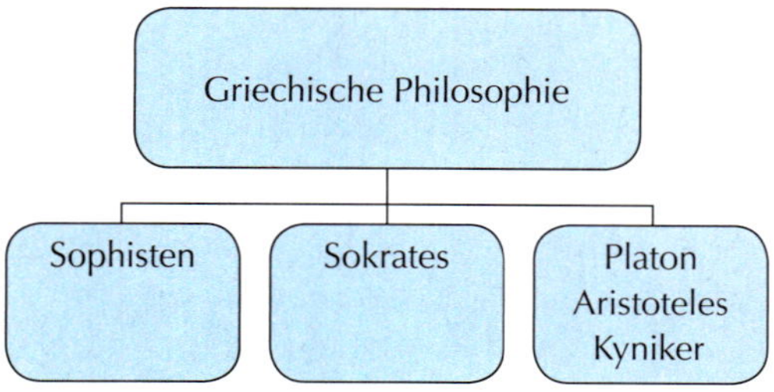

Ein Organigramm ist besonders gut dazu geeignet, Abläufe und Entwicklungen deutlich zu machen.

b) Pyramide

Pyramidale Strukturbilder eignen sich besonders für die Darstellung von Über- und Unterordnungsverhältnissen.

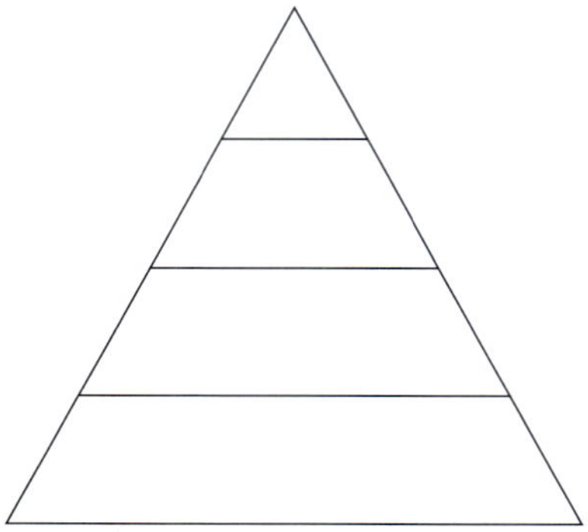

c) Sektoren- oder Faktorenbild

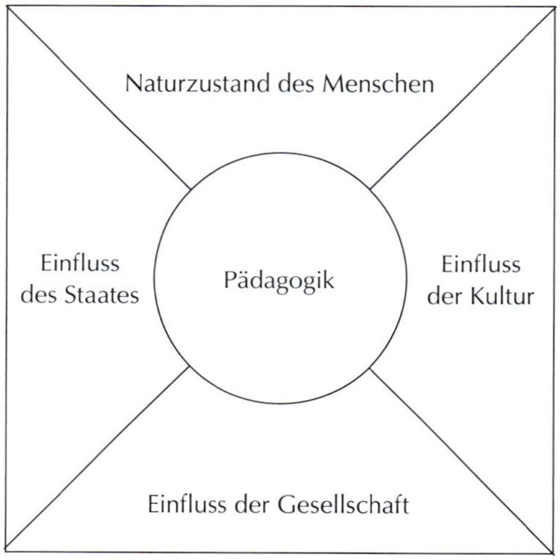

Sektoren- oder Faktorenbilder haben insbesondere die Aufgabe, die Einflussbereiche oder -kräfte zu veranschaulichen, die auf einen Sachverhalt einwirken.

1.5 Platons Menschenbild und seine politische Philosophie

Kapitolinische Reiterstatue des Marc Aurel, ca. 176 n. Chr.

Platon: Siebter Brief

I

Damals, als ich jung war, ging es mir wie vielen: Ich glaubte, sobald ich mein eigener Herr wäre, sofort an die öffentlichen Aufgaben der Stadt herangehen zu müssen. Und es ergaben sich (…) Umstände folgender Art: Da viele die damalige Verfassung ablehnten, erfolgte ein Umsturz und aus diesem (…) gingen einundfünfzig Männer als Leitende hervor. (…) Von denen waren mir einige verwandt oder bekannt, und so forderten sie mich denn sofort auf mitzumachen, als wäre das meine Sache. Und was mir geschah, war bei meiner Jugend nicht verwunderlich: ich glaubte nämlich, sie würden die Stadt aus ihrem ziemlich rechtlosen Leben zu einer gerechten Art führen und sie so verwalten; daher beachtete ich eifrig, was sie tun würden.

II

Doch als ich sehen musste, wie diese Männer in kurzer Zeit die vorherige Verfassung noch als Gold erscheinen ließen – unter anderem wollten sie auch meinen Freund Sokrates, den ich nicht zögere, den gerechtesten seiner Zeit zu nennen, zusammen mit anderen ausschicken, einen Mitbürger gewaltsam zur Hinrichtung zu holen, damit er denn an ihren Taten Anteil hätte, ob er wollte oder nicht; doch er widersetzte sich, nahm lieber die größten Gefahren auf sich, um nur nicht Mittäter bei ihren gottlosen Werken zu werden – wie ich also das alles ansehen musste und noch vieles andere dieser Art (…), da überfiel mich Abscheu und ich zog mich aus diesen üblen Dingen heraus. (…)

III

Durch unglückliche Umstände wiederum holten einige der neuen Machthaber unseren Freund, jenen Sokrates, vor Gericht und erhoben eine äußerst ruchlose Anklage gegen ihn, die am allerwenigsten Sokrates verdiente: Wegen Gottlosigkeit nämlich klagten ihn einige an, andere stimmten ihn für schuldig und ließen ihn hinrichten. (…) Wie ich mir dies nun anschaute: die Menschen, die die Angelegenheiten der Stadt besorgten, und die Gesetze und Gewohnheiten – je mehr ich das durchschaute und zugleich an Alter zunahm, desto schwieriger kam es mir vor, eine Stadt richtig zu verwalten. Denn es schien ohne Freunde und zuverlässige Parteigänger nicht zu schaffen – die waren [aber] unter den alten bekannten nicht ohne weiteres zu finden (…) und der Verfall der Gesetzgebung und der Sitten nahm in unglaublichem Maße zu, so dass ich, anfangs noch voll Eifer, öffentliche Aufgaben anzugehen, wenn ich das betrachtete und sehen musste, wie es drunter und drüber ging, schließlich schwindelig wurde.

IV

Ich habe dann zwar nicht aufgehört, darüber nachzudenken, wie es einmal besser werden könnte mit diesen Verhältnissen und der Verfassung der Stadt insgesamt; für das Handeln habe ich jedoch immer auf Gelegenheiten gewartet. Schließlich musste ich an allen heutigen Städten erkennen, dass sie insgesamt eine schlechte Verfassung haben – (…) und ich musste zum Lobe der wahren Philosophie sagen, dass allein sie es ist, die einsehen lässt, was alles im städtischen Bereich gerecht ist und im Privaten. Daher werden die Generationen der Menschen nicht vom Elend erlöst, bevor entweder die Klasse der auf rechte und wahrhafte Art Philosophierenden an die städtischen Ämter gelangt oder die Machthaber in den Städten durch göttliche Fügung wahrhaft zu philosophieren beginnt.

(Platon: Siebter Brief, in: ders.: Gesammelte Werke)

Detail aus „Schule von Athen“

Diskussionsforum

Kapitolinische Reiterstatue des Marc Aurel

1 Betrachten Sie die einzelnen Details der Statue. Mit welchen gestalterischen Mitteln würden Sie deutlich machen, dass es sich bei Marc Aurel um einen Kaiser und Philosophen handelt?

2 Halten Sie Kenntnisse oder Fertigkeiten fest, die Ihrer Ansicht nach ein Herrscher in jedem Fall besitzen soll. Erläutern Sie Ihre Überlegungen im Klassengespräch.

3 Was halten Sie von der Idee, Regierungsämter nur an Menschen mit einem überdurchschnittlich hohen Bildungsstand zu vergeben? Wägen Sie Vor- und Nachteile einer solchen Regelung im Klassengespräch gegeneinander ab.

Platon: Siebter Brief

1 Lesen Sie den Ausschnitt aus Platons Brief und formulieren Sie für jeden Absatz eine Überschrift.

2 Platon behauptet in seinem Hauptwerk „Politeia", dass die Philosophen Könige sein sollten; hier erklärt er im Abschnitt IV Ähnliches. Erläutern Sie, weshalb er diese Meinung vertreten kann. Beziehen Sie dabei Ihre Kenntnisse seiner Ideenlehre ein.

3 Erschließen Sie aus dem Brief das Menschenbild, das Platon als Grundlage seiner politischen Philosophie annimmt.

4 Diskutieren Sie die Frage, ob die Philosophen tatsächlich die Könige im Staat sein sollen, also ob sich die Regierung eines Staates aus den gescheitesten Menschen zusammensetzen sollte.

5 Lesen Sie folgende Artikel des Grundgesetzes der Bundesrepublik Deutschland: Art. 3; Art. 20,2; Art. 21; Art. 29,6; Art. 33,1 und 2; Art. 38; Art. 54,1; Art. 116,1. Fassen Sie Ihre Erkenntnisse im Rückgriff auf Platon zusammen.

6 Führen Sie die Eigenschaften an, die Menschen besitzen müssen, um ein Amt im Staat zu führen. Erklären Sie den Unterschied dieser Sichtweise zu der Platons.

Schon gewusst? Emotionale Intelligenz

Langsam beschlich Bob das Gefühl, seine Freundin hatte mit den Worten: » Lass uns WILD knutschen!!! « etwas anderes im Sinn.

Die moderne Psychologie unterscheidet zwischen Kreativität, Emotionalität und Intelligenz. Die Fähigkeiten, die traditionell in der Psychologie unter dem Begriff Intelligenz gefasst werden, hängen eng mit dem zusammen, was Platon unter Vernunft versteht. In neuerer Zeit hört man in den Medien von Untersuchungen zur sogenannten „emotionalen Intelligenz". Nicht selten wird sie dem rationalen Denken vorgeordnet.

1 Was halten Sie von der Idee einer emotionalen Intelligenz? Versuchen Sie bei Ihrer Stellungnahme Beispiele zu geben.

2 Wie beurteilen Sie folgende Antworten?
- „Warum haben Sie Ihre Frau geheiratet?" – „Solche Entscheidungen sind auch Gefühlssache …"
- „Wie kommen Sie mit Ihrem zu hohen Cholesterinspiegel zurecht?" – „Von strikten Diäten bin ich abgekommen. Ich esse das, von dem ich fühle, dass es mir gut tut."

3 Diskutieren Sie darüber, ob man den Verstand den Emotionen oder die Emotionen dem Verstand unterordnen sollte.

Informationsforum

Das Menschenbild Platons

Um verstehen zu können, wie die platonische **Staatsphilosophie** in der Geistesgeschichte fortgewirkt hat, muss man sich zuerst einmal vergegenwärtigen, welches Bild Platon vom Menschen hatte. Anschaulich schildert dies der Philosophiehistoriker Johannes Hirschberger: „Auch für Platon ist der Mensch eine Verbindung von Leib und Seele. Allein, wie wird diese Verbindung aufgefasst? Sie ist eine ganz lockere Verbindung. Der Leib ist für die Seele nur eine Art Fahrzeug und steht somit zu ihr in einem bloß akzidentellen (das meint: zufällig, nicht notwendig) Verhältnis. Darum ist auch das Schwergewicht nicht zu gleichen Teilen verteilt; die Seele ist der eigentliche Mensch, der Leib bloß ein Schatten. Und schließlich ist die Verbindung eine unglückliche. Die Seele ist im Leib eingesperrt wie in einem Gefängnis, und der Leib bildet eine Belastung für die Seele."[1]

Was den Menschen ausmacht, ist also seine **Seele**. Diese wiederum besteht nach Platon aus mehreren Teilen, von denen der **vernunftbegabte** Seelenteil natürlich der wichtigste ist. Wie ein Wagenlenker hält er die anderen Seelenteile (**muthafte** und **triebgesteuerte** Seele) unter Kontrolle.

Die Philosophenkönige

In der politischen Philosophie Platons fügen sich nun die Vorstellungen aus seinem Menschenbild und der Ideenlehre zusammen.

Sokrates hatte ihm vermittelt, dass Tugend und ein tugendhaftes Leben ein **erlernbares Wissen** seien. Platon erweitert nun diesen Ansatz, indem er behauptet, dass Tugend ein erlernbares Wissen von der Idee des Wahren – Guten – Schönen sei. Das Höhlengleichnis stellt dies exemplarisch dar. Das Problem, das Platon nun sieht, ist, dass nur wenige Menschen es schaffen werden, diese Tugend zu lernen. Der Grund ist einfach: **Die Ideen sind schwierig und mühsam zu erkennen**; es bedarf dazu **intellektueller** Fähigkeiten und einer **charakterlichen** Beständigkeit, um dieses Philosophieren dauerhaft auszuüben.

Wenn nun aber die Leitung des Staates in den Händen seiner besten Mitglieder ruhen soll, dann kann es, für Platon, gar nicht anders sein, als dass die Philosophen die Regierung übernehmen.

Historisch sind die **Hintergründe** für Platons Gedanken schnell gefunden: Überall finden sich **Auflösungserscheinungen** in der athenischen Demokratie: Die Sophisten kritisieren die Vorstellung althergebrachter Traditionen, Demokraten verurteilen einen Mann wie Sokrates zum Tode und der größte Teil der Bevölkerung wird vom kultivierten Platon mit Sicherheit als ein „Pöbelhaufen" gesehen. Platons Lösungsvorschlag, dass Philosophen oder vielleicht besser „Experten" die Regierung übernehmen, ist auf den ersten Blick einsichtig. Seine Lösung steht jedoch in Spannung zum Demokratiegedanken.

[1] Johannes Hirschberger: Geschichte der Philosophie. Band I. Geschichte der Philosophie, S. 8854 (vgl. Hirschberger: Gesch. Bd. 1, S. 116)

Das Wichtigste auf einen Blick

Platon schafft die Grundlagen für ein ***philosophisch-ethisches Menschenbild*** *und ein damit verbundenes* ***Gesellschaftsverständnis****, das bis in die* ***Neuzeit*** *hineinwirkt. Wichtige Aspekte sind* ***Vernunftorientierung****,* ***Tugendhaftigkeit*** *und ein* ***Elitedenken****.*

Aktionsforum

Gleiche Bildung für alle?

„Vereinfacht gesprochen stellt Platon folgende Bedingung für einen gesunden Stadtstaat auf: Die Macht müssen die haben, die kompetent sind – also weder das Volk noch irgendwelche unwissenden und tugendlosen Alleinherrscher. (...) Und das Mittel zur Erreichung dieses Zieles ist ein allgemeines Ausbildungssystem, in dem alle gleiche Chancen haben und das jedem die Position in der Polis vermittelt, die seinen Fähigkeiten entspricht. (...) Platons Vorstellungen dazu sind ungefähr die folgenden: Die Ausbildung liegt in öffentlicher Hand, nicht privat, und alle Kinder sollen unabhängig von Herkunft und Geschlecht die gleichen Chancen haben. Zwischen dem zehnten und zwanzigsten Lebensjahr sollen alle die gleiche Ausbildung erhalten. Wichtige Fächer sind Gymnastik, Musik und Religion. Die Menschen sollen einen starken wohlgestalteten Körper bekommen, sollen Sinn für das Schöne erwerben und Gehorsam, Opferbereitschaft und Zusammenhalt lernen. Im Alter von zwanzig werden die Besten ausgesiebt. Diese studieren (vor allem Mathematik) bis zu ihrem dreißigsten Lebensjahr. Dann findet ein weiteres Aussieben statt, und die besten studieren fünf Jahre Philosophie, bis sie fünfunddreißig sind. Danach müssen sie sich fünfzehn Jahre im praktischen Leben in der Gesellschaft bewähren. Mit fünfzig Jahren – nach vierzig Jahren umfassenden Lernens in Theorie und Praxis – soll diese fein ausgesiebte Elite die Regierung des Staates übernehmen. (...) Diejenigen, die nach dem ersten Aussieben herausfallen, werden Arbeiter, Bauern, Kaufleute. Wer später herausfällt, geht in die Verwaltung oder wird Soldat. Durch das Ausbildungssystem entstehen drei soziale Klassen. (...) Hier wird stillschweigend vorausgesetzt, dass die Menschen verschieden sind. Das Ausbildungssystem dient gerade dazu, den verschiedenen Menschen den Platz anzuweisen, der ihnen am besten entspricht."

(Skirbekk, Gunnar/Gilje, Nils: Geschichte der Philosophie. S. 86 f.)

1 Erklären Sie, wofür Platon ein Ausbildungssystem in seinem idealen Staat benötigt.

2 Erarbeiten Sie unter Bezugnahme auf den Text und das Informationsforum, welche Folgen die Verschiedenheit der Menschen für ihr Leben und den Staat hat.

3 a) Erstellen Sie eine Grafik/ein Schaubild, das die Bildungslaufbahn eines Menschen von seinem zehnten bis zu seinem fünfzigsten Lebensjahr verdeutlicht
- analog zu den Ausführungen Platons,
- entsprechend unseren heutigen Bildungswegen.

b) Diskutieren Sie Unterschiede und Gemeinsamkeiten der Bildungswege.

4 Lässt sich Platons Bildungsidee mit der Forderung der Gleichheit aller Menschen vor dem Gesetz (GG, Art. 2) vereinbaren? Führen Sie dazu eine „Blitzlichtumfrage" in Ihrer Klasse durch: Jeder Schüler muss in einem Satz ein begründetes Statement zur Fragestellung vortragen.

Attische Schale mit Schulszene (Unterricht im Lyraspiel und Deklamieren)

1.6 Das Menschenbild Thomas Hobbes‘

Titelblatt der Erstausgabe des „Leviathan“ von Thomas Hobbes

Thomas Hobbes: Der Leviathan

Der Name „Leviathan“ stammt von einem Meeresungeheuer aus dem Alten Testament, das so mächtig war, dass kein Mensch ihm widerstehen konnte – nur Gott allein war in der Lage, es zu töten. Ebenso mächtig soll nach Hobbes der Staat sein.

Die Natur hat die Menschen sowohl in Hinsicht der Körperkräfte als der Geistesfähigkeiten einen wie den andern gleichmäßig begabt; und wenngleich einige mehr Kraft oder Verstand als andere besitzen, so ist der hieraus entstehende Unterschied im Ganzen betrachtet (…) nicht so groß, dass der eine sich diesen oder jenen Vorteil versprechen könne, welchen der andere nicht auch zu hoffen berechtigt sei. In Ansehung der körperlichen Kraft wird man gewiss selten einen so schwachen Menschen finden, der nicht durch List, oder in Verbindung mit andern, die mit ihm in gleicher Gefahr sind, auch den stärksten zu töten fähig sein sollte. (…)

Hierauf gründet sich nun auch die Hoffnung, die ein jeder zur Befriedigung seiner Wünsche hegt. So oft daher zwei ein und dasselbe wünschen, dessen sie aber beide nicht zugleich teilhaftig werden können, so wird einer des andern Feind und, um die vorgesetzte Absicht, welche mit der Selbsterhaltung immer verbunden ist, zu erreichen, werden beide dahin trachten, sich den andern entweder unterwürfig zu machen oder ihn zu töten. (…) Bei dieser großen Furcht, welche die Menschen allgemein gegeneinander hegen, können sie sich nicht besser sichern, als dadurch, dass einer dem andern zuvorkommt oder so lange fortfährt, durch List und Gewalt sich alle anderen zu unterwerfen, als noch andere da sind, vor denen er sich zu fürchten hat. Dies ist aber nicht mehr, als was durch die Selbsterhaltung nötig gemacht und von jedermann zugegeben wird. Wenn diejenigen, welche mit mäßigen Besitzungen zufrieden sind, nur sich und das ihrige zu verteidigen, nicht aber ihre Macht dadurch zu vermehren suchen, dass sie andere selbst angreifen, so würden sie nicht lange bestehen können, weil es Menschen gibt, die entweder aus Gefühl ihrer Macht oder aus Ruhmsucht sich die ganze Erde sogar gern unterwürfig machen möchten. Deshalb muss jedem auch die gewaltsame Vermehrung seiner Besitzungen um der nötigen Selbsterhaltung willen zugestanden werden. (…)

Hieraus ergibt sich, dass ohne eine einschränkende Macht der Zustand der Menschen ein solcher sei, wie er zuvor beschrieben wurde, nämlich ein Krieg aller gegen alle. Denn der Krieg dauert ja nicht etwa nur so lange, als tätige Feindseligkeiten geübt werden, sondern so lange der Vorsatz herrscht, Gewalt mit Gewalt zu vertreiben. Beim Krieg kommt es wie bei der Witterung allein auf die Dauer desselben an. So wenig ein heftiger Regen schon eine nasse Witterung ist, ebenso wenig wird irgendein einzelnes Gefecht ein Krieg genannt werden können. (…)

Bei dem Krieg aller gegen alle kann auch nichts ungerecht genannt werden. In einem solchen Zustand haben selbst die Namen Gerecht und Ungerecht keinen Platz. Im Krieg sind Gewalt und List Haupttugenden; und weder Gerechtigkeit noch Ungerechtigkeit sind notwendige Eigenschaften des Menschen; weil, wenn sie dies waren, so müssten sie auch bei demjenigen angetroffen werden, der einsam und allein auf der Welt lebt. Sie sind Eigenschaften des Menschen, aber nicht insofern er Mensch überhaupt, sondern insofern er Bürger ist. Eben daraus fließt ferner, dass es in einem solchen Zustand keinen Besitz, kein Eigentum, kein Mein und Dein gibt, sondern was jemand erworben hat, gehört ihm, so lange er es sich zu sichern imstande ist.

(Thomas Hobbes, Leviathan. Rascher Verlag Zürich/Leipzig MCMXXXVI)

Diskussionsforum

Titelbild des Leviathan

1 Betrachten Sie das Titelbild des „Leviathan" und halten Sie seine einzelnen Motive fest. Untersuchen Sie, wie diese im Einzelnen ausgestaltet werden.

2 Diskutieren Sie, welche symbolische Bedeutung die Ausgestaltung des Monarchenleibes haben könnte.

3 Nennen Sie die gestalterischen Mittel, mit denen die weltliche und die geistliche Macht des absolutistischen Herrschers dargestellt werden.

Thomas Hobbes: Leviathan

1 Gliedern Sie den Text in Sinnabschnitte und formulieren Sie dazu jeweils eine Hauptaussage oder leitende These.

2 Erklären Sie, welche Eigenschaften der Autor dem Menschen zuspricht. Nennen Sie die Folgen, die aus diesen Eigenschaften nach Ansicht Hobbes' entstehen müssen.

3 *„Homo homini lupus est" – Der Mensch ist dem Menschen ein Wolf. „Bellum omnium contra omnes" – Krieg aller gegen alle.* Das sind die beiden bekanntesten Schlagworte, die man mit Hobbes' Philosophie in Verbindung bringt.
a) Setzen Sie diese Schlagworte mit dem Text auf Seite 39 in Beziehung und erklären Sie sie anhand der Textaussagen.
b) Diskutieren Sie: Halten Sie das Menschenbild Hobbes' für gerechtfertigt? Sammeln Sie Begründungen und Beispiele für und wider diese Ansicht.

Quer gedacht: Das beste Stück im Staat

1 Betrachten Sie die Karikatur und erschließen Sie deren Aussagegehalt.

2 Stellen Sie Vermutungen darüber an, in welchem Land diese Karikatur spielen könnte.

3 Diskutieren Sie: Gibt es eine Regierungsform, zu der diese Karikatur besonders gut passen könnte?

Das beste Stück im Staat

4 Charakterisieren Sie das Menschenbild, mit dem der Bürger hier gezeichnet wird.

5 Lesen Sie auf dem Hintergrund dieser Karikatur Hobbes' Text „Leviathan".
a) Vergleichen Sie die gewählten Tiermetaphern. Welche Schlüsse lassen sich durch den Vergleich auf den Menschen beziehungsweise Bürger ziehen?
b) Diskutieren Sie, inwiefern sich somit beide Menschenbilder widersprechen oder ergänzen.

6 *„Der Staat ist für die Menschen, nicht die Menschen für den Staat." (Albert Einstein)*
a) Setzen Sie dieses Zitat in Bezug zur Karikatur.
b) Klären Sie, was Sie eigentlich genau unter dem Begriff Staat verstehen.

Staatsmetaphern

Für das Staatsleben wurden zahlreiche Metaphern entwickelt, z. B. der Staat als Schiff, der Staat als Familie, der Staat als Organismus.

1 Erläutern Sie diese Metaphern, indem Sie überlegen,
a) welche Eigenschaften Bürgern und Regierenden in der jeweiligen Metapher zukommen,
b) welche historischen Situationen Sie mit den Metaphern in Verbindung bringen.

2 Diskutieren Sie, inwiefern die Freiheit einen Platz in den genannten Metaphern hat.

Informationsforum

Der Naturzustand des Menschen: Kampf aller gegen alle

Thomas Hobbes

Den Philosophen Thomas Hobbes (1588–1679) als Vertreter der beginnenden Aufklärung verbindet man mit berühmten Schlagwörtern, z. B. „Homo homini lupus" – „Der Mensch ist dem Menschen ein Wolf" oder „bellum omnium contra omnes" – „Der Krieg aller gegen alle". Sämtliche dieser Schlagworte laufen auf seine Auffassung vom **Naturzustand** des Menschen hinaus: Alle Menschen sind von Grund auf **egoistisch** und versuchen ihre **eigenen Interessen** durchzusetzen. Für Hobbes schlug sich der Mensch – bevor er sich zu **Gesellschaften** zusammengeschlossen hat – wie ein wildes Tier durch das Leben, um seine Unterkunft, seine Nahrung, seine Fortpflanzung zu sichern. So prägen Argwohn, Wettbewerb und Sucht nach Selbstbestätigung die **Natur des Menschen** bis heute, doch hat es einen entscheidenden Wandel gegeben.

Der Gesellschaftsvertrag

Der Mensch macht in seinem Urzustand permanent die Erfahrung des Scheiterns. Es ist nicht möglich, eine Kultur zu entwickeln. Stets kann es geschehen, dass man auf einen Feind trifft, der stärker und/oder schlauer ist als man selbst. Alles, was man sich dann mühsam erkämpft hat, geht wieder verloren. Deswegen, so behauptet Hobbes, sind die Menschen auf eine einfache wie geniale Lösung gekommen. Der einzelne Mensch überträgt seine Macht auf einen anderen oder eine ganze Gruppe von Menschen, die ihm im Gegenzug hierfür **Schutz und die Verwirklichung** eines Großteils seiner **Wünsche** bieten. Auf diese Weise entsteht der Staat.

Der Staat – eine „künstliche Person"

Die Menschen haben nun nicht etwa ihre Natur geändert – sie sind immer noch prinzipiell egoistisch. Aber der **Zusammenschluss** zu einer **Gemeinschaft** bietet dem einzelnen Menschen viel mehr **Vorteile**, als wenn er sich gleichsam im Alleingang gegen alle anderen durchsetzen müsste. Denn nun werden die Einzelinteressen aller gleichsam in der **Person des Staates** verkörpert: Es entsteht der **„Leviathan"**, ein „sterblicher Gott". Der Name Leviathan entstammt der Bibel und bezeichnet ein mächtiges Ungeheuer. Der Name schien Hobbes passend für eine aus einer Vielzahl von Personen entstandenen Einzelperson – eben dem Staat. Es überrascht wenig, dass sich mit diesem Bild vom Staat die Regierungsform des **Absolutismus** verbindet. Dem absolutistischen Monarchen wird so viel Macht eingeräumt, dass er alle auswärtigen Feinde des Staates effektiv bekämpfen kann.

Das Wichtigste auf einen Blick

*Überlegungen zum **Naturzustand** des Menschen führten Philosophen der Neuzeit zur **Vorstellung eines Gesellschaftsvertrages**. Für Thomas Hobbes sind die Menschen von Natur aus **egoistisch**. Zu einem Gesellschaftsvertrag schließen sie sich nur zusammen, da er ihnen größere Vorteile bringt. Der Staat, am besten verkörpert durch einen **absolutistischen Monarchen**, sorgt dadurch am besten für die Menschen, dass diese all ihre Rechte und Möglichkeiten an den Staat abgeben.*

Aktionsforum

Gedankenexperiment: Die Uhrenmetapher

Folgender Text stammt aus Hobbes' Werk „Grundzüge der Philosophie". Er erklärt hier am Beispiel der Uhr, wie eine Gesellschaft funktioniert:

„Denn die Elemente, aus denen eine Sache sich bildet, dienen auch am besten zu ihrer Erkenntnis. Schon bei einer Uhr, die sich selbst bewegt, und bei jeder etwas verwickelten Maschine kann man die Wirksamkeit der einzelnen Teile und Räder nicht verstehen, wenn sie nicht auseinandergenommen werden und die Materie, die Gestalt und die Bewegung jedes Teiles für sich betrachtet wird. Ebenso muss bei den Rechten des Staates und bei Ermittelung der Pflichten der Bürger der Staat zwar nicht aufgelöst, aber doch wie ein aufgelöster betrachtet werden, d. h. es muss die menschliche Natur untersucht werden, wieweit sie zur Bildung des Staates geeignet ist oder nicht, und wie die Menschen sich zusammentun sollen, wenn sie eine Einheit werden wollen; denn nur so kann hier die rechte Einsicht gewonnen werden. Hiernach bin ich verfahren ..."

(Thomas Hobbes: Grundzüge der Philosophie, S. 13301)

1 Erklären Sie, wie Hobbes bei seiner Analyse der Gesellschaft vorgeht.

2 Recherchieren Sie den Begriff Kybernetik oder kybernetisches Modell und setzen Sie diese Begriffe in Bezug zu Hobbes' Vorgehensweise.

3 Erläutern Sie, worin mögliche Vorteile und worin Nachteile einer derartigen Analysemethode bestehen. Versuchen Sie andere Problembereiche zu finden, bei denen eine derartige Methode entweder besonders sinnvoll oder überhaupt nicht geeignet ist.

Gedankenexperiment: Gesellschaft ohne Staat

Filmplakat zu „I am legend" (USA/GB, 2007)

1 Entwerfen Sie im Unterrichtsgespräch ein Szenario, in dem die menschliche Gesellschaft ohne Einflussnahme eines Staates leben würde: Wie sähe dieses Leben aus? Welche Nachteile, aber vielleicht auch Vorteile hätte eine solche Existenz?

2 Versuchen Sie sich anschließend an einer künstlerischen Umsetzung dieses Gedankens: Formulieren Sie eine Erzählung, eine kurze dramatische Szene oder gestalten Sie ein Bild oder eine Collage zu diesem Thema.

3 In Form sogenannter Endzeitszenarien greift auch Hollywood solche Vorstellungen immer wieder auf.
a) Recherchieren und berichten Sie in der Klasse über solche Filme.
b) Führen Sie anschließend eine Diskussion darüber, woher der Reiz solcher Vorstellungen rührt.

1.7 Rousseaus Menschenbild und seine Vorstellung von Gesellschaft

Frontispiz zu Jean Jacques Rousseaus „Emile ou de l'Education", 1793/94, Kupferstich von Noel Le Mire nach Charles Nicolas Cochin d. J.

Jean Jacques Rousseau: Der Gesellschaftsvertrag

1. Kapitel
Inhalt des ersten Buches

Der Mensch wird frei geboren, und überall ist er in Banden. Mancher hält sich für den Herrn seiner Mitmenschen und ist trotzdem mehr Sklave als sie. Wie hat sich diese Umwandlung zugetragen? Ich weiß es nicht. Was kann ihr Rechtmäßigkeit verleihen? Diese Frage glaube ich beantworten zu können.

Würde ich nur auf die Gewalt und die Wirkungen, die sie hervorbringt, Rücksicht nehmen, so würde ich sagen: solange ein Volk gezwungen wird zu gehorchen, so tut es wohl, wenn es gehorcht; sobald es sein Joch abzuschütteln imstande ist, so tut es noch besser, wenn es dasselbe von sich wirft, denn sobald es seine Freiheit durch dasselbe Recht wiedererlangt, das sie ihm geraubt hat, so ist es entweder befugt, sie wieder zurückzunehmen, oder man hat sie ihm unbefugterweise entrissen. Allein die gesellschaftliche Ordnung ist ein geheiligtes Recht, das die Grundlage aller übrigen bildet. Dieses Recht entspringt jedoch keineswegs aus der Natur; es beruht folglich auf Verträgen. Deshalb kommt es darauf an, die Beschaffenheit dieser Verträge kennenzulernen. (...)

2. Kapitel
Erste gesellschaftliche Vereinigungen

Die älteste und einzig natürliche Form aller Gesellschaften ist die Familie; obgleich die Kinder nur solange mit dem Vater verbunden bleiben, wie sie seiner zu ihrer Erhaltung bedürfen. Sobald dieses Bedürfnis aufhört, löst sich das natürliche Band. Von dem Gehorsam befreit, den die Kinder dem Vater schuldig sind, und der Sorgfalt überhoben, zu der der Vater den Kindern gegenüber verpflichtet ist, kehren alle in gleicher Weise zur Unabhängigkeit zurück. Bleiben sie weiter in Verbindung, so ist das kein natürlicher Zustand mehr, sondern ein freiwilliges Übereinkommen; die Familie an sich hat nur durch Übereinkunft Bestand.

Diese gemeinsame Freiheit ist eine Folge der Natur des Menschen. Sein erstes Gesetz muss es sein, über seine eigene Erhaltung zu wachen; seine Hauptsorgen sind die, die er sich selbst schuldig ist, und sobald er zu dem Alter der Vernunft gekommen, ist er allein Richter über die zu seiner Erhaltung geeigneten Mittel und wird dadurch sein eigener Herr.

Demnach ist die Familie, wenn man will, das erste Muster der politischen Gesellschaften. Der Herrscher ist das Abbild des Vaters, das Volk ist das Abbild der Kinder, und da alle gleich und frei geboren sind, veräußern sie ihre Freiheit nur um ihres Nutzens willen. Der ganze Unterschied besteht darin, dass in der Familie die Vaterliebe die Sorgenlast vergilt, die ihm die Kinder auferlegen, während im Staate die Luft zu befehlen die Liebe ersetzt, die der Herrscher für sein Volk nicht empfindet.

6. Kapitel
Der Gesellschaftsvertrag

[Rousseau nimmt an, dass sich bei der Entwicklung des Menschen so viele Widerstände aufgetürmt haben, dass irgendwann einmal der Einzelne nicht mehr in der Lage war, sie zu bewältigen; Anm. d. Verf.]

Dann kann dieser ursprüngliche Zustand nicht länger fortbestehen, und das menschliche Geschlecht müsste zugrunde gehen, wenn es die Art seines Daseins nicht änderte. (...)

Eine solche Summe von Kräften [die die genannten Widrigkeiten überwindet; Anm. d. Verf.] kann nur durch das Zusammenwirken mehrerer entstehen. Da jedoch die Stärke und die Freiheit jedes Menschen die Hauptwerkzeuge seiner Erhaltung sind, wie kann er sie hergeben, ohne sich Schaden zu tun und die Sorgfalt zu versäumen, die er sich schuldig ist? Diese Schwierigkeit lässt sich, wenn man sie auf den Gegenstand meiner Betrachtung anwendet, in die Worte zusammenfassen:

»Wie findet man eine Gesellschaftsform, die mit der ganzen gemeinsamen Kraft die Person und das Vermögen jedes Gesellschaftsgliedes verteidigt und schützt und kraft dessen jeder einzelne, obgleich er sich mit allen vereint, gleichwohl nur sich selbst gehorcht und so frei bleibt wie vorher?« Dies ist die Hauptfrage, deren Lösung der Gesellschaftsvertrag gibt.

Die Klauseln dieses Vertrages sind durch die Natur der Verhandlung so bestimmt, dass die geringste Abänderung sie nichtig und wirkungslos machen müsste. Die Folge davon ist, dass sie, wenn sie auch vielleicht nie ausdrücklich ausgesprochen wären, doch überall gleich, überall stillschweigend angenommen und anerkannt sind, bis nach Verletzung des Gesellschaftsvertrages jeder in seine ursprünglichen Rechte zurücktritt und seine natürliche Freiheit zurückerhält, während er zugleich die auf Übereinkommen beruhende Freiheit, für die er auf jene verzichtete, verliert.

Alle diese Klauseln lassen sich, wenn man sie richtig auffasst, auf eine einzige zurückführen, nämlich auf das gänzliche Aufgehen jedes Gesellschaftsgliedes mit allen seinen Rechten in der Gesamtheit, denn indem sich jeder ganz hingibt, so ist das Verhältnis zunächst für alle gleich, und weil das Verhältnis für alle gleich ist, so hat niemand ein Interesse daran, es den anderen drückend zu machen.

Da ferner dieses Aufgehen ohne allen Vorbehalt geschieht, so ist die Verbindung so vollkommen, wie sie nur sein kann, und kein Gesellschaftsgenosse hat irgend etwas Weiteres zu beanspruchen, denn wenn den einzelnen irgendwelche Rechte blieben, so würde in Ermangelung eines gemeinsamen Oberherrn, der zwischen ihnen und dem Gemeinwesen entscheiden könnte, jeder, der in irgendeinem Punkte sein eigener Richter ist, auch bald verlangen, es in allen zu sein; der Naturzustand würde fortdauern, und die gesellschaftliche Vereinigung tyrannisierend oder zwecklos sein.

Während sich endlich jeder allen übergibt, übergibt er sich damit niemandem, und da man über jeden Gesellschaftsgenossen das nämliche Recht erwirbt, das man ihm über sich gewährt, so gewinnt man für alles, was man verliert, Ersatz und mehr Kraft, das zu bewahren, was man hat.

Scheidet man also vom Gesellschaftsvertrage alles aus, was nicht zu seinem Wesen gehört, so wird man sich überzeugen, dass er sich in folgende Worte zusammenfassen lässt: »Jeder von uns stellt gemeinschaftlich seine Person und seine ganze Kraft unter die oberste Leitung des allgemeinen Willens, und wir nehmen jedes Mitglied als untrennbaren Teil des Ganzen auf.«

An die Stelle der einzelnen Person jedes Vertragabschließers setzt solcher Gesellschaftsvertrag sofort einen geistigen Gesamtkörper, dessen Mitglieder aus sämtlichen Stimmabgebenden bestehen, und der durch ebendiesen Akt seine Einheit, sein gemeinsames Ich, sein Leben und seinen Willen erhält. Diese öffentliche Person, die sich auf solche Weise aus der Vereinigung aller übrigen bildet, wurde ehemals Stadt genannt und heißt jetzt Republik oder Staatskörper. Im passiven Zustand wird er von seinen Mitgliedern Staat, im aktiven Zustand Oberhaupt, im Vergleich mit anderen seiner Art Macht genannt. Die Gesellschaftsgenossen führen als Gesamtheit den Namen Volk und nennen sich einzeln als Teilhaber der höchsten Gewalt Staatsbürger und im Hinblick auf den Gehorsam, den sie den Staatsgesetzen schuldig sind, Untertanen. Aber diese Ausdrücke gehen oft ineinander über und werden miteinander verwechselt; es genügt, sie unterscheiden zu können, wenn sie in ihrer eigentlichen Bedeutung gebraucht werden.

(J.-J. Rousseau, Der Gesellschaftsvertrag oder Die Grundsätze des Staatsrechtes. In der Übersetzung von H. Denhardt, hrsg. von Heinrich Weinstock, Reclam Verlag Stuttgart 1974)

Diskussionsforum

Frontispiz zu Rousseaus „Emile"

1. Betrachten Sie das Bild genau und erstellen Sie eine Liste: Welche der dargestellten Tätigkeiten würden Sie als „pädagogisch" charakterisieren?
2. Vergleichen Sie mit heute: Mit welchen pädagogischen Mitteln sind Sie konfrontiert?
3. Vergleichen Sie folgende Karikatur mit dem Titelbild zu „Emile" unter dem Gesichtspunkt der Beziehung zwischen Erzieher und Kind.

Erzieh mich doch, erzieh mich doch

Jean Jacques Rousseau: Der Gesellschaftsvertrag

1. Der Text besteht bereits aus drei Kapiteln mit Überschriften.
   a) Lesen Sie den Text und teilen Sie die einzelnen Kapitel nochmals in Sinnabschnitte ein. Formulieren Sie zu jedem Abschnitt eine Überschrift.
   b) Wenn es Begriffe gibt, die Sie nicht kennen – schlagen Sie in einem Lexikon nach oder recherchieren Sie im Internet.
2. Arbeit mit Strukturbildern: Bilden Sie mehrere Gruppen. Erstellen Sie ein Tafelbild mit der Überschrift „Philosophische Bilder vom Menschen: Jean Jacques Rousseau". Im Tafelbild müssen folgende Begriffe enthalten sein: Naturzustand des Menschen, Familie und Staat, Gesellschaftsvertrag, allgemeiner Wille (volonteé genéral). Arbeiten Sie dabei mit einem passenden Strukturbild und ziehen Sie dazu die Methodenseite in Kapitel 1.4 (siehe Seite 32) heran. Jeder Schüler hält dieses Tafelbild auf einem Blatt Papier/im Heft fest.
   Anschließend werden die Gruppen nach Vorgabe des Lehrers gemischt und in den neu gebildeten Gruppen erklärt jeder Schüler das erarbeitete Tafelbild seiner ursprünglichen Gruppe. Versuchen Sie, sich auf das beste Modell zu einigen.

Quer gedacht: Ein guter Philosoph?

In der zehnten Klasse des Anne-Frank-Gymnasiums berichtet Thomas in einem Referat über das Leben Jean Jacques Rousseaus. Dabei referiert er, dass Rousseau in seiner Philosophie von einem unglaublich positiven Menschenbild ausging, demzufolge die Menschen von Natur aus gut sind und nur durch die Zivilisation verdorben werden. Rousseau verfasste eine dementsprechende Pädagogik und machte sie in seinem Roman „Emile" weltberühmt. Dennoch brachte er seine eigenen unehelichen Kinder in ein Waisenhaus, da er sich nicht die Mühe machen wollte, sie selbst aufzuziehen und für sie zu sorgen.

1. Diskutieren Sie: Wieso erscheint das Verhalten Rousseaus als ein Widerspruch zu seinem eigenen Werk? Ziehen Sie für Ihre Antwort auch das Informationsforum heran.
2. Erörtern Sie anschließend im Klassengespräch, ob ein Philosoph in seinen Handlungen auch seiner Philosophie entsprechen muss. Entwickeln Sie sowohl Argumente für als auch gegen diese Ansicht.

Zurück zur Natur

Ähnlich wie Thomas Hobbes hat auch der französische Philosoph Jean Jacques Rousseau einen Gesellschaftsvertrag formuliert. Er geht jedoch von einem gänzlich anderen Menschenbild aus als der englische Philosoph.

In seinen Hauptwerken erklärt Rousseau, dass der Mensch von Natur aus gut ist. Ursprünglich mag es eine Zeit gegeben haben, in der der Mensch sich nur auf eine natürliche Ordnung und sein Gefühl verlassen konnte. Alle Arten von Reflexion sind demnach von Übel, man braucht sich nur auf die Selbstliebe zu verlassen, die notwendig Mitleid mit dem anderen zur Folge hatte.

Aus diesen Verhältnissen entstehen erste Gesellschaften, in denen alle Menschen frei und gleich sind. Das Ideal, das Rousseau vorschwebt, ist dabei der „edle Wilde", den er in den Naturvölkern Afrikas und Amerikas zu finden glaubte.

Buschmannfamilie in Namibia

Die Selbstliebe schlägt jedoch in Selbstsucht und Egoismus um, als sich erste Kulturen entwickeln: Sprache, Wissenschaft, Kunst und insbesondere Rechtssprechung und Privateigentum verderben den Menschen und führen letztlich zur gegenwärtigen fehlerhaften Gesellschaft.

Rousseau sieht zwei Ansatzpunkte, wie man diese fehlgegangene Entwicklung korrigieren kann. Eine Möglichkeit sieht er in der Erziehung des Menschen. Die Pädagogik muss eine „negative Erziehung" sein, d. h. das Kind soll sich ohne Anleitung und ohne Führung aus eigener Erfahrung und aus eigenen Kräften aus seiner grundsätzlich guten Natur heraus entwickeln. Sie muss den Zögling von allen Einflüssen der Gesellschaft fernhalten, da sie in schlechter Weise auf ihn Einfluss nehmen kann.

Der Gesellschaftsvertrag

Die zweite Möglichkeit, sich dem verlorengegangenen Naturzustand wieder anzunähern, fordert Rousseau durch den Gesellschaftsvertrag. Jeder in der Gesellschaft ordnet sich freiwillig dem „volonté générale", dem Gemeinwillen, unter. Da im Gemeinwillen auch der eigene Wille verwirklicht wird, müsste jedermann nur dem eigenen Gesetz gehorchen. Derart begründet Rousseau – etwa im Gegensatz zu Hobbes – die Volkssouveränität. Die Idealvorstellung für Rousseau sind kleine Demokratien, die nach dem Prinzip der Volksversammlung Gesetze entscheiden, die dann eine gewählte Exekutive ausführt.

Das Wichtigste auf einen Blick

*Das **Menschenbild** Jean Jacques Rousseaus beruht auf der Vorstellung eines **guten Naturzustandes**, der allmählich durch Kultur und Zivilisation verloren geht. Durch eine entsprechende **Pädagogik** und die Anwendung eines **Gesellschaftsvertrages** soll sich der Mensch dem ursprünglich guten Naturzustand wieder annähern: Dies wird letztlich durch die **„negative Erziehung"** und das Vertrauen in den **Gemeinwillen** erreicht.*

Aktionsforum

Gedankenexperiment: Preisschrift

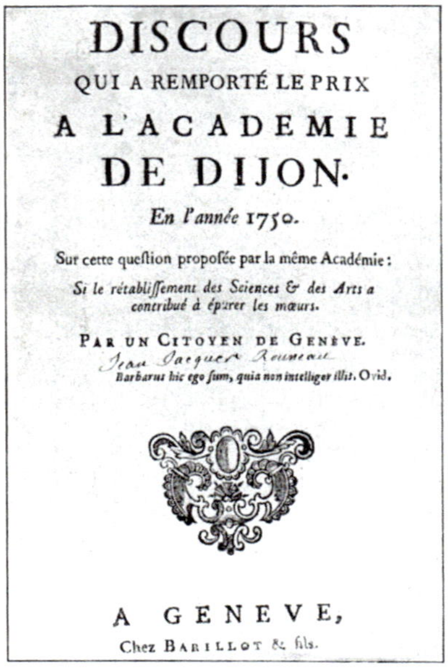
DISCOURS
QUI A REMPORTÉ LE PRIX
A L'ACADEMIE
DE DIJON.
En l'année 1750.
Sur cette queſtion propoſée par la même Académie:
Si le rétabliſſement des Sciences & des Arts a contribué à épurer les mœurs.
PAR UN CITOYEN DE GENÈVE.
Jean Jacques Rousseau
Barbarus hic ego sum, quia non intelligor illis. Ovid.
A GENEVE,
Chez BARILLOT & fils.

Titelblatt von Rousseaus „Discours sur les Sciences et les Arts", 1750

Rousseau lebte in der Zeit der Aufklärung; damals war es üblich, dass wissenschaftliche Akademien Preise für die Lösung bestimmter Aufgaben auslobten. Die Akademie von Dijon stellte die Frage, „Ob die Erneuerung der Wissenschaften und der Künste zum Verderb oder zur Hebung der Sittlichkeit geführt habe". Rousseau antwortete ganz anders als von den Aufklärern erwartet mit einem eindeutigen „Zum Verderb!". Dennoch erhielt er den ersten Preis für seine Argumentation.

1 Verfassen Sie selbst einen Essay zu diesem Thema und stellen Sie ihn der Klasse vor.

2 Rousseau gilt unbestritten als ein wichtiger Denker der Philosophie und Pädagogik. Dennoch fanden sich bereits zu seinen Lebzeiten viele Gegner, die seine Ideen heftig angriffen. Entwerfen Sie in Partnerarbeit verschiedene Argumente, die man gegen Rousseaus Ansichten über die angebliche Verderbnis der Kultur und Gesellschaft vorbringen könnte. Nutzen Sie das Informationsforum.

3 Diskutieren Sie anschließend, weshalb die Preisrichter der Akademie dennoch von Rousseaus Arbeit überzeugt gewesen sein könnten.

Gedankenexperiment: „Emile oder über die Erziehung"

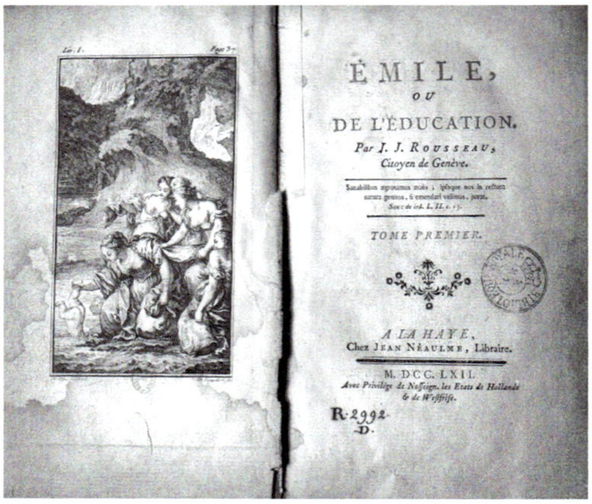

Goethe nannte Rousseaus Roman „Emile" ein „Naturevangelium der Erziehung". Bis heute wirken die Ideen Rousseaus in der Pädagogik nach.

1 Recherchieren Sie genauere Inhalte des Romans im Internet und der Schulbücherei.

2 Bilden Sie zwei Gruppen, von denen die eine versucht herauszufinden, worin bis heute Stärken von Rousseaus Pädagogik gesehen werden; die andere stellt Kritikpunkte dar.

3 Diskutieren Sie, was Sie unter guter Erziehung verstehen. Scheuen Sie sich dabei nicht, auch kritisch auf Faktoren einzugehen, die für Erziehung bedeutsam sind: Lehrer, Eltern, Trainer, Bildungspolitik, auch andere Schüler sowie materielle und finanzielle Umstände. Bedenken Sie dabei: Kritik bedeutet, Gutes und Schlechtes zu benennen.

1.8 Kants Menschenbild

Daniel Chodowiecki: Aufklärung, 1791

Immanuel Kant: Beantwortung der Frage: Was ist Aufklärung?

I

Aufklärung ist der Ausgang des Menschen aus seiner selbst verschuldeten Unmündigkeit. Unmündigkeit ist das Unvermögen, sich seines Verstandes ohne Leitung eines anderen zu bedienen. Selbstverschuldet ist diese Unmündigkeit, wenn die Ursache derselben nicht am Mangel des Verstandes, sondern am Mangel des Entschlusses und des Mutes liegt, sich des Verstandes ohne Leitung eines andern zu bedienen. Sapere aude! Habe Mut, dich deines eigenen Verstandes zu bedienen! ist also der Wahlspruch der Aufklärung.

II

Faulheit und Feigheit sind die Ursachen, warum ein so großer Teil der Menschen, nachdem sie die Natur längst von fremder Leitung frei gesprochen (...), dennoch gerne zeitlebens unmündig bleiben; und warum es anderen so leicht wird, sich zu deren Vormündern aufzuwerfen. Es ist so bequem, unmündig zu sein. Habe ich ein Buch, das für mich Verstand hat, einen Seelsorger, der für mich Gewissen hat, einen Arzt, der für mich die Diät beurteilt, usw.: so brauche ich mich ja nicht selbst zu bemühen. Ich habe nicht nötig zu denken, wenn ich nur bezahlen kann; andere werden das verdrießliche Geschäft schon für mich übernehmen. Dass der bei weitem größte Teil der Menschen (...) den Schritt zur Mündigkeit, außerdem dass er beschwerlich ist, auch für sehr gefährlich halten: dafür sorgen schon jene Vormünder, die die Oberaufsicht über sie gütigst auf sich genommen haben. Nachdem sie ihr Hausvieh zuerst dumm gemacht haben, und sorgfältig verhüteten, dass diese ruhigen Geschöpfe ja keinen Schritt außer dem Gängelwagen, darin sie sie einsperreten, wagen durften: so zeigen sie ihnen nachher die Gefahr, die ihnen drohet, wenn sie es versuchen, allein zu gehen. Nun ist diese Gefahr zwar eben so groß nicht, denn sie würden durch einigemal Fallen wohl endlich gehen lernen; allein ein Beispiel von der Art macht doch schüchtern, und schreckt von allen ferneren Versuchen ab.

III

Es ist also für jeden einzelnen Menschen schwer, sich aus der ihm beinahe zur Natur gewordenen Unmündigkeit herauszuarbeiten. Er hat sie sogar lieb gewonnen, und ist vor der Hand wirklich unfähig, sich seines eigenen Verstandes zu bedienen, weil man ihn niemals den Versuch davon machen ließ. (...) Daher gibt es nur wenige, denen es gelungen ist, durch eigene Bearbeitung ihres Geistes sich aus der Unmündigkeit heraus zu wickeln, und dennoch einen sicheren Gang zu tun.

Dass aber ein Publikum sich selbst aufkläre, ist eher möglich; ja es ist, wenn man ihm nur Freiheit lässt, beinahe unausbleiblich. Denn da werden sich immer einige Selbstdenkende, sogar unter den eingesetzten Vormündern des großen Haufens, finden, welche, nachdem sie das Joch der Unmündigkeit selbst abgeworfen haben, den Geist einer vernünftigen Schätzung des eigenen Werts und des Berufs jedes Menschen, selbst zu denken, um sich verbreiten werden. (...)

IV

Durch eine Revolution wird vielleicht wohl ein Abfall von Tyrannei und gewinnsüchtiger oder herrschsüchtiger Bedrückung, aber niemals eine wahre Reform der Denkungsart zu Stande kommen; sondern neue Vorurteile werden, eben sowohl als die alten, als Leitfaden des gedankenlosen großen Haufens dienen.

Zu dieser Aufklärung aber wird nichts erfordert als Freiheit; und zwar die unschädlichste unter allem, was nur Freiheit heißen mag, nämlich die: von seiner Vernunft in allen Stücken öffentlichen Gebrauch zu machen. Nun höre ich aber von allen Seiten rufen: räsonniert (= grübelt) nicht! Der Offizier sagt: räsonniert nicht, sondern exerziert! Der Finanzrat: räsonniert nicht, sondern bezahlt! Der Geistliche: räsonniert nicht, sondern glaubt! (…) Hier ist überall Einschränkung der Freiheit. Welche Einschränkung aber ist der Aufklärung hinderlich? (…) – Ich antworte: der öffentliche Gebrauch seiner Vernunft muss jederzeit frei sein, und der allein kann Aufklärung unter Menschen zu Stande bringen; der Privatgebrauch derselben aber darf öfters sehr enge eingeschränkt sein, ohne doch darum den Fortschritt der Aufklärung sonderlich zu hindern. Ich verstehe aber unter dem öffentlichen Gebrauche seiner eigenen Vernunft denjenigen, den jemand als Gelehrter von ihr vor dem ganzen Publikum der Leserwelt macht. Den Privatgebrauch nenne ich denjenigen, den er in einem gewissen ihm anvertrauten bürgerlichen Posten, oder Amte, von seiner Vernunft machen darf.

V

Nun ist zu manchen Geschäften, die das Interesse der Gemeinschaft betreffen, eine gewisse Routine notwendig, derentwegen sich Beschäftigte in solchen Positionen passiv verhalten müssen, um die Regierungsfähigkeit zu erhalten. Hier ist es nun freilich nicht erlaubt, zu räsonnieren; sondern man muss gehorchen. So fern sich aber dieser Teil der Maschine zugleich als Glied eines Gemeinwesens, ja sogar als Weltenbürger sieht, und sich so als Gelehrter, der sich an ein Publikum durch Schriften wendet. In diesem Falle kann er allerdings räsonnieren, ohne dass dadurch seine Berufstätigkeit leidet. So würde es sehr verderblich sein, wenn ein Offizier, dem von seinen Oberen etwas anbefohlen wird, im Dienste über die Zweckmäßigkeit oder Nützlichkeit dieses Befehls laut vernünfteln wollte; er muss gehorchen. Es kann ihm aber gerechterweise nicht verwehrt werden, als Gelehrter, über die Fehler im Kriegesdienste Anmerkungen zu machen, und diese seinem Publikum zur Beurteilung vorzulegen. Der Bürger kann sich nicht weigern, die ihm auferlegten Abgaben zu leisten (…). Der gleiche Bürger handelt aber der Pflicht eines Bürgers nicht entgegen, wenn er, als Gelehrter, wider (…) die Ungerechtigkeit solcher Ausschreibungen öffentlich seine Gedanken äußert. (…)

VI

Ein Mensch kann zwar für seine Person, und auch alsdann nur auf einige Zeit, in dem, was er wissen muss, die Aufklärung aufschieben; aber auf sie Verzicht zu tun, es sei für seine Person, mehr aber noch für die Nachkommenschaft, heißt die heiligen Rechte der Menschheit verletzen und mit Füßen treten. Was aber nicht einmal ein Volk über sich selbst beschließen darf, das darf noch weniger ein Monarch über das Volk beschließen; denn das gesetzgebende Ansehen des Monarchen beruht eben darauf, dass er den gesamten Volkswillen in dem seinigen vereinigt. Wenn er nur darauf sieht, dass alle wahre oder vermeintliche Verbesserung mit der bürgerlichen Ordnung zusammen bestehe: so kann er seine Untertanen übrigens nur selbst machen lassen, was sie um ihres Seelenheils willen zu tun nötig finden; das geht ihn nichts an. Wohl aber ist es seine Aufgabe, zu verhüten, dass nicht einer den andern gewalttätig hindere, an der Bestimmung und Beförderung seines Seelenheiles zu arbeiten – so gut wie er nur kann. (…)

VII

Wenn denn nun gefragt wird: Leben wir jetzt in einem aufgeklärten Zeitalter?, so ist die Antwort: Nein, aber wohl in einem Zeitalter der Aufklärung. Dass die Menschen, wie die Sachen jetzt stehen, im Ganzen genommen, schon im Stande wären (…) sich ihres eigenen Verstandes ohne Leitung eines andern sicher und gut zu bedienen, daran fehlt noch sehr viel. Jedoch, dass jetzt ihnen doch die Möglichkeit eröffnet wird, sich frei zu entfalten, und die Hindernisse der allgemeinen Aufklärung (oder des Ausganges aus ihrer selbst verschuldeten Unmündigkeit) allmählich weniger werden, dafür haben wir doch deutliche Anzeichen.

(Kant: Beantwortung der Frage: Was ist Aufklärung? Philosophie von Platon bis Nietzsche, S. 24931 ff.)

Diskussionsforum

Daniel Chodowiecki: Aufklärung

1 Betrachten Sie das Bild genau. Erklären Sie unter Rückgriff auf die einzelnen Bildelemente und die Gesamtkonzeption des Bildes, warum es seinen Titel zu Recht trägt. Nutzen Sie dabei Ihr Grundwissen aus den Fächern Deutsch und Geschichte.

2 Das Bild ist als Kupferstich gestaltet und damit schwarz-weiß. Begründen Sie, welche Farben Sie für eine Ausgestaltung wählen würden.

3 Lesen Sie die Ausführungen zum Menschenbild Kants im Informationsforum. Gestalten Sie anschließend selbst eine künstlerische Darstellung, in der Sie versuchen, diese abstrakten Ideen zu veranschaulichen und in einen Zusammenhang mit den Ideen der Aufklärung zu bringen.

Immanuel Kant: Was ist Aufklärung?

1 Erstellen Sie für jeden der sieben Abschnitte eine Überschrift in Form einer These.

2 Formulieren Sie davon ausgehend für den gesamten Text einen Basissatz, wie Sie ihn aus dem Deutschunterricht kennen und stellen Sie Ihr Ergebnis der Klasse vor. Überprüfen Sie anhand der Thesen die Schlüssigkeit Ihres Basissatzes.

3 Formulieren Sie Abschnitt eins in ein „modernes" Deutsch um und vergleichen Sie Ihre Ergebnisse in der Klasse.

4 Erstellen Sie eine Tabelle, in der Sie in der ersten Spalte Kants Aussagen über die Natur des Menschen festhalten. In der zweiten Spalte ordnen Sie alle Stellen, die mit Staat und Gesellschaft zu tun haben, ein. Verwenden Sie dabei Stichworte und Zeilenbelege. Diskutieren Sie anschließend in Partnerarbeit, in welcher Beziehung die Inhalte beider Spalten zueinander stehen.

5 Kants Text gilt als einer der berühmtesten der Geistesgeschichte, der bis in unsere Zeit nachwirkt. Diskutieren Sie die Gründe für diese Einschätzung unter Berücksichtigung
- der damaligen historischen und politischen Situation. Stichworte: Absolutismus, Französische Revolution,
- dem Bezug zur heutigen Welt. Stichworte: Individualismus, modernes Lebensgefühl, Grundrechte.

Schon gewusst? Kant als Workaholic?

Immanuel Kant war nicht nur ein genialer Philosoph, sondern galt auch als ein Sonderling. So hatte er beispielsweise einen genau geregelten Tagesablauf und ein so hohes Pflichtbewusstsein, dass er damit ein Arbeitspensum erreichte, das schließlich gesundheitsschädlich war.

1 Beschreiben Sie obige Karikatur, indem Sie
- den Inhalt der Darstellung wiedergeben,
- den Witz und die versteckte Kritik erklären,
- über die Berechtigung der Kritik diskutieren.

2 Diskutieren Sie: Müssen Philosophen oder Künstler extravagant sein? Müssen sie ein Leben führen, das sie vom „normalen" Menschen unterscheidet, um ihre Kreativität voll entfalten zu können?

Informationsforum

Das Menschenbild Kants

Ausgangspunkt von Kants Überlegungen zur Gesellschaft ist sein Menschenbild: Der Mensch ist ein vernünftiges Wesen, das seine Vernunft auch gebrauchen soll. Erst durch die Vernunft ist der Mensch in der Lage, sich selbst Gesetze zu geben und diesen zu gehorchen. Kant nennt diese Fähigkeit **Autonomie**. Demzufolge ist für Kant, ebenso wie für andere neuzeitliche Denker, die **Pädagogik** ein wichtiges Instrument, um auf die Gesellschaft Einfluss zu nehmen: Denn durch Erziehung können Kinder kultiviert werden, indem man ihnen beibringt, die eigene Vernunft nach den Regeln kritischen Denkens zu gebrauchen. Gleichzeitig erfassen sie dabei auch moralisch richtiges Handeln, das nach Überzeugung Kants notwendig aus richtigem Vernunftgebrauch folgt.

Auch Kant geht wie Hobbes und Rousseau von einem ursprünglichen Naturzustand aus, denkt jedoch viel differenzierter. So behauptet er, dass die gesamte Natur auf ein Ziel ausgerichtet sei, das der Mensch nicht kenne. Da der Mensch von Natur aus vernünftig ist, muss es das oberste Ziel sein, eine vernünftige und damit gerechte Gesellschaft anzustreben.

„Die Aufgaben des Staates“

Der Staat entsteht aus einem ursprünglich rechtlosen Naturzustand, den die Menschen durch Einigung aufgeben. Kant legt einen Schwerpunkt darauf, die Aufgaben des Staates zu verdeutlichen. Dies zeigt folgende Grafik:

Ausgangspunkt des Denkens: Mensch als **vernunftbegabtes Individuum**

↓

Mensch muss selber denken dürfen: **autonomes Wesen**

↓

<u>**Voraussetzung 1:**</u> Einhalten der auf **Vernunft** basierenden **Moralgesetze**
➔ Frei nach Kant: Handle so, dass der freie Gebrauch deines Willens mit der Freiheit von jedem anderen unter Einhaltung der allgemeinen Vernunftgesetze zusammenpasst.
<u>**Voraussetzung 2:**</u> Gewährung verschiedener **Rechte**, um in **Freiheit** leben zu dürfen

↓

Staat muss sicherstellen

Privatrecht	**Öffentliches Recht**	**Völkerrecht**
z. B. Abschaffung von Ungleichheiten z. B. Sicherung von Eigentum	z. B. Leben im geordneten Staat z. B. Gewaltenteilung, Volkssouveränität, Menschenrechte	z. B. Abschaffung der Kriege z. B. Freiheit und Friede der Völker untereinander

Paradevorstellungen der Aufklärung: Freiheit des Individuums, vernünftig handelnde Individuen, Leben in einem Rechts-, aber auch „Nachtwächter“-Staat, Weltbürgertum

Das Wichtigste auf einen Blick

*Im Gegensatz zu Hobbes und Rousseau vertraut Kant viel stärker auf die **vernünftige Natur** des Menschen. Seine Vorstellung von **Autonomie** ist bis heute maßgeblich für unser modernes Selbstbild. Demzufolge ist auch seine **Gesellschaftsvorstellung** von dieser Auffassung geprägt. Kant konzentriert sich darauf, das Bild eines vernünftigen Staates zu entwerfen, der seinen Bürgern verschiedene **Rechte** sicherstellen muss. Dabei zeigen sich in seinen Ausführungen konzentriert die Ideale der **Aufklärung**.*

Aktionsforum

Philosophische Untersuchungen: Kants politische Philosophie

In der politischen Philosophie sprechen wir oft von negativer Freiheit und positiver Freiheit. Die positive Freiheit ist die Freiheit zu etwas (das Recht, etwas Bestimmtes zu verwirklichen). Die negative Freiheit ist die Freiheit von etwas (die Abwesenheit von Zwang). Die Freiheit, gewisse menschliche Eigenschaften zu verwirklichen, ist eine positive Freiheit. (…)

Die innere Freiheit hängt auf besondere Weise mit der Moral wie mit der Politik zusammen. (…) Wer einem Gesetz, das er sich selber gegeben hat, gehorcht, ist frei. (…) Innere Freiheit bedeutet dann für Kant, dass man in gewissem Maße Selbstbeherrschung übt, das heißt seine Affekte zügelt und seine Leidenschaften beherrschen kann. Wem das gelingt, der ist gleichzeitig frei, sich selbst moralische Gesetze zu geben. Damit verwirklicht sich der Mensch als Mensch, als freies und vernünftiges Wesen. (…) Die Vorstellung von Freiheit als Autonomie (positive Freiheit) kommt auch in der Idee zum Ausdruck, dass das Volk souverän ist, sich selbst Gesetze zu geben („Prinzip der Volkssouveränität"). (…)

In Übereinstimmung mit Locke betrachtet Kant den Staat als Organisation, die eingerichtet wurde, um die Rechtsverhältnisse zu garantieren und Schutz vor äußeren Feinden zu bieten. Insofern ist Kants Staat ein „Nachtwächterstaat".

(Skirbekk, 1993, S. 532–36)

1 Fassen Sie den Text zusammen, indem Sie seine Inhalte in einem Strukturbild darstellen (vgl. S. 32).

2 Geben Sie Beispiele für negative und positive Freiheiten.

3 Erklären Sie die Vorstellung von der inneren Freiheit.

4 Recherchieren Sie in Lexika und im Internet den Terminus „Nachtwächterstaat". Diskutieren Sie anschließend Vor- und Nachteile einer solchen Staatsauffassung.

Rollenspiel: Podiumsdiskussion

1 Ordnen Sie sich zu drei Gruppen zusammen. Je eine Gruppe resümiert die Inhalte der Philosophie von Hobbes, Rousseau und Kant. Bereiten Sie einen Vertreter der Gruppe darauf vor, die Position ihres Philosophen gegen die beiden anderen zu verteidigen.

2 Führen Sie eine Podiumsdiskussion zum Thema „Welches Menschenbild soll unsere Gesellschaft prägen?" durch, in der Hobbes, Rousseau und Kant ihre Positionen gegeneinander vertreten. Bestimmen Sie einen Diskussionsleiter.

3 Erweitern Sie am Schluss der Diskussion die Podiums- zu einer Plenumsdiskussion. Hierbei übernehmen die bisherigen Zuschauer die Rolle von Journalisten, die Fragen an die Philosophen stellen. Insbesondere sollen die Journalisten Bezüge zu unserer heutigen Gesellschaft herstellen.

Das Wichtigste merken …

Die Sophisten

1 Lesen Sie den Steckbrief zu Protagoras.

Name: Protagoras
Geburtsort: ?
Lebensdaten: ?
Beruf: ?
Merkmal: ?
vielzitierter Ausspruch: ?
seine Kritiker: ?
bleibende Aktualität: ?

a) Ergänzen Sie die fehlenden Angaben.
b) Erklären Sie, weshalb auch heute noch ein negativer Unterton mitschwingt, wenn eine Person als „Sophist" bezeichnet wird.

2 Entwickeln Sie eine möglichst prägnante und knappe Antwort auf die Frage, was unter dem Problem des Relativismus verstanden wird.

3 Analysieren Sie die nachfolgenden Sätze und finden Sie heraus, welche Aussagen ethisch universell interpretiert werden können. Begründen Sie Ihr Urteil.

A) Du sollst nicht töten.
B) Es kann, muss aber nicht moralisch verwerflich sein, die Unwahrheit zu sagen.
C) Es ist eine Frage der Kultur, inwiefern es geboten ist, die eigenen Eltern zu achten.
D) Keiner darf wegen seines Geschlechts, seiner Religion, seiner Herkunft, Rasse oder politischen Gesinnung benachteiligt werden.
E) Die Gerechtigkeit ist die oberste aller Tugenden.

4 Neben Protagoras vertraten Sophisten wie z. B. Antiphon (480–411), Prodikos (470–399) und Gorgias (ca. 485–376) einen ethischen Relativismus. Dagegen wandten sich Sokrates und Platon. Sie waren der Ansicht, dass es verpflichtende Maßstäbe für gutes Handeln gibt. Nutzen Sie Ihr Vorwissen aus dem Ethikunterricht vorausgehender Jahrgangsstufen und halten Sie solche Maßstäbe fest. Überlegen Sie dazu:

a) Welche Regeln oder Normen können unabhängig von den jeweiligen Personen und Situationen bei jeder moralischen Entscheidung genutzt werden?
b) Konfrontieren Sie Ihre Ergebnisse mit der Frage, woher diese Normen, Prinzipien oder Regeln ihre Verbindlichkeit beziehen (z. B. Tradition, Religion, Vernunft u. a.).
c) Nehmen Sie anhand Ihrer Ergebnisse zu der Auffassung Stellung, dass es keine Normen oder Maßstäbe guten Handelns gibt, die unabhängig von religiösen, gesellschaftlichen oder kulturellen Unterschieden gelten.

4 Arbeiten Sie ein fünf Minuten langes Kurzreferat zu den Sophisten aus. Beziehen Sie in Ihr Referat die nachfolgenden Begriffe sowie die beigefügte Karikatur ein. *Vorsokratik, anthropozentrische Wende, Homo-Mensura-Satz, Relativismus, Sokrates/Platon*

Sokrates

1 Prüfen Sie Ihr Wissen zur philosophischen Methode des Sokrates mithilfe der nachfolgenden Stegreifaufgabe.

> **Stegreifaufgabe aus dem Fach Ethik**
> **Klasse 10**
> **Arbeitszeit: 15 Minuten**
>
> Bearbeiten Sie folgende Aufgaben – sofern nichts anderes angegeben ist – in vollständigen Sätzen!
>
> A) Nennen Sie stichpunktartig die einzelnen Schritte der von Sokrates und Platon entwickelten philosophischen Methode. (4 BE)
> B) Innerhalb der philosophischen Methode spielt die Begriffsanalyse eine wichtige Rolle. Erklären Sie, was darunter zu verstehen ist. (4 BE)
> C) Nennen Sie stichpunktartig die zwei Deutungsmöglichkeiten, die Sokrates in der Apologie für ein Leben nach dem Tod nennt und die Einschätzungen, die er bezüglich dieser Möglichkeiten gibt. (4 BE)
> D) Welche Einwände könnte man gegen diese Deutungsmöglichkeiten anführen? Beurteilen Sie kritisch Sokrates' Position. (3 BE)
>
> Insgesamt 15 BE zu erreichen –
> Viel Erfolg!

Tauschen Sie Ihre Lösungen mit Ihrem Banknachbarn aus. Klären Sie vor Durchführung der Korrektur im Klassengespräch die Lösungen und den Bewertungsschlüssel.

2 Kann man zu Recht behaupten, dass die nachfolgenden Sinnsprüche auch von Sokrates stammen könnten? Begründen Sie Ihre Einschätzung.

„Man soll Denken lehren, nicht Gedachtes."

(Cornelius Gustav Gurlitt, dt. Architekt und Kunsthistoriker, 1850–1938)

„Klug fragen können, ist die halbe Weisheit."

(Francis Bacon, engl. Philosoph, 1561–1626)

Platon

1 Diese Fotografie löst beim Betrachter einen „Aha-Effekt" aus, wenn er die einzelnen Details der Inszenierung erfasst hat. Bringen Sie diese Darstellung mit Platons Lehre von der Wirklichkeitserkenntnis in Zusammenhang.

a) Skizzieren Sie dazu zunächst seine erkenntnistheoretischen Grundannahmen.
b) Stellen Sie heraus, welche seiner Grundannahmen über die Fotografie veranschaulicht werden.
c) Fassen Sie das zu der Darstellung passende platonische Gleichnis in eigenen Worten zusammen.

2 In der Öffentlichkeit finden immer wieder Diskussionen darüber statt, welche Bildung die Jugend erhalten solle und wie sie zu unterrichten oder zu erziehen sei. Nicht selten entdeckt man dabei Ähnlichkeiten zu Bildungsauffassungen, die bereits in der Antike entwickelt wurden.

a) Skizzieren Sie die sophistische Sicht des gewandten und gebildeten Menschen sowie die hierfür zu erwerbende Kunst.
b) Bringen Sie diese Bildungsauffassungen in Zusammenhang mit den in unserer Zeit wirksamen Bildungsvorstellungen. Nutzen Sie dazu Ihre eigenen schulischen Erfahrungen oder

aktuell diskutierte Vorschläge zur Verbesserung schulischer Bildung.

3 Wie gut sind Sie über die Zwei-Welten-Theorie und die Ideenlehre Platons informiert?

a) Erklären Sie an einem Beispiel, wie der Begriff der Idee bei Platon zu verstehen ist.

b) Lesen Sie den nachfolgenden Text und erstellen Sie eine Liste aller falschen Informationen auf einem Notizblock.

c) Stellen Sie Platons Zwei-Welten-Theorie und seine Ideenlehre über einen möglichst in sich schlüssigen Text dar.

Vorsicht Fehler!

Die platonische Philosophie versucht einen Teil dessen, was die Wirklichkeit ausmacht, durch ein grundlegendes Konzept zu erklären.

Es gibt nach Platon drei unterschiedliche Wirklichkeiten. Eine „Scheinwelt“, eine reale Welt, und eine „Ideenwelt“.

Die Welt der Ideen ist nach Platon geordnet. Sie ist, wie das griechische Wort für Ordnung besagt, Chaos. An der Spitze des Reichs der Ideen steht für Platon die Idee des Guten. Sie ist als Einheit des Wahren-Schönen-Guten zu verstehen. Die Idee des Guten ist das Vorbild, nach dem sich alle anderen Ideen ausrichten. Zur Veranschaulichung der platonischen Ideen sind Allgemeinbegriffe ungeeignet. Einen Zugang findet man jedoch über die Ordnung der Ideenwelt. Auf die Idee des Guten folgt die Schein- oder Werdewelt. Eine Zwischenebene bilden Gesetze wie etwa die der Mathematik. Man kann sich dies ganz einfach über folgende Grafik deutlich machen:

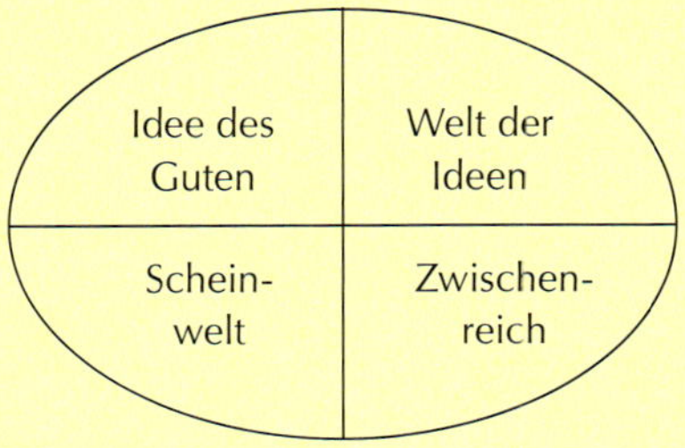

Menschenbild von Platon, Thomas Hobbes und Immanuel Kant

1 Platons Menschenbild schlägt sich in seiner Auffassung von der menschlichen Seele und dem Gemeinschaftsleben nieder.

a) Halten Sie die wichtigsten Aspekte dieses Menschenbildes stichpunktartig fest.

b) Die nachfolgende Darstellung stellt ein Bild oder Gleichnis dar, das Platon zur Veranschaulichung seiner Auffassung vom Menschen herangezogen hat. Fassen Sie einen Text ab, der die Darstellung in diesem Sinn kommentiert.

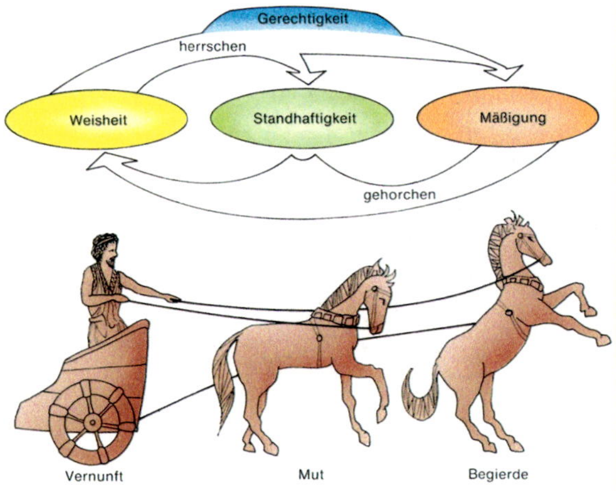

Gleichnis vom Seelenwagen und die Kardinaltugenden

c) Skizzieren Sie Platons Sichtweise von der menschlichen Gemeinschaft (Polis) und ihrer Ordnung. Gehen Sie dabei insbesondere auch auf folgende Aspekte ein: *Vernunft, Tugend, Elite*.

d) Stellen Sie Platons Sichtweise des Menschen der von Hobbes gegenüber. Halten Sie dazu die wichtigsten Thesen der beiden Philosophen zum Menschen und der menschlichen Gemeinschaft in einer zweispaltigen Tabelle fest.

2 Im Gitterrätsel sind sieben Ausdrücke versteckt, die mit dem Menschenbild von Hobbes und seiner Vorstellung von der menschlichen Gemeinschaft in Zusammenhang gebracht werden können.

Finden Sie diese Termini und halten Sie ihre Bedeutung im Sinne einer Begriffserklärung fest.

A	G	K	R	I	E	S	N	H	Z	I	T	U
S	E	J	M	U	R	A	K	J	H	M	M	Z
D	S	T	A	A	T	I	L	E	N	Z	L	D
F	E	R	H	V	H	E	P	A	C	H	Ä	A
G	L	Q	T	B	J	R	O	B	X	T	D	V
R	L	R	E	W	Ö	G	T	H	A	E	A	T
E	S	T	A	R	M	N	V	L	S	W	E	X
W	C	U	S	Z	Y	A	G	E	R	A	F	T
H	H	Z	D	W	C	T	Y	V	Z	M	G	D
L	A	B	S	O	L	U	T	I	S	M	U	S
I	F	F	R	L	T	R	L	A	K	G	Z	G
Z	T	R	T	F	Z	Z	M	T	I	I	N	E
T	S	E	Z	U	I	U	T	H	T	L	D	U
R	V	A	U	A	R	S	A	A	R	U	F	K
N	E	R	I	K	E	T	F	N	H	V	T	I
B	R	T	O	E	F	A	R	R	A	H	R	L
G	T	H	L	T	D	N	H	E	E	A	D	O
O	R	J	H	G	S	D	L	A	U	R	G	L
M	A	B	J	H	A	J	U	T	I	T	Ü	G
E	G	O	I	S	T	T	B	N	K	M	M	D

Lösung: Leviathan, Naturzustand, Gesellschaftsvertrag, Egoist, Absolutismus, Staat, Wolf

3 Vervollständigen Sie die unten stehende Grafik zu den Aufgaben des Staates bei Kant in Ihrem Heft.

a) Halten Sie fest, welche Sichtweise des Menschen für Kants Überlegungen zum Staat und dessen Aufgaben maßgeblich ist.

b) Vergleichen Sie Kants Vorstellung vom Staat mit der von Hobbes. Stellen Sie dabei heraus, worin Ihrer Ansicht nach ein besonders bedeutsamer Unterschied im Denken der beiden Philosophen besteht. Begründen Sie Ihre Einschätzung.

4 Legen Sie dar, welche Funktion die Erziehung für Kant erfüllt.

a) Skizzieren Sie dazu zunächst Kants Sichtweise vom Menschen.

b) Halten Sie anschließend fest, welche Aufgaben von der Erziehung zu erfüllen sind, wenn der Einzelne ebenso wie die Gemeinschaft ein gutes Leben führen können soll.

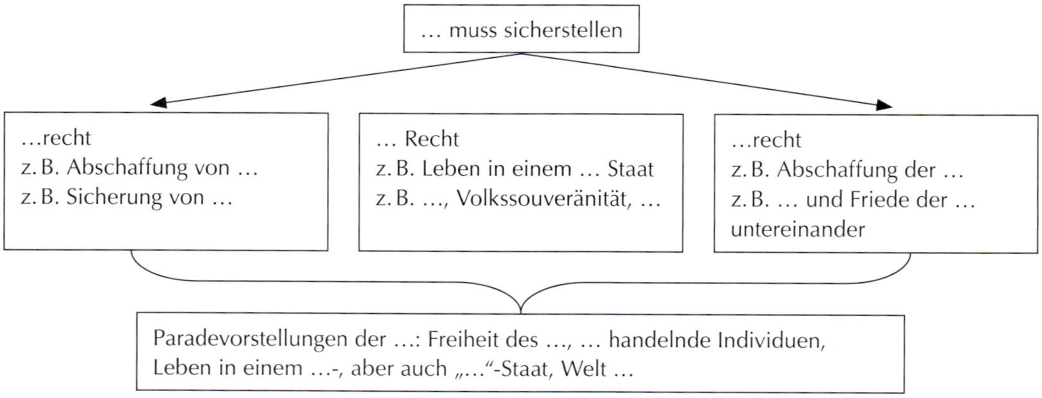

2 Ethik des wirtschaftlichen Handelns

2.1 Arbeitsethos und Lebenswirklichkeit

Barbara Abendroth: „Die Helden der Arbeit", 2010

Arbeit ist das halbe Leben

Dorothee Sölle, Theologin und Schriftstellerin

■ Der Volksmund sagt, Arbeit sei das halbe Leben. Hat er recht?

Sölle: Erst einmal ist das eine schöne These. Sie spricht zunächst einmal dagegen, dass Arbeit das ganze Leben sei, dass also eine 60-Stunden-Woche das Mindeste sei für einen erfolgreichen Manager. Aber vielleicht ist es eine etwas ungenaue Beschreibung, die andere Hälfte als Freizeit zu bezeichnen, weil das eigentlich ja gar nichts heißt. Heißt das, das Leben genießen, heißt das, vor dem Fernseher hocken, 6 Stunden am Tag, 8 Stunden am Tag, oder was heißt das? Das müsste man sich fragen. Ich würde eigentlich lieber mein Leben einteilen wollen in einen Teil Arbeit in diesem altmodischen Sinn, also von Erwerbsarbeit, Arbeit in einem neumodischen Sinn, für die man nichts kriegt, aber glücklich ist, und dann noch ein Drittel Freundschaft, Beziehungen, meinem Enkelkind Geschichten erzählen.

■ Die herkömmliche Definition beschreibt Arbeit immer noch als den Teil des Lebens, der Geld bringt.

Sölle: Ja, das ist dieses eine Drittel, was ich meinte. Ich glaube, diese Definition von Arbeit ist sicher falsch. Das ist ein männisches Verständnis, das eben die Hälfte der Menschheit ausschließt. Sonst hätten Frauen ja jahrhundertelang nie gearbeitet, sie haben nämlich nie Geld bekommen für die wichtigsten Arbeiten wie die Erziehungsarbeit, die Pflegearbeit, die Hausarbeit. Geld ist zum Leben notwendig in unserer Gesellschaft, aber es ist tatsächlich nicht die einzige Notwendigkeit. Arbeit ist auch da, wo zum Beispiel durch Frühverrentung die bezahlte Arbeit weg ist. Auch dort bleibt Arbeit immer noch notwendig. Arbeit ist einfach ein Menschenrecht. Menschen sind dazu auf die Welt gekommen, das hatte sich Gott so gedacht, dass wir den Garten pflegen und bewahren sollen. Das ist der allererste Beruf, der schon in der Bibel vorkommt.

■ Horcht man in die Gesellschaft, so werden Glück und Arbeit oft getrennt. Ist Arbeit kein Ort für Glücksgefühle?

Sölle: Das ist ja wirklich ein barbarischer Satz! Also in meiner Lebenserfahrung – ich hab hauptsächlich freiberuflich gearbeitet, als Schriftstellerin – ist Arbeit ein großer Ort von Glück, von sich selber kennenlernen, sich ausprobieren, wachsen an einer Arbeit, die mir zu schwer ist und von der ich nichts verstehe, wo ich erstmal gucken muss, was es überhaupt ist, was ich da riskiere, was da mit mir passiert. Also Arbeit ist auch und zuallererst Selbstausdruck und schon in diesem Sinn ein Stück Glück. Eigentlich ist es als ein Glück anzusehen, dass die Fließbandarbeit jetzt von Maschinen gemacht wird, so dass Frauen jetzt nicht mehr in irgendwelchen Kästen stehen müssen und sinnlose Bewegungen 8 Stunden am Tag machen, wo sie nicht genau wissen, was für ein Produkt da rauskommt.

■ Dient die Arbeit dazu, dem Sinn des Lebens näherzukommen?

Sölle: Ja, einen Teil des Sinnes, würde ich sagen. Ich empfinde Arbeit sehr stark als eigentlich zwei Dinge: einmal als Selbstausdruck; ich lerne mich kennen und wachse an dem, was ich tue. Und zwar auch im Alter: Man lernt immer noch, der Mensch ist immer ein Lerner, wie die Juden sagen, und ein Lehrer, eine Lehrerin. Die zweite Dimension, die mir ganz wichtig ist, ist die Kommunikation. Arbeit verbindet mich mit anderen Arbeiterinnen und Arbeitern. Es ist eben nicht der einsame Mensch, der da sich irgendwas zurechtgrübelt, sondern jemand, der mit anderen eine Lebenswelt aufbaut, in der Kinder lachen dürfen und alle was zu tun haben und alle glücklich sind. Das ist natürlich ein Traum, aber den muss man träumen. Arbeit hat immer Gemeinschaft geschaffen. Miteinander sein. Miteinander sich ärgern, miteinander lachen, miteinander Witze reißen. Das gehört mit in die Arbeitswelt hinein. „Ora et labora“ verordnete der heilige Benedikt im 6. Jahrhundert seinen Mönchen.

■ Wäre „beten und arbeiten“ ein sinnvolles Rezept für die moderne Arbeitsgesellschaft?

Sölle: Das ist eine wunderbare Regel. Sie meint Unterbrechung der Arbeit, Selbstunterbrechung; fähig werden, still zu sein, spazieren zu gehen, Musik zu hören, seinen Wünschen nachzuhängen – was schon sehr nah am Beten ist. Es gehört zum Menschen dazu, nicht nur zu arbeiten. Ich wünsche allerdings auch kranken, alten oder behinderten Menschen, dass sie auch etwas als Arbeit erleben in ihrem Leben. Ich bin öfter mal in Bethel, wo sehr viele Behinderte leben. Dort beobachte ich immer wieder, wie gut es ist, wenn jemand sagt: „Jetzt räumen wir erstmal das Geschirr alle ab“, und dann organisiert sich das, und alle tun etwas Nützliches und Sinnvolles. Sie sind nicht nur verpflegte Objekte. Sie haben diese Möglichkeit zu handeln. Nicht mehr gebraucht zu werden, ist der größte Schmerz, vielleicht der größte Altersschaden, den Menschen erleiden. Wir müssten wirklich dafür sorgen, dass alle Menschen das Gefühl haben: „Wir werden gebraucht. Ich werde gebraucht. Es gibt immer noch Leute, die noch kränker sind als ich, und denen ich eine Geschichte vorlesen kann.“

■ Hat der „Tag der Arbeit“ heute seinen Sinn verloren?

Sölle: Ich glaube schon. Der 1. Mai war mal ein Tag der Industriearbeit gewesen, ein Tag, an dem die Industriearbeiter zusammenstehen, Aufmärsche machen, ihre Forderungen klären, ihre Anliegen ausdrücken. In diesem Sinn gibt es die Arbeit nicht mehr, und vor allem gibt es die Arbeiterbewegung, die das getragen hat, nicht mehr. Der 1. Mai war nicht einfach ein Tag, ins Grüne zu fahren, sondern der hatte einen gesellschaftspolitischen Sinn. Der ist vollständig vergangen. Wir sind auch in diesem Sinn völlig amerikanisiert. Heute brauchen wir andere Bewegungen, die auch sogenannte nicht arbeitende Menschen integrieren und helfen. Wir brauchen einen viel weiteren Begriff von Arbeit als der industriellen und bezahlten, und erstreikten Arbeit.

■ Würden Sie sich entscheiden müssen: Wäre Arbeit für Sie eher Tretmühle oder Jungbrunnen?

Sölle: Auf jeden Fall ein Jungbrunnen. Zur Zeit habe ich zum Teil eine wunderbare Arbeit. Wir leben in einer Drei-Generationen-Familie und haben ein Enkelkind im Haus. Meine Tochter geht sehr früh aus dem Haus, und wenn das Kind aufwacht, dann kommt es also erst in die Bärenhöhle, das ist der Name meines Bettes, und dann erzählen wir uns Geschichten. Und das dauert so eine ganze Weile; dann geht es ans Anziehen und Fertigmachen über, und dann geht sie in den Kindergarten und wird abgeholt. Das ist ein Teil meines Lebens. Ich weiß gar nicht genau, ob ich das als Arbeit nennen soll. Jedenfalls ist es eine regelmäßige Pflicht – aber auch eine große Freude.

Interview: Uwe Birnstein

(leicht gekürzt und überarbeitet aus: Sonntagsblatt-Archiv, http://www.sonntagsblatt-bayern.de)

Diskussionsforum

Barbara Abendroth: „Die Helden der Arbeit[1]"

1 Analysieren Sie die Motive und Darstellungsmittel, die Barbara Abendroth für ihre künstlerische Auseinandersetzung mit dem Thema Arbeit nutzt.
a) Interpretieren Sie davon ausgehend den Titel des Bildes.
b) Entwickeln Sie Hypothesen zu den Auswirkungen von Arbeitslosigkeit, Kurz- oder Zeitarbeit auf die Lebensgestaltung hiervon betroffener Menschen.

Dorothee Sölle: Arbeit ist das halbe Leben

1 Resümieren Sie in einem darstellenden Text die Positionen von Dorothee Sölle zum modernen Arbeitsleben.

2 Halten Sie Probleme und offene Fragen fest, die Sölle im Hinblick auf die Arbeit anspricht.
a) Diskutieren Sie in Kleingruppen jeweils eine dieser Problemstellungen. Sie können hierzu folgende Fragen als Gesprächsimpulse nutzen:
   - Worin genau besteht das aufgeworfene Problem oder die zu klärende Frage?
   - Lässt sich im Text erkennen, welchen Standpunkt Dorothee Sölle hierzu einnimmt?
   - Welche weiteren Standpunkte sind angesichts der Frage oder Problemstellung grundsätzlich denkbar und wie lassen sie sich begründen?

b) Halten Sie Ihre Ergebnisse auf einer Overheadfolie in übersichtlicher und ansprechender Form fest. Nutzen Sie geeignete grafische Mittel (z. B. Farbgebung, Pfeile, Verbindungslinien, Kästchen usw.).

[1] Der Ehrentitel „Held der Arbeit" wurde in der ehemaligen DDR den Personen verliehen, die über ihre Arbeit bahnbrechende Leistungen in Wirtschaft, Wissenschaft oder Technik erbrachten. Ganz allgemein bezeichnet der Ausdruck Personen, die ihre Arbeit vorbildlich erfüllen.

Quer gedacht: Arbeitsethos

1 Diskutieren Sie darüber, was die Karikatur beim Betrachter bewirken will.

2 Übertragen Sie die Karikatur auf ein Blatt Papier und skizzieren Sie einen Hintergrund, der es ermöglicht, diese Karikatur als Kritik an Verhältnissen zu verstehen, die Menschen bei ihrer täglichen Arbeit belasten.

Schon gewusst? Verborgenes Wissen

In der Regel wissen Schüler über neue Unterrichtsthemen sehr viel mehr, als sie selbst annehmen. Das Gehirn speichert nämlich die Vielfalt der Eindrücke und Informationen, die uns über eigene Erfahrungen oder Medien vermittelt werden. Davon ging Gabriele L. Rico aus, die mit ihrem Verfahren des Clustering zeigen konnte, wie es möglich ist, scheinbar verlorengegangene Gedächtnisinhalte wieder in das Bewusstsein zurückzuholen.
Verwenden Sie diese Methode selbst einmal, um sich Ihr Vorwissen zum Thema Arbeit bewusst zu machen. Folgen Sie dabei den Anweisungen auf Seite 67.

Informationsforum

Die Bedeutung der Arbeit

Arbeit ist ...
[1] selbst gewählte, bewusste, schöpferische Handlung
[2] auszuführende, zweckgerichtete Tätigkeit
[3] Tätigkeit, die erledigt wird, um Geld zu verdienen
[4] Verhältnis, bei dem man eine Tätigkeit gegen Geld verrichtet
*[5] **kurz** für Klassenarbeit, eine schriftliche Prüfung in der Schule*
[6] Volkswirtschaft: einer der drei Produktionsfaktoren
[7] Physik: Energie, die durch Kraft über einen Weg auf einen Körper übertragen wird
[8] etwas, das Anstrengung, Mühe kostet
[9] Ergebnis einer Tätigkeit; Produkt, Werk
[10] Ort, an dem die Tätigkeit gegen Geld verrichtet wird

(http://de.wiktionary.org/wiki/Arbeit am 04.01.2011)

Der Begriff Arbeit ist keineswegs so eindeutig, wie man meinen könnte. Es gibt es eine Reihe ganz unterschiedlicher Begriffe von Arbeit. Besonders in unserer Zeit wird zunehmend deutlich, dass es wenig hilfreich ist, unter Arbeit lediglich die Erwerbsarbeit zu verstehen.

Moderne Arbeitswelt

Wie viele andere europäische Länder hat sich die Bundesrepublik Deutschland in den vergangenen Jahrzehnten zunehmend mehr zu einer hochtechnisierten, multikulturellen und globalen Gesellschaft entwickelt. Dies führte auch zu **Umbrüchen** in der **Arbeitswelt**, die vom Einzelnen insbesondere eine erhöhte Flexibilität und Mobilität verlangen. In immer kürzeren Zeiträumen entstehen **neue Berufe** und Formen von Arbeit. Zugleich entwickelte sich über die **Globalisierung** ein gemeinsamer europäischer Arbeitsmarkt, an dem sich Betriebe und Arbeitnehmer der verschiedenen Mitgliedsländer orientieren.
Solche und andere wirtschafts- und gesellschaftsbedingte Veränderungen lassen keinen Zweifel daran, dass junge Menschen heute im Arbeitsleben ganz andere Bedingungen als frühere Generationen vorfinden. So müssen sie z. B. damit rechnen, dass es erforderlich ist, im Laufe des Lebens unterschiedliche Berufe auszuüben. Auch kann es möglich sein, dass sie aus beruflichen Gründen ihren Wohnsitz öfter verlegen oder sogar im Ausland tätig werden müssen. Neben dem Erfordernis **berufsbezogener** und örtlicher **Mobilität** spielt in der heutigen Arbeitswelt eine weitere Veränderung eine wichtige Rolle: die **Flexibilität** der **Arbeits- und Erwerbszeit**. Dies zeigt sich in Formen der **Arbeitsmarktentlastung**, wie z. B. der Einführung des sogenannten sozialen Jahres oder der Altersteilzeit, aber auch in neuen Formen von Arbeit wie etwa der Kurz- oder Zeitarbeit.

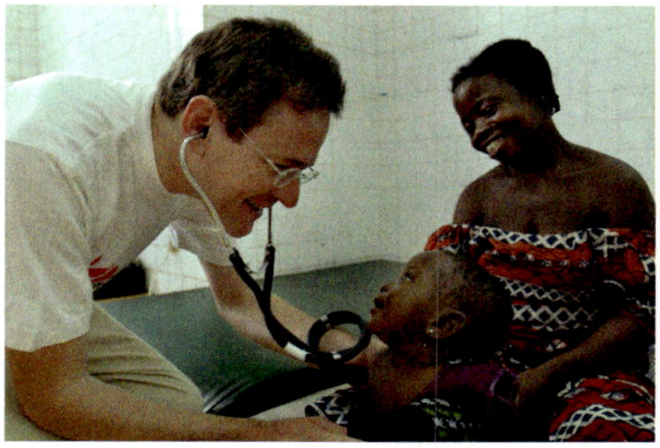

Arbeitseinsatz eines deutschen Arztes an der Elfenbeinküste

Arbeitsethos und Lebensgestaltung

Die Veränderungen in der Arbeitswelt legen die Frage nahe, mit welcher Einstellung man der Erwerbsarbeit begegnen soll. Bei dieser Frage geht es um das **Arbeitsethos**, mit dem wir uns den Herausforderungen der modernen Arbeitswelt stellen können. Hierbei ist es wichtig, sich zunächst Klarheit über die **Verpflichtungen** zu schaffen, die mit der

Übernahme einer bestimmten Arbeit verbunden sind. Zugleich gilt es **Grenzen** beruflicher Beanspruchung zu setzen, um das eigene Leben noch als **erfüllt** erfahren zu können. Wo diese Grenzen im Einzelnen zu sehen sind, muss jeder einzelne Mensch in Abhängigkeit von seinen speziellen Arbeits- und Lebenssituationen für sich selbst klären. Einem jungen ungebundenen Menschen erscheint die Arbeit in einer ausländischen Tochtergesellschaft des eigenen Betriebs möglicherweise als willkommener Gewinn an persönlichen Entwicklungsmöglichkeiten. Für einen familiär gebundenen, älteren Menschen können solche beruflichen Auflagen möglicherweise mit Belastungen und Problemen verbunden sein, die ihm die Freude an der Arbeit nehmen.

Gerade in Zeiten der **Arbeitsknappheit** ist es wichtig, sich bewusst zu machen, dass die Erwerbsarbeit nicht die einzige **Sinndimension** unseres Daseins darstellt, denn:

> *„Der Mensch ist nicht ausschließlich zur Arbeit geboren. Wir müssen, um Mensch zu sein, uns harmonisch ausbilden – das können wir nicht ohne Arbeit; ohne Arbeit können wir überhaupt nicht leben. Die Arbeit ist folglich eine Notwendigkeit. (…) Nicht um zu arbeiten leben wir, sondern wir arbeiten, um zu leben."*
>
> (Wilhelm Liebknecht)

Neben der Erwerbsarbeit vermitteln viele andere Formen von Arbeit Lebenssinn und ermöglichen uns eine harmonische **Ausformung** der eigenen **Persönlichkeit**. So sehen immer mehr Menschen in **neuen Modellen** der **Arbeitszeitgestaltung** eine Möglichkeit sinnerfüllter Lebensgestaltung. Dies zeigt sich zum Beispiel in der Beanspruchung der **Altersteilzeit** oder des **Jobsharing**. Aber auch die Möglichkeit dienstlicher Freistellung für Arbeit außerhalb des Erwerbslebens wird zunehmend mehr beansprucht. So z. B. die **Elternzeit**, die **Freistellung** für die Aufnahme einer **Zusatzausbildung**, für die **Pflege** von Angehörigen oder für die persönliche Lebensorientierung als „Auszeit" vom Beruf (z. B. sog. Sabbatjahr).

Vater in Elternzeit

Es gibt viele über die Erwerbsarbeit hinausreichende Aufgaben. Sei dies in der Familie, im Vereinsleben oder im sozialen Bereich. Sie ließen sich ohne **ehrenamtliches Engagement** und die Bereitschaft von Menschen kaum bewältigen, hierfür z. B. eine Teilzeitbeschäftigung aufzunehmen oder ein soziales Jahr abzuleisten. So ist es erforderlich, innerhalb der Gesellschaft von einer **einseitigen Wertschätzung** der **Erwerbsarbeit** abzukommen.

Das Wichtigste auf einen Blick

*Angesichts der modernen Lebensumstände und der heutigen Arbeitswelt stellt sich die Frage, mit welcher Einstellung man der Arbeit begegnen soll. Dabei richtet sich diese Frage nach dem **Arbeitsethos** zum einen auf die Erwerbsarbeit und damit verbundene Verpflichtungen aus. Sie schließt aber immer auch die Frage der Verantwortung in sich ein, die wir für **uns selbst**, für unsere **Mitmenschen** und unsere **Umwelt** haben. So muss jeder Mensch ein Arbeitsethos entwickeln, das ihn dazu befähigt, ein **sinnerfülltes** und **sozial verantwortliches Leben** zu führen.*

Aktionsforum

Philosophische Untersuchungen

1. Wertschätzung von Erwerbsarbeit

Die Generation der heute etwa 30-Jährigen ist mit einer hohen Wertschätzung von Arbeit in das Erwerbsleben eingetreten. Dies machen repräsentative Untersuchungen deutlich, die in fünf europäischen Ländern sowie in den USA, Japan und Israel in den 90er-Jahren des vergangenen Jahrhunderts durchgeführt wurden. Etwa zwei Drittel der damals befragten Jugendlichen räumten der beruflichen Arbeit einen hohen oder sehr hohen Stellenwert ein. 80 Prozent gaben an, sie würden auch dann einer Erwerbsarbeit nachgehen, wenn sie finanziell hierzu nicht gezwungen wären. Ein Viertel der Befragten zog die Arbeit sogar der Freizeit, dem Familien-, Gemeinschafts- oder Vereinsleben vor.

1 Entwickeln Sie Hypothesen darüber, zu welchen Ergebnissen eine solche Befragung bei Ihrer Generation führen könnte. Erläutern Sie anschließend im Klassengespräch, welche Überlegungen Sie zu Ihrer Einschätzung geführt haben.

2 Diskutieren Sie Gründe, die maßgeblich dafür sein könnten, dass Menschen dem Berufsleben einen hohen oder geringen Stellenwert einräumen. Halten Sie Ihre Überlegungen stichpunktartig fest.

3 Machen Sie sich mithilfe eines Pyramidendiagramms bewusst, welchen Stellenwert Sie persönlich der Arbeit im Vergleich zur Freizeit, dem Familienleben, dem Freundeskreis und dem Gesellschafts- und Vereinsleben einräumen.

4 Diskutieren Sie die Auffassung, dass die Einstellung zur Erwerbsarbeit zeit- und kulturabhängig ist. Begründen Sie Ihre Ansicht.

2. Arbeitsethos

1 Vergleichen Sie die Zeit, die Sie für Ihre Schulbildung aufbringen, mit den gesetzlich geregelten Arbeitszeiten erwerbstätiger Personen. Fertigen Sie dazu eine Stundenübersicht zu den einzelnen Wochentagen an und halten Sie Ihre Lernzeiten fest.
   a) Ermitteln Sie: Arbeiten Sie mehr, weniger oder in etwa gleich viel wie Ihre berufstätigen Altersgenossen?
   b) Diskutieren Sie die Frage, ob sich aus der Zeit, die Menschen für Arbeit aufwenden, Schlüsse auf deren Arbeitsethos ziehen lassen.

2 Entwickeln Sie Hypothesen, die erklären, weshalb Menschen Arbeitsaufgaben auch über die vorgeschriebene Arbeitszeit hinaus erledigen.

3 Überlegen Sie: Welche Rolle spielt für Sie Ihre derzeitige Arbeit im Vergleich zu der Arbeit, die Sie im Berufsleben anstreben? Gehen Sie bei Ihren Überlegungen auch auf die Frage ein, weshalb Sie im kommenden Jahr die Oberstufe des Gymnasiums besuchen oder lieber nach der 10. Klasse in das Berufsleben eintreten wollen.

4 Für viele Menschen spielt das Monatseinkommen bei der Berufswahl eine wichtige Rolle.
   a) Recherchieren Sie im Internet für verschiedene Berufsgruppen (z. B. Lehrkräfte, Einzelhandelskaufmänner, Polizisten usw.) folgende Daten:
      – das durchschnittliche Jahres- oder Monatsbruttogehalt,
      – die Wochenarbeitszeit.

b) Halten Sie Ihre Ergebnisse in einer Tabelle fest und diskutieren Sie anschließend folgende Themen:
   - Rechtfertigung unterschiedlicher Entlohnung von Arbeit
   - Entlohnung und Arbeitsethos.

c) Sammeln Sie weitere Gesichtspunkte, die neben dem Einkommen für die Wahl eines Berufes oder die Annahme eines Arbeitsangebots bedeutsam sein können.

5 Stellen Sie Zusammenhänge her, die Ihrer Ansicht nach zwischen Arbeit, Einkommen, sozialem Ansehen und Selbstwertgefühl bestehen. Veranschaulichen Sie Ihre Überlegungen, soweit möglich, an konkreten Beispielen.

3. Schwarzarbeit

„Wenn es um Schattenwirtschaft geht, denkt man in der Regel an Osteuropa oder den Süden Italiens. Ein Irrtum: Wenn jeder dritte Bundesbürger schwarzarbeiten lässt, dann zeigt dies, wie reformbedürftig unser eigenes Gemeinwesen ist.
Seit Jahren schon versucht die Politik dieses Problem zu lösen – mit eher halbherzigen Reformen am Arbeitsmarkt, vor allem aber mit drastisch verschärften Kontrollen. Alles ohne nennenswerten Erfolg. Niedersachsen hat inzwischen als erstes Bundesland sogar eine zentrale Datenbank für die Erfassung von Schwarzarbeit eingerichtet. Ein Instrument, das eigentlich bei der Verfolgung schwerer Verbrechen eingesetzt wird. Dabei sind es Senioren und Haushalte mit pflegebedürftigen Angehörigen, die am häufigsten Schwarzarbeiter beschäftigen."

(Die Welt: 25.02.09)

1 Entwickeln Sie Hypothesen, die den mäßigen Erfolg von Maßnahmen gegen Schwarzarbeit erklären.

2 Erarbeiten Sie in Kleingruppen Konsequenzen, die sich aus Schwarzarbeit z. B. für die Wirtschaft, den Staat oder das Sozialwesen ergeben.

3 Stellen Sie Hypothesen auf, die erklären, weshalb gerade Rentner und Haushalte mit pflegebedürftigen Angehörigen Schwarzarbeit in Anspruch nehmen.

4 „Wer Schwarzarbeit durchführt, besitzt kein Arbeitsethos!"

Nehmen Sie zu dieser These Stellung. Legen Sie dabei dar, was Sie unter Arbeitsethos verstehen.

5 Diskutieren Sie die Umfrage von 2007 zur Moral in Deutschland anhand Ihrer Erfahrungen. Ermitteln Sie anschließend über eine eigene Befragung die moralischen Haltungen von Menschen in Ihrem Umfeld.

Methode: Clustering

Verfahren zur Aktualisierung eigenen Vorwissens

Jeder Mensch hat eine Vielfalt an Ereignissen, Bildern und Erfahrungen in seinem Gedächtnis gespeichert. Dennoch gelingt es nicht ohne Weiteres, diese Inhalte in Erinnerung zu rufen. Dies beschäftigte *Gabriele L. Rico*, die das Clustering entwickelte. Sie entdeckte, dass es möglich ist, die Vielfalt des Erlebten über Assoziationsketten ins Bewusstsein zu heben. Die dazu entwickelte Technik ist leicht anzuwenden und immer dann sehr hilfreich, wenn Sie sich mit einem neuen Unterrichtsthema beschäftigen. Auf diese Weise finden Sie sehr schnell einen Zugang zu Ihrem bereits vorhandenen Vorwissen und den eigenen Erfahrungen. Folgende Schritte sollten Sie dabei beachten:

1. Legen Sie ein großes unliniertes Papier bereit. Schreiben Sie den **Kernbegriff** des Themas (z. B. Arbeit, Gesundheit usw.) in die Blattmitte und umrahmen Sie ihn mit einem Kreis.
2. Halten Sie anschließend alle **Einfälle,** die Ihnen zu diesem Begriff nacheinander in den Sinn kommen (= sog. Assoziationsketten), über entsprechende Wörter fest, die Sie ebenfalls mit einem Kreis umrahmen.
3. Verbinden Sie die Wörter Ihrer Assoziationskette mit einer Linie.
4. Betrachten Sie in aller Ruhe, was Sie notiert haben und kehren Sie dabei auch immer wieder zum Kernbegriff zurück. Dies wird Sie zur Bildung weiterer Assoziationsketten anregen.
5. Entwickeln Sie auf diese Weise möglichst viele Assoziationsketten. Es ist durchaus möglich, dass Ihnen nicht immer eine Reihe aufeinanderfolgender Assoziationen in den Sinn kommt. Scheuen Sie sich nicht, in diesem Fall einzelne Ideen unverbunden auf dem Papier stehen zu lassen.

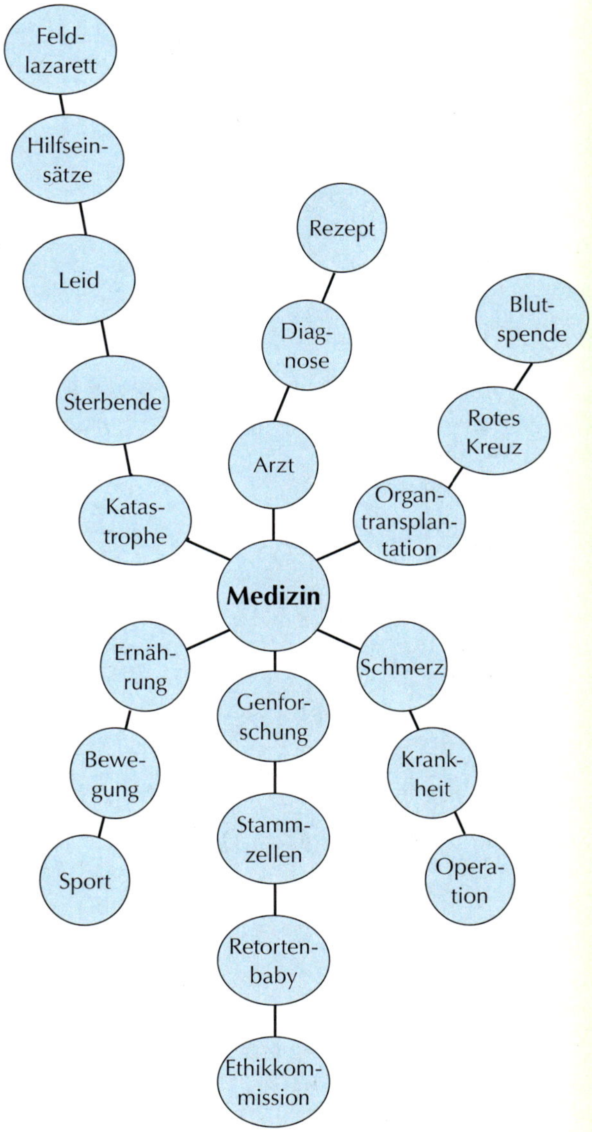

2.2 Wandel des Arbeitsethos

Dieter Hanitzsch: Ich erzähle euch jetzt von einer Zeit …

Mönchsregel des Hl. Benedikt: Von der täglichen Handarbeit

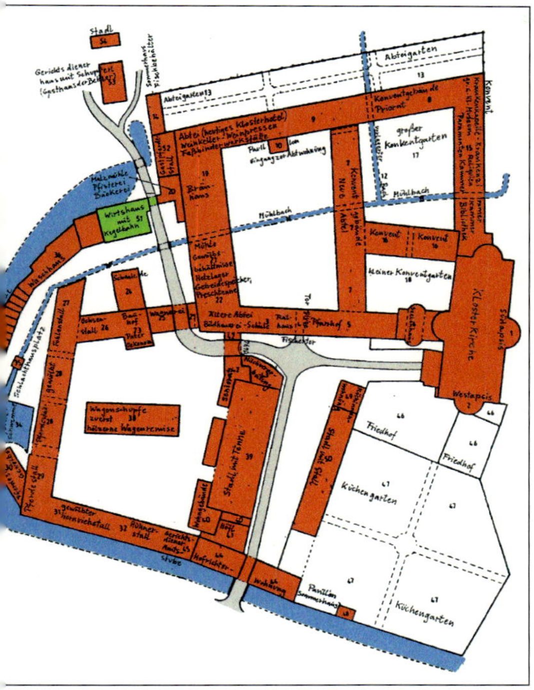

Klosterplan des Benediktinerklosters Oberaltaich, 1803

Müßiggang ist ein Feind der Seele. Deshalb müssen sich die Brüder zu bestimmten Zeiten mit Handarbeit und wieder zu bestimmten Stunden mit heiliger Lesung beschäftigen. Wir glauben daher für beides die Zeit durch folgende Bestimmung zu regeln: von Ostern bis zum 14. September verrichten die Brüder von der Frühe nach Schluss der Prim bis nahe an die vierte Stunde die notwendigen Arbeiten. Von der vierten bis ungefähr zur sechsten Stunde beschäftigen sie sich mit Lesung. Wenn sie nach der sechsten Stunde sich vom Tisch erheben, sollen sie in tiefem Schweigen auf ihren Betten ausruhen, oder, wer es etwa vorzieht zu lesen, lese so für sich allein, dass er einen andern nicht stört. Die Non werde etwas früher gehalten um die Mitte der achten Stunde, und dann verrichten sie bis zur Vesper wieder die notwendige Arbeit. (...)

Während der Tage der Fasten aber ist von der Frühe bis zum Ende der dritten Stunde Zeit für Lesung; dann verrichten sie bis zum Ende der zehnten Stunde die ihnen aufgetragene Arbeit. Für diese Tage der Fastenzeit erhalte jeder ein Buch aus der Bibliothek, das er von Anfang an ganz lesen soll. Diese Bücher müssen am Anfang der Fasten ausgeteilt werden. Es sollen aber vor allem einer oder zwei ältere Brüder den Auftrag erhalten, zu den Stunden, wenn die Brüder der Lesung obliegen, durch das Kloster zu gehen und nachzusehen, ob sich nicht ein träger Bruder finde, der anstatt eifrig zu lesen, müßig ist oder schwätzt und so nicht bloß selber keinen Nutzen davon hat, sondern sogar noch andere stört. Fände sich ein solcher, was ferne sei, so werde er einmal und noch ein zweites Mal zurechtgewiesen; bessert er sich nicht, dann verhänge man über ihn die von der Regel vorgesehene Strafe und zwar so, dass die anderen Furcht bekommen (...).“

(Des Sulpicius Severus Schriften über den hl. Martinus)

Gebetszeiten der Benediktiner im Mittelalter:

Matutin: Um 2 Uhr nachts versammelten sich die Mönche in der Klosterkirche zu einer Frühmesse.
Laudes: Bei Tagesanbruch wurde das Gotteslob *(Laudes)* angestimmt. Das erste Gebet *(Prim)* erfolgte gegen 6 Uhr.
Kleine Horen (Stundengebete): *Prim (6.00 Uhr), Terz (9.00 Uhr), Sext (12.00 Uhr) und Non (15.00 Uhr)* bezeichnen kleine Gebete *(Horen)*, die im dreistündigen Zyklus abgehalten wurden.
Vesper: Das Abendgebet *(Vesper)* wurde gegen 17 Uhr gebetet. Gegen 18 Uhr fand das Schlussgebet (*Komplet*) statt.

Diskussionsforum

Dieter Hanitzsch: Ich erzähle euch jetzt von einer Zeit …

1 Betrachten Sie die Karikatur und notieren Sie Gedanken, die Ihnen hierzu spontan in den Sinn kommen.

2 Diskutieren Sie darüber, mit welchen Gegensätzen oder Widersprüchen diese Karikatur arbeitet. Überlegen Sie in diesem Zusammenhang auch, auf welche Probleme die Karikatur möglicherweise aufmerksam machen will.

3 Halten Sie in Kleingruppen Ihr Vorwissen über die Arbeitswelt in früheren Zeiten fest (z. B. Antike, Mittelalter, Neuzeit). Diskutieren Sie anschließend folgende Fragen:

a) Inwiefern ist es berechtigt, davon zu sprechen, dass Menschen einer früheren Zeit von ihrer Arbeit leben konnten?

b) Kann man davon ausgehen, dass die Arbeitsmoral unmittelbar von der Entlohnung für geleistete Arbeit abhängig ist?

Begründen Sie Ihre Standpunkte.

Mönchsregel des Heiligen Benedikt

1 Analysieren Sie den Text und stellen Sie heraus,
- welche Tätigkeiten den Alltag der Benediktiner prägen,
- wie für eine Einhaltung des Tagesablaufs gesorgt wird,
- was über die Strukturierung des Tagesablaufs abgewendet werden soll.

2 Diskutieren Sie die Frage, ob den Tätigkeiten der Mönche jeweils eine unterschiedliche Bedeutung für deren Persönlichkeitsentwicklung zukommt.

3 Vergegenwärtigen Sie sich Ihren eigenen Lebensstil. Entwickeln Sie dazu im Rückblick auf die vergangene Woche eine nach Wochentagen gegliederte Übersicht. Tragen Sie ein, welchen Tätigkeiten Sie in den einzelnen Stunden der jeweiligen Tage nachgegangen sind. Analysieren Sie Ihren Wochenverlauf unter folgenden Gesichtspunkten:
- Worin unterscheidet sich Ihr Tagsablauf von dem der Benediktiner?
- Gibt es Beschäftigungen, die zu Ihrer Persönlichkeitsentwicklung beitragen?
- Welche Tätigkeiten sind für Sie lediglich aufgrund äußerer Kontrolle verbindlich, welche pflegen Sie aus Interesse?

4 „Bete und Arbeite!" gilt als Wahlspruch der Benediktiner. Bewerten Sie diese Devise und zeigen Sie dabei auf, welche Gesichtspunkte der heutige Mensch Ihrer Ansicht nach bei der Gestaltung seines Tagesablaufs nicht außer Acht lassen sollte.

Schon gewusst? Kartäuser

Kartäuser sind Mönche, die als Eremiten ein Leben in absoluter Einsamkeit und Zurückgezogenheit führen. Im Mittelalter ließen sie sich zum Beispiel in eine Klause, also ein Zimmer einmauern, lebten von Almosen und sahen im Gebet ihren Beitrag für die menschliche Gemeinschaft.

Kartäuserzelle

1 Während Kartäuser im Mittelalter zum Teil sehr hohe soziale Anerkennung fanden, müssen Menschen, die heute als Eremiten leben, durchaus damit rechnen, dass ihnen Lebensuntauglichkeit oder Schmarotzertum unterstellt wird. Entwickeln Sie Hypothesen, die diesen Wandel erklären.

2 Diskutieren Sie die Frage, ob es möglich ist, als Eremit eine Arbeitsmoral zu besitzen. Begründen Sie Ihr Urteil.

Informationsforum

Veränderungen des Arbeitethos im Laufe der Geschichte

Im Laufe der abendländisch-europäischen Geschichte vollzog sich nicht nur im Bereich der Arbeitsbedingungen ein stetiger Wandel. Auch die **Einstellung zur Arbeit** und die Vorstellung darüber, mit welcher Haltung man ihr zu begegnen hat, veränderte sich.

Antike: Der Vorrang geistiger Arbeit

Arbeit, um seinen Lebensunterhalt zu verdienen, galt den meisten antiken Intellektuellen als **verachtenswert**. Viel wichtiger als zu arbeiten war, Muße zu pflegen. Denn nur wer Ruhe zum Nachdenken findet, kann auch **philosophieren** und seine Vernunft gebrauchen. Dies aber wurde in den meisten antiken Philosophenschulen als die Tätigkeit erachtet, die dem Menschen angemessen ist. **Körperliche Arbeit** galt hingegen als Zeichen der Unfreiheit und wurde von **Sklaven** verrichtet.

„Was einem Wesen von Natur eigentümlich ist im Unterschiede von anderen, ist auch für dasselbe das Beste und Genussreichste. Also ist das für den Menschen das Leben nach der Vernunft, wenn anders die Vernunft am meisten der Mensch ist. Mithin ist dieses Leben auch das glückseligste.“

(Aristoteles, Nikomachische Ethik, Kap. 7, 1178a)

Einfluss des mittelalterlichen Mönchtums: Bete und arbeite

Insbesondere über das Christentum erfuhr die körperliche Arbeit eine neue Wertschätzung. Hierzu trugen vor allem die **Mönchsorden** bei. So spielte die körperliche Arbeit für den von Benedikt von Nursia (gest. 547) gegründeten Orden ein unerlässliches Moment mönchischer Lebensführung. Er erkannte, dass sowohl **körperliche** als auch **geistige** Arbeit für die Entwicklung der eigenen **Persönlichkeit** und eine **christliche Lebensführung** gleichermaßen hilfreich sind. Diesem Ziel diente die Einhaltung der bekannten Benediktinerregel „ora et labora“ – **bete und arbeite**. Dabei unterschieden mittelalterliche Denker, etwa der Heilige Augustinus, zwischen sinnvoller Arbeit, die den Charakter fördert, und mühseliger Arbeit, die auch zu den Höllenstrafen gezählt wurde.

Diese Einstellung hatte **weitreichende Folgen** für die mittelalterliche Gesellschaft: Auch im Rittertum, bei Bauern und im Handwerk war eine **positive Einschätzung** der Arbeit als einer produktiven Betätigung angelegt, die der Befriedigung eigener und gemeinschaftlicher Bedürfnisse dient. Insbesondere war die Haltung zur Arbeit nun religiös beeinflusst.

Neuzeit: Arbeit als „Beruf“

In der Reformation und später in der Aufklärung wurde so der Arbeit ein eigener sittlicher Wert beigemessen. Der Reformator

Lucas Cranach: Martin Luther, 1529

Martin Luther war der Auffassung, dass jeder Mensch berufen sei, seine Fähigkeiten so in die Gemeinschaft einzubringen, dass alle Menschen zu einem guten Leben gelangen können. Auf diese Weise kann jeder Mensch den Willen Gottes erfüllen. So betrachtet sind alle Arbeitsleistungen gleichwertig, sei es nun Feldarbeit oder das Regieren eines Staates. Aus dieser Perspektive lässt sich der **Beruf**, den ein Mensch ergreift, von seiner **Berufung** – also einem göttlichen Auftrag her – verstehen.

Beruflicher und wirtschaftlicher Erfolg sowie der damit verbundene Wohlstand galten insbesondere bei **Calvinisten** als Ausdruck **göttlichen Segens**. Armut hingegen wurde von vielen Anhängern dieser protestantischen Glaubensgemeinschaft als Möglichkeit gedeutet, von der Gnade Gottes nicht erfasst und dementsprechend für das ewige Leben (Paradies) nicht **vorherbestimmt** zu sein. Da viele Calvinisten glaubten, sich an Wohlstand und wirtschaftlichem Erfolg Gewissheit über ihre göttliche Erwählung verschaffen zu können, entwickelten sie ein Arbeitsethos, das auf **Tugenden** wie Disziplin, Ausdauer, Sparsamkeit, Fleiß und Willenskraft aufbaute und deutlich am **Gewinn** ausgerichtet war.

Insbesondere in den Vereinigten Staaten und in Großbritannien bildeten die Calvinisten eine zahlenmäßig große und einflussreiche Gemeinschaft, sodass ihr Arbeitsethos für den Soziologen **Max Weber** die Weichen für die Entstehung des **Kapitalismus** stellen konnte.

Beginn der Industrialisierung: Arbeit als Ware

Die Einstellung zur Arbeit wird mit Beginn des 18. Jahrhunderts zunehmend unabhängiger von religiösen Bindungen. Der Philosoph und Ökonom Adam Smith führte allerdings den Gedanken einer Ausrichtung der Arbeit am Gewinn fort. Er unterschied zwischen **produktiver** und **unproduktiver Arbeit**. Trägt Arbeit, wie z. B. die tägliche Hausarbeit in der Familie, zu keinem **verkäuflichen Produkt** bei, gilt sie als nicht produktiv. Jedem soll es möglich sein, seine Arbeitskraft gegen Entlohnung anzubieten und sich am **Prinzip der Gewinnmaximierung** zu orientieren.

Fließbandarbeit

Parallel zu solchen Überlegungen entwickelt sich auch die Wirtschaft weiter: Die bislang vornehmlich an Landwirtschaft und Handwerk orientierte Arbeitswelt wird durch die Industrialisierung geprägt. War der Handwerker noch für die Herstellung eines vollständigen Gegenstandes zuständig, ist dies beim Fabrikarbeiter nicht mehr der Fall. Er verrichtet lediglich einzelne Handgriffe und kann sich mit keinem Produkt identifizieren, das über seine Hände entsteht. Für den Philosophen Karl Marx wird er seiner Arbeit **entfremdet**. Ein Arbeitsethos wird aber, nach Marx, auch dadurch zerstört, dass die moderne Industriearbeit **entfremdend** ist: In industriellen Großbetrieben wird der einzelne Mensch nicht mehr als einmalige Persönlichkeit, sondern als ersetzbarer Bestandteil einer Maschinerie gesehen. Aus diesem Grund kommt es für Marx auch notwendig zu einer **sozialen Verelendung**.

Das Wichtigste auf einen Blick

In der abendländisch-europäischen Geschichte vollzog sich im Lauf der Jahrhunderte ein Wandel des Arbeitsethos. Galt in der **Antike** noch die **geistige Arbeit** als das primär anzustrebende Ideal, so veränderte sich dies schon im frühen Mittelalter über den Einfluss des **Mönchtums**. Im Zuge der **Reformation** wurde es schließlich möglich, über jede Arbeit göttlicher **Berufung** zu entsprechen. Die über den **Calvinismus** geförderte Verknüpfung von beruflichem Erfolg und göttlicher Erwählung war beim Entstehen einer am **kapitalistischen** Denken orientierten Arbeitswelt nicht unerheblich. Im Zuge der **Industrialisierung** zeigte sich allerdings, dass das Prinzip der **Gewinnmaximierung** in der Arbeitswelt auch zu einer **Zerstörung des Arbeitsethos** führen kann (Marx).

Aktionsforum

Veränderungen des Arbeitsethos im Laufe der Geschichte

1 Wenden Sie die SQ3R-Technik von F. P. Robinson (1946) auf das Informationsforum an. Diese Lesetechnik ermöglicht es Ihnen, Ihr Verständnis für die dargebotenen Inhalte zu erweitern und die gegebenen Informationen besser zu behalten. Folgen Sie dazu den fünf Teilschritten der Methode.

2 Gehen Sie dem historischen Wandel des Arbeitsethos in Projektarbeit nach.

a) Bilden Sie zu einzelnen Epochen Kleingruppen.

b) Stellen Sie das Arbeitsleben in der gewählten Epoche exemplarisch an konkreten Arbeitsfeldern dar.

c) Informieren Sie sich über die in der gewählten Epoche vorherrschende Gesellschaftsordnung und analysieren Sie deren Bedeutung für das Arbeitsethos.

d) Bewerten Sie das Arbeitsethos der jeweiligen Epoche auf der Grundlage ethischer Gesichtspunkte. Sie können so z. B. die Frage stellen, welchen Beitrag dieses Arbeitsethos für ein glückliches, sinnerfülltes Leben leisten kann, oder in welcher Hinsicht sich mit ihm individuelle und gemeinschaftliche Interessen gleichermaßen erfüllen lassen.

e) Präsentieren Sie die Ergebnisse Ihrer Arbeit mithilfe einer Powerpoint-Präsentation oder einer Wandzeitung. Gehen Sie dabei auch auf die Frage der Aktualität des in Ihrer Gruppe untersuchten Arbeitsethos ein.

Fünf Schritte der SQ3R-Methode	
Survey: Erkunden wichtiger Rahmeninformationen und zentraler Inhalte des Textes	Erkunden Sie den Problembereich, mit dem sich der Text beschäftigt. Überfliegen Sie dazu das Informationsforum. Halten Sie die Teilüberschriften sowie ggf. Denker und Philosophen fest, auf die der Text eingeht.
Question: Eigene Fragen an den Text stellen	Entwickeln Sie auf der Grundlage Ihres Vorwissens und eigener Interessen Fragen zum Text.
Read: Intensives erneutes Lesen des Textes	Lesen Sie den Text vor dem Hintergrund Ihrer Fragen möglichst genau durch. Passen Sie Ihre Lesegeschwindigkeit der Absicht an, die einzelnen Sätze und Wörter möglichst genau erfassen und Besonderheiten der Textstruktur und der verwendeten Sprache bemerken zu können.
Recite: Rekapitulieren der Textinhalte	Legen Sie den Text beiseite und versuchen Sie die Textinhalte abschnittsweise in eigenen Worten wiederzugeben.
Rewiev: Gesamtüberblick gewinnen und repetieren	Vergegenwärtigen Sie sich die vollzogenen Arbeitsschritte 1–4 unter Zuhilfenahme Ihrer Notizen noch einmal gedanklich. Stellen Sie sich die Frage, wie sich der Text vor dem Hintergrund Ihrer Auseinandersetzung nun in der Gesamtschau darstellt.

Philosophische Untersuchungen

1. Wandel des Arbeitsethos

Der bekannte Philosoph Friedrich Nietzsche setzte sich mit der Arbeitsmoral und ihrem Wandel kritisch auseinander. Im Kapitel „Muße und Müßiggang" seiner Schrift „Die fröhliche Wissenschaft" (1882) stellt er diesbezüglich heraus:

„Die Arbeit bekommt immer mehr alles gute Gewissen auf ihre Seite: der Hang zur Freude nennt sich bereits „Bedürfnis der Erholung" und fängt an, sich vor sich selber zu schämen. „Man ist es seiner Gesundheit schuldig" – so redet man, wenn man auf einer Landpartie ertappt wird. Ja, es könnte bald so weit kommen, dass man einem Hange zur vita contemplativa (das heißt zum Spazierengehen mit Gedanken und Freunden) nicht ohne Selbstverachtung und schlechtes Gewissen nachgäbe."

(Friedrich Nietzsche: Werke und Briefe, S. 3514)

1 a) Erklären Sie die moralische Aufwertung der Arbeit vor dem Hintergrund der protestantischen Ethik (Luther, Calvin).

b) Entwickeln Sie konkrete Fallbeispiele, die deutlich machen, dass die Ausübung von Erwerbsarbeit nicht in jedem Fall notwendigerweise bereits ein gutes Gewissen auf ihrer Seite haben muss.

2 Auch in unserer Zeit beziehen viele Menschen ihr Selbstwertgefühl primär aus ihrem Berufsleben. Dies zeigt sich insbesondere am Verlust der Lebensfreude bei Menschen, die nicht (mehr) am Erwerbsleben teilnehmen. Nutzen Sie Ihr Wissen der antiken Philosophie für die Abfassung eines Leserbriefs, der Rentnern oder arbeitslosen Menschen ein anderes, neues (Arbeits-)Ethos vermitteln kann.

3 Stellen Sie in einem fiktiven Szenario das Entstehen einer Gesellschaft dar, in der es so weit gekommen ist, dass ihre Mitglieder „... einem Hange zur vita contemplativa (das heißt zum Spazierengehen mit Gedanken und Freunden) nicht ohne Selbstverachtung und schlechtem Gewissen" nachgehen.

2. Arbeit und Berufung

Der Unterschied von Arbeit und Berufung hat sich über die Reformation in unserer Alltagssprache festgesetzt. Wie Internetforen deutlich machen, unterscheiden selbst junge Menschen heute noch zwischen Arbeit und Berufung. Dabei scheint sich das Verständnis von „Berufung" allerdings gewandelt zu haben.

1 Lesen Sie den Internetaustausch zwischen Tina, Felix und Rainer zu diesem Thema. Legen Sie anschließend das dort zum Ausdruck kommende Verständnis von Berufung dar.

2 Diskutieren Sie Unterschiede, die zwischen Luthers Verständnis von Berufung und dem der drei Internetnutzer bestehen.

3 Nehmen Sie zu dem Versuch Stellung, Arbeit, die nicht den eigenen Interessen und Neigungen entspricht, zu seiner „Berufung" machen zu wollen.

4 Beurteilen Sie die Einstellung, Arbeit lediglich des Geldes wegen auszuüben. Arbeiten Sie dazu Argumente aus, die ein solches Arbeitsethos rechtfertigen bzw. in Frage stellen können.

Hallo, seht ihr in eurer Arbeit wirklich „nur" einen Job, um Geld zu verdienen, oder bedeutet sie euch mehr? Seht ihr sie als Berufung an? Ich weiß, dass es in der heutigen Zeit schlecht um viele Arbeitsplätze steht ... Trotzdem – wie ist eure Grundhaltung? Tina (18)

... für mich ist Arbeit nur Geldverdienen. Felix (22)

... ich stelle mir diese Frage auch seit Längerem. Mein Hobby – Modellflugzeuge bauen – ist meine Berufung. Leider ist das nicht mein Job. So versuche ich, mir meinen Job zur Berufung zu machen, hänge mich rein und denke, dass ich ihn gut mache. Ich arbeite definitiv nicht nur, um Geld zu verdienen. Rainer (20)

Danke für eure Antworten ... also, den Beruf zur Berufung machen, das hört sich gut an. Ich sehe es aber als ziemlich schwierig an. Ich denke, dafür muss man schon sehr zufrieden sein mit seinem Beruf, sonst klappt das nicht. Tina

3. Arbeit als Ware

Medaille zur Jahrhundertw[…] 1800/1801, mit dem dopp[…] gesichtigen altrömischen Gott Janus

Mit dem Gedanken, die eigene Arbeitskraft als Ware nach dem Prinzip der Gewinnmaximierung anzubieten, lag es nahe, den Wert einer Arbeit an ihrer Entlohnung abzulesen. Dies erwies sich allerdings im Blick auf die positive Einstellung zur Arbeit als janusköpfig.

1 Diskutieren Sie die Konsequenzen eines lediglich am Einkommen orientierten Arbeitsethos.

2 Finden Sie Beispiele aus unserer Zeit, die deutlich machen können, dass der Marktwert einer Arbeit von ihrem menschlichen und gesellschaftlichen Wert ebenso wie von der damit verbundenen Anstrengung abweichen kann.

2.3 Arbeit, Ökonomie und Wirtschaftsethik: Adam Smith

Claude Monet: Bahnhof Saint Lazare in Paris, Ankunft eines Zuges, 1877

Adam Smith (1723–1790): Begründer der modernen Volkswirtschaftslehre

Statue Adam Smiths in London

Adam Smith (1723–1790) gilt als Begründer der modernen Volkswirtschaftslehre. Der schottische Moralphilosoph, der vor allem mit seinem Klassiker „Wohlstand der Nationen" Weltruhm erlangen sollte, hat als erster eine systematische Untersuchung ökonomischer Zusammenhänge in einer arbeitsteiligen Welt vorgenommen. Bekannt geworden ist Smith auch durch ein zweites Werk, „Die Theorie der ethischen Gefühle", das er vor 250 Jahren veröffentlichte. Adam Smith war zu seinen Lebzeiten ein überaus geschätzter, von vielen bewunderter Professor für Logik und Moralphilosophie. Mit seinem 1776 erschienenen Werk „Wohlstand der Nationen" war ihm eines der einflussreichsten Bücher überhaupt gelungen, ein Buch, das zur „Bibel" der modernen Wirtschaftswissenschaft werden sollte und nebenbei schon im 18. Jahrhundert, zu seinen Lebzeiten, ein Bestseller war. Was waren die zentralen Argumente und Gedanken Smiths, nicht nur in diesem Werk, sondern in seinem gesamten wissenschaftlichen Leben?

Arbeitsteilung statt Merkantilismus

Smith widmete sich der ökonomischen Theorie in einer Zeit, als eine Wirtschaftstheorie aufgrund der höheren Komplexität des wirtschaftlichen Lebens notwendig geworden war. Im 18. Jahrhundert hatte die Industrialisierung zumindest in England bereits Fuß gefasst, und auch florierende Handelsbeziehungen gab es bereits zwischen einzelnen Regionen und Ländern. Hauptzielscheibe seiner Kritik waren die Merkantilisten, deren Denken damals das Verständnis vom Wirtschaften prägte. Nach Auffassung der Merkantilisten hatte der Außenhandel vor allem den Zweck, die Goldreserven der Staaten zu erhöhen. In erster Linie ging es ihnen also um die Aufteilung des als nicht zu vergrößern angenommenen Edelmetallschatzes auf die Nationen.

Smith hingegen sah im Welthandel vor allem das Potenzial, den Wohlstand aller teilnehmenden Länder zu erhöhen. Indem jedes Land das produziert und ausführt, was es am günstigsten herstellen kann, profitieren alle von einer höheren Gesamtproduktion. Das Konzept der Arbeitsteilung gilt auch für eine Binnenwirtschaft und als Leitprinzip allen Wirtschaftens überhaupt: Jeder übt diejenige Tätigkeit aus, die er am besten beherrscht, mit dem Ergebnis, dass die Produktivität insgesamt deutlich gesteigert werden kann. Am berühmten Beispiel der Stecknadelproduktion zeigt er auf, dass der Output um ein Vielfaches höher ist, wenn ein Produktionsprozess in mehrere Einzelschritte aufgegliedert wird, die von unterschiedlichen Personen ausgeführt werden.

(...) Smith bejahte das Prinzip der Arbeitsteilung, beklagte aber zugleich die Abstumpfung der Arbeiter und geißelte die Stupidität einer auf die geistlose Wiederholung immer gleicher Handgriffe reduzierten Arbeit. Mehr Lebensinhalt, so Smiths Auffassung, müsse dem einfachen Volk vor allem durch mehr Bildung gestiftet werden.

Die unsichtbare Hand

Mindestens ebenso bekannt, wenn nicht noch bekannter als das Stecknadelbeispiel, ist Smiths Metapher von der unsichtbaren

Hand. Mit der unsichtbaren Hand wird ein Kernbereich der Smithschen Gedankengänge umschrieben: Alle Marktteilnehmer würden dadurch, dass sie ihren Eigennutz verfolgen, letztlich ganz unbeabsichtigt zum Wohlstand der gesamten Gesellschaft beitragen. Staatliche Eingriffe in das Marktgeschehen hingegen würden nur stören und in der Regel zu schlechteren Ergebnissen führen.

Die unsichtbare Hand führt also letztlich alle Einzelinteressen zusammen. Und die Eigenliebe ist das tragende Fundament des Wirtschaftens, das die Wohlfahrt des Gemeinwesens fördert. „Nicht vom Wohlwollen des Metzgers, Brauers und Bäckers erwarten wir das, was wir zum Essen brauchen, sondern davon, dass sie ihre eigenen Interessen wahrnehmen. Wir wenden uns nicht an ihre Menschen-, sondern an ihre Eigenliebe, und wir erwähnen nicht die eigenen Bedürfnisse, sondern sprechen von ihrem Vorteil", heißt es bei Smith. (...) Wodurch aber gelangte Smith zu der Überzeugung, dass eine unsichtbare Hand die Geschicke von Produzenten und Konsumenten so lenken würde, dass das allgemeine Wohlergehen dadurch gesteigert wird?

Hier ist der Mechanismus der Preisbildung von Bedeutung: Wenn jeder selbst entscheiden kann, was, wie und wo er arbeitet, was er produziert und wie viel, entsteht ganz automatisch ein Preis für Arbeit und Güter, ein Preis, der den Knappheitsgrad des Gutes anzeigt, und letztlich auch ein Preis, bei dem die angebotene Menge genau der nachgefragten entspricht. Über die Preissignale wird die Produktion in die richtigen Bahnen gelenkt. Dieser Preismechanismus wird üblicherweise mit der unsichtbaren Hand des Marktes umschrieben, auch wenn Smith selbst die Metapher von der unsichtbaren Hand an anderer Stelle im „Wohlstand der Nationen" verwendete.

Smith, der Liberale

Das populäre Bild, das von Smith gezeichnet wird, ist das eines marktwirtschaftlichen Liberalen, der ein realistisches Menschenbild entworfen hat, in dem Eigennutz als Triebkraft des Handelns wirkt. Vor diesem Hintergrund wurde er zu einem oft bemühten Kronzeugen, wenn es darum geht, die Idee der freien Märkte gegen staatliche Eingriffe zu verteidigen.

Dieses Bild ist richtig. Smith ist ein bekennender Liberaler gewesen, der sich mit Überzeugung gegen den Interventionismus der Merkantilperiode wandte und den Glauben, der Staat könne die wirtschaftliche Entwicklung gestalten, zurückwies oder zumindest stark relativierte. (...) Doch wäre das Bild von Smith unvollständig, würde man ihn auf die Rolle als liberalen Bewunderer des Marktes beschränken.

Smith, der Moralphilosoph

Denn zum einen forderte Smith keinen völligen Rückzug des Staates. Ein bestmögliches Gleichgewicht wäre vielmehr dann erreicht, wenn auch der Staat seine Aufgaben gewissenhaft wahrnehmen würde: nicht nur bei der Landesverteidigung, sondern auch im Bereich Infrastruktur und Bildung, beim Schutz der Menschen vor Ungerechtigkeit und Unterdrückung oder bei der Überwachung von Vertrags- und Wettbewerbsfreiheit.

Zum anderen hat der Moralphilosoph Adam Smith keineswegs einem eindimensionalen Menschenbild gehuldigt, das Egoismus und Raffgier ins Zentrum stellt. Seine These ist eine andere: Grundlage der Moral und Triebfeder der menschlichen Arbeit ist das Mitgefühl für den Mitmenschen. In der „Theorie der ethischen Gefühle" legte Smith eine Ethik dar, in der die Fähigkeit der Menschen, sich in ihr Gegenüber einzufühlen, sowie die Bindung ihres Gewissens an die Billigung des unparteiischen Beobachters ihr Zusammenleben in der zivilen Gesellschaft ermöglicht. Der Sympathie wird der Eigennutz gegenübergestellt. Das eigennützig handelnde Individuum ist somit kein Egoist, sondern ein Mensch, der auch moralisch geprägt ist und ein gutes Miteinander zu seinen Interessen zählt. (...)

(Text aus: http://www.schulbank.de/newsletter/2009/10/im-fokus-adam-smith-2013-begru308nder-der-klassischen-volkswirtschaftslehre)

Diskussionsforum

Claude Monet: Bahnhof Saint Lazare in Paris

1 Die Eisenbahn gilt als eine der Erfindungen, die das Zeitalter der Industrialisierung nachhaltig geprägt hat. Diskutieren Sie darüber, weshalb man der Auffassung sein kann, dass sich mit ihr ganz neue Möglichkeiten der Lebens- und Arbeitsgestaltung erschließen.

2 Recherchieren Sie im Internet und in Geschichtsbüchern, wie die Eisenbahn das Arbeitsleben der Menschen verändert hat. Halten Sie Ihre Ergebnisse in Form einer Wandzeitung fest.

3 Für das Arbeits- und Wirtschaftsleben spielte in diesem Zeitalter neben neuen Erfindungen der Gedanke der Arbeitsteilung eine wichtige Rolle. Finden Sie hierfür Erklärungen.

Adam Smith: Begründer der modernen Volkswirtschaftslehre

1 Gliedern Sie den Text in einzelne Sinnabschnitte und formulieren Sie dazu jeweils eine Hauptaussage oder leitende These.

2 Beantworten Sie folgende Fragen im Rückgriff auf den Text:
a) Mit welchen Sachverhalten beschäftigte sich Adam Smith?
b) Erklären Sie folgende Begriffe: Merkantilismus, Liberalität, freier Markt, Arbeitsteilung, unsichtbare Hand.
c) Welche beiden für menschliches Handeln bedeutsamen Aspekte bilden die Grundlage für Smith' Überlegungen?

3 Beurteilen Sie die These, dass eine Gesellschaft von Egoisten die größte Chance hat, zu einer blühenden Wirtschaft zu gelangen.

4 Nehmen Sie zu der Auffassung Stellung, dass staatliche Eingriffe in die Wirtschaft zu vermeiden sind. Berücksichtigen Sie etwa, welche Folgen es hat, wenn die Regierung große Unternehmen wie Banken oder die Automobilindustrie unterstützt.

5 Sammeln Sie Beispiele für Arbeitsteilung in Gemeinschaften ganz unterschiedlicher Größe. Diskutieren Sie anschließend die Frage, ob man im Rückgriff auf Adam Smith in der Globalisierung der Wirtschaft eine Art Arbeitsteilung zwischen den Ländern der Erde sehen kann. Veranschaulichen Sie Ihre Einschätzung an konkreten Beispielen.

6 Diskutieren Sie das Konzept der unsichtbaren Hand und gehen Sie dabei auf die Frage ein, ob es als Grundprinzip einer Wirtschaftsordnung genügt.

Schon gewusst? Arbeit in harter Währung

Zur Jahrhundertwende 1800/1801 entstand die dargestellte Münze.

1 Diskutieren Sie, welches Arbeitsethos diese Münze nahelegt und nehmen Sie dazu kritisch Stellung.

2 Überlegen Sie in Partnerarbeit, wie es möglich sein könnte, einem Nomaden zu erklären, was ein Arbeitsmarkt ist und nach welchen Regeln oder Gesetzlichkeiten dieser Markt funktioniert. Klären Sie dabei auch Zusammenhänge, die zwischen Angebot, Nachfrage und Entlohnung bestehen.

Wandel im wirtschaftlichen Denken

Nicht nur das Arbeitsethos, sondern auch das Nachdenken über wirtschaftsethische Fragen hat sich im Lauf der Jahrhunderte gewandelt. Was aber wird überhaupt als Wirtschaftsethik bezeichnet?

Unter **Wirtschaftsethik** versteht man eine Bereichsethik, deren Wurzeln in allgemeinen Fragen praktischen Handelns liegen, die bereits in der **Antike** reflektiert wurden. Letztlich lassen sich viele wirtschaftsethische Probleme auf Fragen der **Gerechtigkeit** zurückführen.

Wirtschaftsethik im **modernen** Sinne wird seit dem Philosophen Adam Smith betrieben. Im Gegensatz zu älteren tugendethischen Ansätzen versucht sie, **„ethische Prinzipien** eines guten Lebens mit den Ansprüchen des Wirtschaftshandelns auf **Effizienz**, **Nutzenwachstum** und **Wertsteigerung** zu verbinden“ (Annemarie Pieper, Einführung in die Ethik, 2003, S. 98).

Das bedeutet konkret, dass die Wirtschaftsethik die alte Frage nach dem menschlichen Glück insofern erweitert, als in der philosophischen Reflexion nun auch in stärkerem Maße wirtschaftliche Aspekte berücksichtigt werden müssen. Sowohl für das Glück des einzelnen Menschen wie auch für Gelingen eines guten Staates sind ökonomische Fragen von Relevanz.

Adam Smiths Wirtschaftsphilosophie

Eine der wichtigsten Theorien im Zwischenbereich von Ethik und Ökonomie stellt Smiths **Theorie einer freien Marktwirtschaft** sowie das damit verbundene Konzept der **„unsichtbaren Hand“** dar.

Adam Smith lehnt **Eingriffe des Staats** in den Wirtschaftsprozess ab. Diese sind nach seiner Ansicht **unnötig**, denn dadurch, dass der Einzelne aus **Eigeninteresse** danach strebt, seine Produktivität und seine Erträge zu erhöhen, fördert er das Interesse der Gesellschaft nachhaltiger, als wenn er dies direkt beabsichtigt hätte. Der Bürger handelt also so, als ob er von einer **unsichtbaren Hand** geführt werde, denn sein **Gewinnstreben** befördert gleichzeitig das **Wohl aller** in der Gesellschaft. Diese Metapher soll den Mechanismus beschreiben, der sich aus dem **Zusammenwirken** von **Angebot und Nachfrage** ergibt, welches letztlich auch den Preis der Ware bestimmt.

Der Philosoph Smith konnte die „unsichtbare Hand“, eine dem System der Wirtschaft innewohnende **humane Logik**, sozusagen das „Gewissen“ der Wirtschaft, allerdings nicht empirisch nachweisen. Auch den im eigentlichen Sinne empirisch arbeitenden Wirtschaftswissenschaftlern gelang dies nicht; dennoch gilt Smiths Theorie immer noch als wegweisend, da sie nach der Meinung vieler Wirtschaftswissenschaftler funktioniert. Insgesamt vertritt Smith damit eine klassisch **liberale Position**, die darauf vertraut, dass die Kräfte des Marktes sich selber regulieren.

Das Wichtigste auf einen Blick

*Nicht nur das **Arbeitsethos**, sondern auch die Einstellung zum **wirtschaftlichen Handeln** hat sich im Laufe der Geschichte **gewandelt**. So entstand mit **Adam Smith** erstmals im 18. Jahrhundert ein wirtschaftsethisches Denken, das von **tugendethischen Vorstellungen** abrückte. So spielt bei seinem Versuch, die Ökonomie theoretisch zu fassen, das **Streben nach Eigennutz** neben der Idee einer **freien Marktwirtschaft** und dem **Konzept der unsichtbaren Hand** eine wichtige Rolle. Das Vorteilsstreben findet für Smith allerdings an unserem **moralischen Empfinden** eine Beschränkung.*

Aktionsforum

Philosophische Untersuchungen

1. Streben nach Eigennutz

Für Adam Smith, den Begründer der freien Marktwirtschaft, war der Gedanke leitend, dass jeder Mensch das natürliche Recht besitzt, nach einem guten und glücklichen Leben zu streben. Dabei spielt für ihn das Selbstinteresse eine wichtige Rolle.

„Das auf den eigenen Vorteil bedachte Selbstinteresse, mit dem der Schöpfer seine Erdenkinder ausgestattet hat, ist nur im Ausnahmefall böse, sonst aber sinnvoll und gut, weil es dazu beiträgt, den Anspruch auf eine Sicherung und Verbesserung des Daseins zu verwirklichen." Diesen allgemeinen Gedanken schmiedete Smith für die Ökonomie zu Recht. Er pries den Eigennutz als den Motor allen wirtschaftlichen Handelns und schrieb: „Nicht vom Wohlwollen des Metzgers, Bauers und Bäckers erwarten wir das, was wir zum Essen brauchen, sondern davon, dass sie ihre eigenen Interessen wahrnehmen. Wir wenden uns nicht an ihre Menschen-, sondern an ihre Eigenliebe."
Und nachdem er dies erkannt hatte, stellte er einen Lehrsatz auf. Er besagt, dass die unzähligen, auf sich selbst bezogenen Aktivitäten, die das Wirtschaftsgeschehen in Schwung halten, nicht in Chaos, sondern in die vom Schöpfer gewollte „natürliche Ordnung" führen. (…)
Der Kaufmann ist gezwungen, das anzubieten, was seine Kunden haben wollen, und das, was er anbietet, muss besser sein als das Produkt der Konkurrenz. Auf keinen Fall aber dürfte die Gesellschaft den Eigennutz, das Streben nach persönlichem Wohlstand unterdrücken. Denn dieses halte unseren Erwerbsfleiß in Gang. Vor allem durch den Erwerbsfleiß seien die Menschen auf die Idee gekommen, „den Boden zu kultivieren, Häuser zu bauen, Städte und Gemeinwesen zu gründen und alle jene Künste und Wissenschaften zu erfinden, die das Leben verfeinern und verschönern". Demnach ist die Eigenliebe, die uns von der Geburt bis zum Grab begleitet und ohne die eine freie Marktwirtschaft überhaupt nicht zu denken wäre, ein positiver Charakterzug, eine Eigenschaft, die Achtung verdient.

(Nach: Paul Heinz Koesters, 1993)

1 Analysieren Sie den Text und stellen Sie die zentralen Thesen von Adam Smith heraus.

2 Diskutieren Sie die Plausibilität der Argumente, die zur Begründung der Thesen herangezogen werden.

3 Halten Sie in Partnerarbeit die im Text enthaltenen Thesen, Begründungen und Schlüsse in grafischer Form fest. Arbeiten Sie dabei z. B. mit Folgepfeilen, Kästchen und einzelnen Begriffen.

4 Diskutieren Sie auf der Grundlage Ihrer Grafik bestehende Verständnisprobleme im Klassengespräch.

2. Unsichtbare Hand

Wochenmarkt

Im Gegensatz etwa zur Planwirtschaft hat Adam Smith eine Theorie entwickelt, die in der Wirtschaft ein Handlungsfeld sieht, das sich selbst reguliert und im Grunde keiner Steuerung von außen (z. B. Staat) bedarf. Die hierfür zentrale Voraussetzung ist allerdings die Freiheit aller Gesellschaftsmitglieder, sich am Markt wirtschaftlich beteiligen zu können, sowie ihre Orientierung am eigenen wirtschaftlichen Vorteil.

„(...) Da nun jedermann nach Kräften sucht, sein Kapital in der heimischen Erwerbstätigkeit und diese Erwerbstätigkeit selbst so zu leiten, dass ihr Erzeugnis den größten Wert erhält, so arbeitet auch jeder notwendig dahin, das jährliche Einkommen der Gesellschaft so groß zu machen als er kann. Allerdings strebt er in der Regel nicht danach, das allgemeine Wohl zu fördern, und weiß auch nicht, um wie viel er es fördert. Indem er die einheimische Erwerbstätigkeit der fremden vorzieht, hat er nur seine eigene Sicherheit im Auge und indem er diese Erwerbstätigkeit so leitet, dass ihr Produkt den größten Wert erhalte, verfolgt er lediglich seinen eigenen Gewinn und wird in diesen wie in vielen anderen Fällen von einer unsichtbaren Hand geleitet, einen Zweck zu fördern, den er in keiner Weise beabsichtigt hatte. [...] Verfolgt er sein eigenes Interesse, so fördert er das der Gesellschaft weit wirksamer, als wenn er dieses wirklich zu fördern beabsichtigt."

(Adam Smith, Eine Untersuchung über Natur und Wesen des Volkswohlstandes, Jena 1923, Band 2, S. 235 f.)

1 Gliedern Sie den Gedankengang in einzelne Sinneinheiten.

2 Bilden Sie Kleingruppen und veranschaulichen Sie die Überlegungen von A. Smith am konkreten Beispiel eines Bäckers oder Metzgers.

Hinweise für die Gruppenarbeit:
- Gehen Sie bei Ihren Überlegungen davon aus, dass sich Ihr Unternehmer der Theorie von Smith gemäß an seinem wirtschaftlichen Vorteil orientiert.
- Beziehen Sie in Ihre Überlegungen auch den Einsatz des jeweils erwirtschafteten Vermögens ein und bedenken Sie die damit verbundenen Wirkungen z. B. auf Zulieferfirmen oder den Arbeitsmarkt.

3 Wie Wirtschaftskrisen zeigen, gibt es Situationen, die dazu führen, dass der freie Markt allein das Wohl aller nicht mehr zu fördern vermag.

a) Sammeln Sie Informationen über die um 1929 weltweit in den Industrienationen einsetzende Wirtschaftskrise. Nutzen Sie dazu das Internet und Geschichtsbücher.

b) Entwickeln Sie auf der Grundlage Ihrer Ergebnisse in Kleingruppen grafische Darstellungen (Diagramme) zu den Voraussetzungen, dem Verlauf oder den möglichen Ursachen dieser Krise.

c) Legen Sie anhand Ihrer Recherchen dar, weshalb es ratsam erscheinen konnte, diese Wirtschaftskrise in Deutschland über staatliche Eingriffe zu bewältigen.

Weltwirtschaftskrise 1929

3. Freie Marktwirtschaft und Ethik

Smiths Idee einer freien Marktwirtschaft wird häufig mit dem Kapitalismus als Wirtschaftsform in Zusammenhang gebracht. Dabei muss man allerdings sehen, dass seine Überlegungen nicht ohne Weiteres mit allen Praktiken gleichgesetzt werden können, die nach Smith im Laufe der Geschichte als kapitalistisch aufgefasst und zum Teil zu Recht angeprangert wurden. Dem Moralphilosophen Smith wird man jedenfalls kaum unterstellen können, er wollte mit allen ethischen Grundwerten brechen. Das Verständnis von Kapitalismus im Sinne reiner, egoistischer Profitgier dürfte auch zu den sozialen Problemen beigetragen haben, die das Zeitalter der Industrialisierung prägten.

1 Betrachten Sie die aus den Anfängen des 19. Jh. stammende Kritik am Kapitalismus.

a) Analysieren Sie die Darstellung unter folgenden Gesichtspunkten:
   - Welche gesellschaftlichen Schichten oder Klassen werden dargestellt und welche Funktion wird ihnen zugewiesen?
   - Was bildet das Fundament und die Spitze der dargestellten Gesellschaftsordnung?

b) Diskutieren Sie darüber, weshalb dem Geld die führende Rolle in der Darstellung zugewiesen wird. Gehen Sie dabei von den bereits durch Smith formulierten Grundsätzen einer freien Marktwirtschaft aus.

c) Adam Smith war ein Befürworter der Arbeitsteilung. Welche Einwände hätte er möglicherweise dennoch gegen die im Bild angedeutete Arbeitsteilung vorgebracht? Gehen Sie bei Ihren Überlegungen insbesondere von den Gründen aus, die ihm eine Arbeitsteilung als wünschenswert erscheinen ließen (Seite 76, Eingangstext).

2 Zeigen Sie über eigene Untersuchungen den Unterschied zwischen Smith' Idee einer freien Marktwirtschaft und fehlender Moral auf dem Gebiet wirtschaftlichen Handelns auf.

a) Suchen Sie dazu im Internet, in Tageszeitungen oder Fachzeitschriften Berichte, die über einen Wirtschaftsskandal informieren.

b) Bilden Sie Kleingruppen und analysieren Sie einen solchen Skandal unter folgenden Gesichtpunkten:
   - Welche Handlungsweise hat den Skandal ausgelöst?
   - Verletzt die Handlungsweise grundlegende ethische Normen (z. B. Menschenrechte)?
   - Welche Vorgehensweise würde einer ethisch verantwortlichen Praxis freier Marktwirtschaft eher entsprechen?

   Tragen Sie sich Ihre Ergebnisse gegenseitig vor.

2.4 Problemfelder der Wirtschaftsethik: Soziale Gerechtigkeit

Heinrich Böll: Mein teures Bein

Sie haben mir jetzt eine Chance gegeben. Sie haben mir eine Karte geschrieben, ich soll zum Amt kommen, und ich bin zum Amt gegangen. Auf dem Amt waren sie sehr nett. Sie nahmen meine Karteikarte und sagten: „Hm“, und ich sagte auch: „Hm“. „Welches Bein?“, fragte der Beamte. „Rechts.“ „Ganz?“ „Ganz.“ „Hm“, machte er wieder. Dann durchsuchte er verschiedene Zettel. Ich durfte mich setzen. Endlich fand der Mann einen Zettel, der ihm der richtige zu sein schien. Er sagte: „Ich denke, hier ist etwas für Sie. Eine nette Sache. Sie können dabei sitzen. Schuhputzer in einer Bedürfnisanstalt auf dem Platz der Republik. Wie wäre das?“ „Ich kann nicht Schuhe putzen. Ich bin immer schon aufgefallen wegen schlechten Schuhputzens.“ „Das können Sie lernen“, sagte er. „Man kann alles lernen. Ein Deutscher kann alles. Sie können, wenn Sie wollen, einen kostenlosen Kurs mitmachen.“ „Hm“, machte ich. „Also gut?“ „Nein“, sagte ich, „ich will nicht, ich will eine höhere Rente haben.“ „Sie sind verrückt“, erwiderte er sehr freundlich und milde. „Ich bin nicht verrückt, kein Mensch kann mir mein Bein ersetzen, ich darf nicht einmal mehr Zigaretten verkaufen.“ Der Mann lehnte sich weit in seinen Stuhl zurück und schöpfte eine Menge Atem. „Mein lieber Freund“, legte er los, „Ihr Bein ist ein verflucht teures Bein. Ich sehe, dass Sie neunundzwanzig Jahre sind, von Herzen gesund, überhaupt vollkommen gesund, bis auf das Bein. Sie werden siebzig Jahre alt. Rechnen Sie sich bitte aus, monatlich siebzig Mark, zwölf mal im Jahr, also einundvierzig mal zwölf mal siebzig. Rechnen Sie das bitte aus ohne die Zinsen, und denken Sie doch nicht, dass Ihr Bein das einzige Bein ist. Sie sind auch nicht der Einzige, der wahrscheinlich lange leben wird. Und dann Rente erhöhen! Entschuldigen Sie, aber Sie sind verrückt.“

„Mein Herr“, sagte ich, lehnte mich nun gleichfalls zurück und schöpfte eine Menge Atem, „ich denke, dass Sie mein Bein stark unterschätzen. Mein Bein ist viel teurer, es ist ein sehr teures Bein. Ich bin nämlich nicht nur von Herzen, sondern leider auch im Kopf vollkommen gesund. Passen Sie mal auf.“ „Meine Zeit ist sehr kurz.“ „Passen Sie auf“, sagte ich. „Mein Bein hat nämlich einer Menge von Leuten das Leben gerettet, die jetzt eine nette Rente beziehen. Die Sache war damals so: Ich lag ganz allein irgendwo vorne und sollte aufpassen, wann sie kämen, damit die anderen zur richtigen Zeit stiften gehen konnten. Die Stäbe hinten waren am Packen und wollten nicht zu früh, aber auch nicht zu spät stiften gehen. Erst waren wir zwei, aber den haben sie totgeschossen, der kostet nichts mehr. Er war zwar verheiratet, aber seine Frau ist gesund und kann arbeiten. Sie brauchen keine Angst zu haben. Der war also furchtbar billig. Das war einmal ein braver Soldat, der hat sich wenigstens richtig totschießen lassen. Nun lag ich aber da allein und hatte Angst, und es war kalt und ich wollte auch stiften gehen, da …“

„Meine Zeit ist sehr kurz“, sagte der Mann und fing an, nach seinem Bleistift zu suchen. „Nein, hören Sie zu“, sagte ich, „jetzt wird es erst interessant. Gerade als ich stiften gehen wollte, kam die Sache mit dem Bein. Und weil ich da doch liegen blieben musste, dachte ich, jetzt kannst du's auch durchgeben, und ich hab's durchgegeben, und sie hauten alle ab, schön der Reihe nach, erst die Division, dann das Regiment, dann das Bataillon, und so weiter, immer hübsch der Reihe nach. Eine dumme Geschichte, sie vergaßen nämlich mich mitzunehmen, verstehen Sie! Sie hatten's so eilig. Wirklich eine dumme Geschichte, denn hätte ich das Bein nicht verloren, wären sie alle tot, der General, der Oberst, der Major, immer schön der Reihe nach, und Sie brauchten ihnen keine Rente zu bezahlen. Nun rechnen Sie mal aus, was mein Bein kostet. Der General ist zweiundfünfzig, der Oberst achtundvierzig und der Major fünfzig, alle kerngesund, von Herzen und im Kopf, und sie werden bei ihrer militärischen Lebensweise mindestens achtzig, wie Hindenburg. Bitte rechnen Sie jetzt aus. (…)“

(Heinrich Böll: Wanderer, kommst du nach Spa …, Köln, 1967, S. 117–120)

Diskussionsforum

Karikatur: Politische Ökonomie, Kap. 1: Budgetplanung

1. Betrachten Sie das Bild und halten Sie fest, welche Gedanken und Empfindungen die Karikatur bei Ihnen spontan auslöst.
2. Überlegen Sie, welches Problem mithilfe dieser Karikatur angesprochen wird und fassen Sie es möglichst knapp und prägnant in Worte.
3. Recherchieren und berichten Sie von Fällen, die als besonders abschreckende Beispiele für die Denkweise gelten können, an der die Karikatur Kritik übt.

Heinrich Böll: Mein teures Bein

1. Fassen Sie den Text im Sinne einer Inhaltsangabe zusammen.
2. Halten Sie die beiden Berechnungen, die in Bölls Erzählung vorkommen, an der Tafel fest. Diskutieren Sie davon ausgehend, worin genau ihr Unterschied besteht.
3. Diskutieren Sie in Kleingruppen den Fall des kriegsbeschädigten Soldaten unter dem Gesichtspunkt der Gerechtigkeit.
   a) Erarbeiten Sie sich dazu zunächst Ihren eigenen Standpunkt in Einzelarbeit.
   b) Finden Sie im Gruppengespräch heraus, welches Verständnis von Gerechtigkeit den Standpunkt Ihrer Diskussionspartner bestimmt.

Mitglieder des Verbands der Kriegsbeschädigten (VdK) fordern mehr soziale Gerechtigkeit

4. Ab 1946 organisierten sich Kriegsbeschädigte, Witwen und Waisen in Städten und Gemeinden in Selbsthilfegruppen. Hieraus entstand der Verband für Kriegsopfer, dessen Mitglieder bereits in den 1960er-Jahren an Protestzügen für mehr soziale Gerechtigkeit teilnahmen. Überlegen Sie, welche Personenkreise heute mehr soziale Gerechtigkeit einfordern könnten.

Quer gedacht? Sozial gerecht

Soziale Gerechtigkeit findet statt,
... wenn es allen Menschen gleich gut geht. (1)
... wenn Güter entsprechend der Leistung verteilt werden, die der Einzelne erbringt. (2)
...wenn jeder das tun kann, was er tun will. (3)
...wenn Menschen, die mehr brauchen, auch mehr erhalten. (4)

1. Welcher der vier Sichtweisen würden Sie am ehesten zustimmen? Begründen Sie Ihre Entscheidung.
2. Stellen Sie sich vor, Sie würden bei einer Umfrage dazu aufgefordert, einzuschätzen, wie sozial gerecht die Bildungs-, Arbeits- und Erwerbschancen in Deutschland sind. Welches Urteil würden Sie nach einer Recherchearbeit abgeben?
   (1) sehr gerecht (2) ziemlich gerecht
   (3) eher nicht gerecht (4) sehr ungerecht
   Erläutern Sie Ihre Entscheidung.
3. Überlegen Sie in Partnerarbeit, welche Sachverhalte für die Beurteilung sozialer Gerechtigkeit als Indikatoren genutzt werden können. Korrigieren und ergänzen Sie dabei die nachfolgende Zusammenstellung. *Kindergartenplatz, Einkommen, Gesundheitsvorsorge, Steuerbelastung, Bildung, Jahresurlaub, Gleichstellung der Geschlechter, Arbeitsmöglichkeit, Religionsfreiheit*

Informationsforum

Wirtschaftsethische Problemfelder

Viele Probleme des heutigen Arbeits- und Wirtschaftslebens berühren Fragen der **sozialen Gerechtigkeit**. Dabei können solche Probleme auf ganz unterschiedliche Entwicklungen zurückgehen, so beispielsweise auf die **Globalisierung** der Wirtschaft, die Einführung neuer **Produktionstechniken**, die **Rohstoffverknappung** oder die **Umweltzerstörung**.

Soziale Gerechtigkeit

Kinderarbeit in einer Fabrik, 1908

Der Begriff der sozialen Gerechtigkeit kam mit dem Entstehen **moderner Marktwirtschaft und Lohnarbeit** auf. Ganze Bevölkerungsmassen verließen im Zuge der **Industrialisierung** ihre Dörfer und zogen in die Zentren des Bergbaus, der Stahl- und Textilproduktion. Dort fanden sie Arbeit, allerdings zu teilweise unmenschlichen Bedingungen. Arbeitsschutzmaßnahmen gab es ebenso wenig wie Kranken-, Unfall-, oder Arbeitslosenversicherungen. Die Löhne waren so gering bemessen, dass auch Frauen- und Kinder arbeiten mussten. Dennoch litten viele Familien Hunger. Die Frage, wie sich die so entstandene **Massenverarmung und -verelendung** (Pauperismus) beseitigen ließ, ging als **„soziale Frage"** in die Geschichtsschreibung ein. Bis heute bewegt sie viele Länder der Erde. Auf diese Frage antworten Vorstellungen über den **sozial gerechten Staat**.

Verschiedene Sichtweisen und Aspekte sozialer Gerechtigkeit

Soziale Gerechtigkeit kann für den **einzelnen** Menschen ebenso wie für das **Gemeinwesen** (Staat) oder die **Weltgemeinschaft** ein **Leitbild** sein. Sie steht für die Berücksichtigung der Bedürfnisse und Interessen aller Menschen, insbesondere dann, wenn es um die Nutzung, Herstellung, Erwirtschaftung oder Verteilung von Gütern geht. Zur Begründung und Umsetzung dieses Gedankens wurden in der Philosophie und den Sozialwissenschaften ganz unterschiedliche Überlegungen angestellt.

Die Verteilungs- und Verfahrensgerechtigkeit

Verteilungsgerechtigkeit bezieht sich auf die **Güter** einer Gemeinschaft (z. B. Ämter, Vermögen, Einkommen) und deren **Verteilung** auf die einzelnen **Mitglieder**. Zur Beseitigung von Missverhältnissen der Güterverteilung wurden unterschiedliche Verfahren entwickelt, so z. B. die Umverteilung des Vermögens durch **Steuern** oder die Gewährung von **Sozialleistungen**. Dabei wurde erkannt, dass es wichtig ist, diese Verfahren auf ihre soziale Gerechtigkeit hin zu prüfen (sogenannte **Verfahrensgerechtigkeit**). So träfe z. B. eine hohe Besteuerung der Grundnahrungsmittel sozial Schwache am härtesten. Damit verfehlt die Maßnahme das Ziel, Wohlhabende stärker als Arme zu belasten.

Verteilungsgerechtigkeit? „Ja, aber wie?"

Ein zentrales Problem der Güterverteilung besteht in der Frage, worin das Maß für soziale Gerechtigkeit besteht. Ist sie gegeben, wenn **jeder das Gleiche** erhält, oder kann man sie als erreicht erachten, wenn jeder zumindest so viel erhält, dass alle ein **menschenwürdiges Leben** führen können?
Der Gedanke, dass die Güter eines Volks allen Bürgern gleichermaßen gehören und folglich jeder das Gleiche erhalten soll, war für **Karl Marx'** Gesellschaftsidee bedeutsam. Mit dieser Sichtweise verbindet sich die Vorstellung, dass alle Bürger eines Staates in der gleichen Weise für die Erwirtschaftung der benötigten Güter herangezogen werden.
Im wirtschaftlichen Bereich führten solche Überlegungen zu der Idee einer zentralen **Planwirtschaft**, die sich als Alternative zur freien Marktwirtschaft in kommunistisch regierten Ländern etablierte.

Planwirtschaft: Prüfung des Arbeitsplans durch die Arbeiter der Brigade „Nikolai Mamai", 1959

Eine ganz andere Sichtweise der Sozialen Gerechtigkeit entsteht, wenn man von der **Unterschiedlichkeit** der Menschen und der Verschiedenheit des Beitrags ausgeht, den sie in die Gemeinschaft einbringen.
Gerecht ist vielmehr, wenn **jeder das Seine**, das ihm und seiner Lebensweise Entsprechende erhält.

Leistungs- und Chancengerechtigkeit

Mit dem Aufkommen moderner **kapitalistischer Marktwirtschaft** trat der Gedanke der **Leistungsgerechtigkeit** in den Vordergrund. Geburt und Herkunft sollten nicht mehr allein über die Güter und Ämter entscheiden, die der Einzelne erreichen kann. Als gerecht wurde vielmehr eine auf Leistung bezogene Verteilung von Gütern und Ämtern gesehen. Dass dabei niemand aufgrund von Behinderung, Herkunft, Geschlecht, Religion oder politischer Einstellung benachteiligt wird (Grundgesetz, Artikel 3), wird mit dem Begriff der **Chancengerechtigkeit** angesprochen.
In der Bundesrepublik Deutschland konnte sich das **Leistungsprinzip nicht als alleiniger Maßstab** der Güterverteilung durchsetzen. Im Gegenteil dürfen die Bürger vor allem dann, wenn sie in unverschuldete Notlage geraten und ihre Situation nicht durch eigene Kraft oder Leistung bewältigen können, mit staatlicher Unterstützung rechnen (**Sozialstaatsprinzip**). Auch wurde der Wirtschaft ein Ordnungsrahmen vorgegeben, der für einen sozialen Ausgleich im Sinne **sozialer Marktwirtschaft** sorgen soll.

Das Wichtigste auf einen Blick

*Viele aktuelle Entwicklungen im Bereich des Arbeits- und Wirtschaftlebens berühren das Problemfeld der **sozialen Gerechtigkeit** und damit ein zentrales Thema der Wirtschaftsethik. Soziale Gerechtigkeit kann unter verschiedenen Gesichtspunkten diskutiert werden, so z. B. unter dem der **Verteilungs- und Verfahrensgerechtigkeit** oder der **Leistungs- und Chancengerechtigkeit**. Solche Gesichtspunkte prägen nicht zuletzt auch die Vorstellung darüber, unter welchen **Rahmenbedingungen** Arbeit und Wirtschaft zu gestalten sind.*

Aktionsforum

Rollenspiel: Arbeit und soziale Gerechtigkeit

Viele der am Wochenende ausgestrahlten Gesprächsrunden zu aktuellen Themen der Politik oder des gesellschaftlichen Lebens haben beachtliche Einschaltquoten. Den Schlüssel für ihren Erfolg kann man darin sehen, dass sie unterhalten und zugleich informieren.

1 Entwickeln Sie selbst mithilfe der Ausführungen des Informationsforums eine solche Diskussionsrunde zum Thema „Arbeit und soziale Gerechtigkeit".

2 Lesen Sie das Informationsforum und überlegen Sie anschließend, welche Inhalte für eine Powerpoint-Präsentation geeignet wären, die als Eingangsimpuls für die Podiumsdiskussion genutzt werden kann.

3 Legen Sie fest, welche Schüler sich mit der Erarbeitung einer Powerpoint-Präsentation und welche Schüler sich mit dem Erstellen von Rollenkarten für Teilnehmer der Podiumsdiskussion befassen.

Rollenkarten

Legen Sie fest welche Personen aus Wirtschaft, Politik, Arbeit und Alltagsleben in Ihrer Podiumsdiskussion als Gesprächspartner auftreten.
Erarbeiten Sie in Kleingruppen oder in Partnerarbeit für jeden Gesprächsteilnehmer eine Rollenkarte.

Legen Sie bei der Erstellung der einzelnen Rollenkarten fest, welche These der Gesprächsteilnehmer vertreten soll und überlegen Sie anschließend, wie sich diese These im Rückgriff auf Überlegungen zur Verteilungs-, Verfahrens-, Leistungs- oder Chancengerechtigkeit argumentativ begründen lässt. Sie können sich dabei von den nachfolgenden Anregungen inspirieren lassen.

Anregung zur Erarbeitung von Rollenkarten:

	Thesen
Politiker	Arbeit muss sich lohnen! Wer arbeitet, muss mehr erhalten als ein Sozialhilfeempfänger. Schließlich muss man sich vergegenwärtigen, dass …
Arbeitsloser	Viele Sozialhilfeempfänger haben jahrelang am Wohlstand der Bundesrepublik mitgearbeitet und wü den gerne einer Arbeit nachgehen wenn sie die Möglichkeit dazu hätten. Es ist nicht gerecht …
Gewerkschaftsvertreter	Neue Arbeitsformen haben vielen Menschen Arbeit ermöglicht. Doc unproblematisch sind sie nicht. So erhält z. B. ein Zeitarbeiter für die gleiche Arbeit wie ein fest angestellter Mitarbeiter des Betriebs weniger Lohn …
Berufsberater	Sozial benachteiligte Kinder und Jugendliche haben in Deutschlanc besonders wenige Chancen im Bildungs- und Ausbildungsbereich darüber kann man nicht einfach hinweggehen …
Soziologin	Trotz aller Bemühungen um Gleichstellung haben Frauen auch heute noch weniger Chancen als Männer, wenn es um die Besetzung von Führungspositionen geh …

4 Legen Sie einen Gesprächsleiter fest, der für einen geregelten Ablauf der Diskussion mithilfe der Anfertigung einer

Rednerliste und die Zusammenfassung wichtiger Argumente sorgt und das Publikum in die Diskussion einbezieht.

5 Bewerten Sie im Anschluss an Ihre Podiumsdiskussion den Verlauf des Rollenspiels. Sie können dabei auf folgende Gesichtspunkte eingehen:
- Haben die Experten wirklich sachlich argumentiert?
- Wurden allgemeine Gesprächsregeln beachtet?
- Ist es dem Moderator gelungen, geeignete Gesprächsimpulse zu geben und alle Teilnehmer in das Gespräch einzubeziehen?
- War die Powerpoint-Präsentation für die Eröffnung der Plenumsdiskussion geeignet?

Gedankenexperiment: Gerechtigkeitssinn

Stellen Sie sich folgende Situation vor: Ihr Banknachbar erhält 100 Euro und soll Ihnen davon etwas abgeben. Die Höhe des Betrags darf er selbst bestimmen. Es gibt allerdings eine Regel. Sie besteht darin, dass keiner etwas von den 100 Euro erhält, wenn Sie mit dem vorgeschlagenen Betrag nicht einverstanden sind.

1 Bei welcher der nachfolgenden Summen würden Sie spontan „nein" sagen? 80 Euro, 50 Euro, 45 Euro, 40 Euro, 30 Euro, 20 Euro, 5 Euro, 1 Euro.

2 Überlegen Sie, was Sie zu Ihrem Urteil veranlasst hat.

3 Vergleichen Sie Ihr spontanes Urteil mit dem Ihrer Mitschüler. Stellen Sie fest, ob sich ein allgemeiner Trend bezüglich eines unteren Limits der Zustimmung Ihrer Klasse feststellen lässt.

4 Diskutieren Sie anschließend die Frage, ob es vernünftig ist, das Angebot von einem Euro zurückzuweisen.

5 Dieses als „Ultimatum-Spiel" bekannt gewordene Experiment wurde bei vielen Personen erprobt. Dabei zeigte sich, dass die meisten Versuchsteilnehmer eine Summe zurückweisen, die weniger als 30 Prozent des Ausgangsbetrags beträgt, obwohl beide Spieler so schließlich leer ausgehen. Diskutieren Sie die Frage, ob damit erwiesen ist, dass der Mensch so etwas wie einen Gerechtigkeitssinn besitzt.

6 Tarifverhandlungen haben in gewisser Hinsicht eine Ähnlichkeit mit dem Ultimatum-Spiel.

a) Recherchieren Sie im Internet oder in einem Nachschlagewerk, in welchen Schritten solche Verhandlungen erfolgen. Halten Sie dabei die Handlungsmöglichkeiten der beiden Parteien fest sowie die Konsequenzen, die sich aus einer Zurückweisung der Lohnforderungen oder Arbeitgeberangebote ergeben.

Mitarbeiter im Einzelhandel streiken

b) Diskutieren Sie die Frage, ob Tarifverhandlungen genügen, um das Problem der Lohngerechtigkeit zu entscheiden.

7 Diskutieren Sie in einer Pro- und Kontra-Diskussion die Frage, ob das Gerechtigkeitsempfinden der Menschen ein geeignetes Mittel für die Güterverteilung darstellt.

8 Überlegen Sie, inwiefern man der Ansicht sein kann, dass die Forderung „Jedem das Seine" einerseits soziale Gerechtigkeit herstellen, andererseits aber auch zur Durchsetzung von Ungerechtigkeit missbraucht werden kann.

Analysen: Verlierer der Globalisierung

Die Verlagerung von Firmen in andere Länder ist ein Problem, dass im Zusammenhang mit der Globalisierung viel diskutiert wird.

Während die Unternehmen darin eine Möglichkeit sehen, ihre Wettbewerbsfähigkeit zu steigern, ergeben sich aus der Abwanderung von Firmen ins Ausland für die Erwerbstätigen in Deutschland Probleme. Ein Teil der ins Ausland verlagerten Arbeitsplätze, insbesondere die mit geringeren Qualifikationsanforderungen, werden in unserem Land nicht mehr durch Neuschaffung von Arbeitsplätzen ersetzt. Wenn Arbeitsplätze neu errichtet werden, dann nur in Tätigkeitsbereichen, die eine höhere berufliche Qualifikation erfordern. So schwinden die Chancen der Menschen am Arbeitsmarkt, die bisher einer einfachen Arbeit nachgegangen sind.

1 Analysieren Sie die Daten zur Arbeitsplatzverlagerung und -schaffung nach folgender Tabelle und halten Sie fest, in welchen Bereichen sich Verlagerung und Schaffung von Arbeitsplätzen in etwa die Waage halten und in welchen das größte Missverhältnis besteht.

	Arbeitsplätze mit höherer Qualifikation		
	verlagert	geschaffen	geschaffene je verlagerte, in Prozent
	Anzahl		
nichtfinanzielle gewerbliche Wirtschaft	63.283	59.310	94
Industrie	42.075	36.999	88
darunter			
Hochtechnologiebereich	30.545	28.673	94
Dienstleistungen	20.770	21.208	102
darunter			
wissensintensive	7.327	8.831	121

	Arbeitsplätze mit höherer Qualifikation		
	verlagert	geschaffen	geschaffene je verlagerte, in Prozent
	Anzahl		
nichtfinanzielle gewerbliche Wirtschaft	125.351	46.183	37
Industrie	94.673	32.042	34
darunter			
Hochtechnologiebereich	60.954	17.864	29
Dienstleistungen	30.589	14.094	46
darunter			
wissensintensive	16.347	9.135	56

Quelle: Statistisches Bundesamt: Verflechtung deutscher Unternehmen mit dem Ausland 2009

2 Ermitteln Sie die Anzahl eher niedrig qualifizierter Arbeitsplätze, die nicht wieder durch Neuschaffung ersetzt wurden. Diskutieren Sie anschließend die Frage, welche Konsequenzen sich aus dem Abbau solcher Stellen
a) für die Gesellschaft insgesamt
b) und für Ihre Generation im Speziellen ergeben.

3 Entwickeln Sie in Kleingruppen eine Wandzeitung, die über „Verlierer" der Globalisierung im Bereich des Arbeitslebens und deren Probleme informiert. Sie können dazu die nachfolgenden Anregungen als Leitfaden nutzen.

Anregungen zur Gestaltung einer Wandzeitung:

- Legen Sie die einzelnen Rubriken Ihrer Wandzeitung fest.
- Bilden Sie zu den jeweiligen Rubriken Redaktionsteams und recherchieren Sie Informationen und Bildmaterial im Internet, in Fachzeitschriften oder Tageszeitungen.
- Prüfen Sie die Professionalität der Gestaltung Ihrer Rubrik anhand folgender Fragen: Werden Haupt- und Teilüberschriften verwendet? Können Schaubilder und Grafiken die wichtigsten Informationen zusammenfassen? Wird ansprechendes Bildmaterial verwendet? Werden Farben für Absetzungen und Hervorhebungen genutzt?

  Beispiel:

Rubrik 1: Allgemeine Information	Rubrik 2: Spezielle Einzelthemen	Rubrik 3: Fallbeispiele aus dem Alltag	Rubrik 4: Hinweise und Infor mationen
z. B. Ab- und Aufbau von Arbeitsplätzen – besonderes Problem	Soziale Gerechtigkeit und neue Formen von Arbeit z. B. Kurzarbeit, Leiharbeit, Zeitarbeit	z. B. Leben in finanzieller und sozialer Beschränkung: Tagesablauf eines Langzeitarbeitslosen	z. B. Sammlun von Links zu theme relevante Internets ten Verweise auf Filme und Bücher zum Thema

Fallanalyse: Provisionsverteilung

In einem Energiekonzern arbeiten fünf Mitarbeiter einer Abteilung. Jeder Mitarbeiter übernimmt für ein anderes Abnehmerland den Handel mit Erdgas. Die Umsätze der Mitarbeiter unterscheiden sich zum Teil erheblich. Aufgrund des dennoch sehr guten Gesamtumsatzes erhält die Abteilung am Jahresende eine zusätzliche Provision von 7000 Euro. Die Mitarbeiter sind sich einig, dass diese Summe gerecht verteilt werden soll. Sie entwickeln folgende Vorschläge:

A) Die zwei finanziell stärker belasteten Familienväter der Abteilung erhalten zwei Drittel der Provision. Der Rest geht zu gleichen Teilen an die übrigen Mitarbeiter.

B) Die Verteilung der Provision erfolgt abhängig von dem Umsatz, den die einzelnen Mitarbeiter über ihre Arbeit erzielen konnten.

C) Da die Abteilung unter anderem wegen eines Zusammenbruchs der Stromnetze in einer Erdbebenregion ihre hohen Umsätze beim Gasverkauf erreichen konnte, sollen die Kollegen der Stromabteilung die Hälfte der Provision erhalten. Der Rest wird für die Einrichtung einer längst als notwendig erachteten Teeküche genutzt.

Bilden Sie Gruppen und diskutieren Sie jeweils einen der drei Vorschläge mithilfe der nachfolgenden Anregungen:

1 Diskutieren Sie darüber, welche Vorstellung von Gerechtigkeit Ihrem Vorschlag zur Verteilung der Provisionssumme zugrunde liegen könnte. Hilfen dazu finden Sie im Informationsforum.

2 Stellen Sie sich vor, der Energiekonzern würde den Beschluss fassen, jede zukünftige Jahresprovision nach den Gesichtspunkten zu verteilen, die der von Ihrer Gruppe diskutierte Vorschlag vorsieht. Diskutieren Sie anschließend die Frage, welche Auswirkungen diese Regelung langfristig auf die Arbeit der Abteilungsmitglieder oder auf das Arbeitsklima in der Firma haben könnte.

3 Es gibt eine Reihe von Arbeitnehmern, die es für ungerecht erachten, dass z. B. Manager Provisionen erhalten, Arzthelferinnen oder Bürokaufmänner aber nicht. Diskutieren Sie diese Auffassung unter dem Gesichtspunkt der sozialen Gerechtigkeit. Gehen Sie dabei auch auf die Leistungsgerechtigkeit ein.

Projekt: Chancengerechtigkeit im Bildungsbereich

Seit vielen Jahren bestätigen statistische Erhebungen eine immer wieder festgestellte Tendenz. Während sehr viele Kinder aus Akademikerfamilien die gymnasiale Oberstufe besuchen und anschließend ein Studium antreten, ist dies bei Kindern ärmerer, bildungsferner Bevölkerungsschichten sehr viel seltener der Fall.
Setzen Sie sich in projektorientiertem Unterricht mit Bildungs- und Berufschancen von Kindern aus ärmeren, bildungsfernen Familien auseinander.

1 Teilen Sie die Klasse in zwei Hälften auf. Eine Hälfte untersucht den Lebensalltag sozial benachteiligter Kinder, die andere Hälfte konzentriert sich auf Maßnahmen der Förderung von Chancengleichheit im Bildungswesen.

2 Bilden Sie zu den beiden Schwerpunktthemen Kleingruppen, die sich mit speziellen Problemfeldern befassen und halten Sie Ihre Planung auf einem Plakat fest.

Beispiel:

Lebensverhältnisse sozial benachteiligter Kinder und Jugendlicher	Maßnahmen zur Förderung von Chancengerechtigkeit im Bildungswesen
Kinder aus Familien, die von Sozialhilfe leben (Gruppe 1)	Sprachförderung, z. B. für nicht deutschsprachige Kinder ab dem Kindergartenalter (Gruppe 4)
Kinder allein erziehender Eltern (Gruppe 2)	schulische Konzepte zur Verbesserung der Chancengerechtigkeit: Ganztagsschulen, Förderkurse, Gesamtschulkonzept usw. (Gruppe 5)
Kinder aus Flüchtlingsfamilien (Gruppe 3) usw.	zusätzliche materielle Unterstützung ärmerer Kinder und Jugendlicher (Gruppe 6)

3 Recherchieren Sie Informationen und Bildmaterial zu Ihrem Thema im Internet, in Zeitungen und Zeitschriften.

4 Nutzen Sie die Ergebnisse Ihrer Projektarbeit für die Gestaltung einer Ausstellung zum Thema „Chancengerechtigkeit im Bildungsbereich".

2.5 Entfremdete Arbeit

Bild aus einem Film der Filmserie „Schöne Arbeit gibt es überall, wo wir nicht sind“

Chinas Geschäft mit der Lebenszeit

In China werden Hunderttausende Jugendliche für Online-Spiele rekrutiert: Sie daddeln bis zu einem gewünschten Niveau. Dann übergeben sie an Gamer, die keine Zeit haben – aber Geld.

Für die Spieler weltweit vernetzter Rollenspiele im Internet ist es schon lange kein bloßes Gerücht mehr: Es gibt eine neue globale Ökonomie, die nicht mit Waschmaschinen und T-Shirts, sondern mit Zaubertränken oder magischen Schwertern handelt. (...) Der neue Markt hat bereits ein Bruttoinlandsprodukt vom Umfang einer kleinen Nation und wird von Ökonomen als Experimentierfeld zur Erprobung neuer Globalisierungstheorien geschätzt. Dabei bringt er die vertrauten Begriffe von Arbeit, Ausbeutung, Entfremdung und Produktivität gründlich durcheinander.

Die kleinsten Bausteine der neuen Industrie werden im Westen „Goldfarmen" genannt. Sie entstehen in China seit 2002. Ihre Angestellten sind junge Leute, manchmal noch Kinder, die auf der Straße oder über einschlägige Websites angeworben werden. Sie sitzen den ganzen Arbeitstag am Computer und spielen Computerspiele, sogenannte „Massively Multiplayer Online Role-Playing Games" (abgekürzt MMORPG), bei denen alle Mitspieler in der ganzen Welt potentiell miteinander verbunden sind. In jedem dieser Spiele kann man sich für einen „Charakter" mit bestimmten Eigenschaften entscheiden, der in immer raffinierteren Szenentableaus Piraten bekämpfen, Schleimmonster erlegen, magische Objekte aus verschlossenen Gärten entwenden muss, für die er dann mit Prämien und Trophäen belohnt wird, die ihn zu weiteren Abenteuern berechtigen.

Das kostet Stunden, manchmal Tage. Das Geschäft besteht nun darin, diese Trophäen an Spieler im Westen, die durch sie ohne Zeitverlust auf ein höheres Spielniveau kommen wollen, gegen reales Geld zu verkaufen. Mittlerinstanzen sind Internet-Auktionshäuser wie Ebay oder einschlägige Broker wie das in New York, Miami und Hongkong ansässige Unternehmen IGE. Sie vergleichen und regulieren damit die Preise. Insbesondere seit Einführung des international marktbeherrschenden Spiels „World of Warcraft" in China im Jahr 2004 explodiert der Wirtschaftszweig. Heute soll es in der Volksrepublik bereits mehr als zweitausend Goldfarmen mit mehr als zweihunderttausend Angestellten geben.

Der Vorgang bringt ein Element in die Wirtschaft, von der selbst die „New Economy" nichts ahnen konnte. Marx hatte noch naiv von der „Unproduktivität" eines Klavierspielers gesprochen, der im Unterschied zum Klavierbauer kein Kapital produzieren könne. Diese Unterscheidung wurde schon durch das Aufkommen der Kulturindustrien hinfällig, in denen jegliche kreative Leistung zu Kapital gemacht werden kann. Das Goldfarmwesen geht einen Schritt weiter: Da produziert sogar der Konsum Kapital. Nicht eine kulturindustrielle Schöpfung – ein Musikstück, ein Film, ein Computerspiel – wird zu Geld gemacht, sondern deren bloßer Genuss. Die Dienstleistung, welche die chinesischen Goldfarmer den westlichen Spielern anbieten, besteht darin, dass sie für sie spielen. (...)

Die unwirkliche Welt geht über in etwas Wirkliches, mit dem man sein Leben verdienen kann: ein Leben, das seinerseits nur aus Computerspielen besteht und insofern ganz schön unwirklich ist. Der Soziologe Ge Jin von der University of California, der einen Dokumentarfilm über die chinesischen Goldfarmer dreht, sagt, am meisten habe ihn die Leidenschaft verwirrt, mit der viele der Jugendlichen von ihrer eigenartigen Tätigkeit gesprochen hätten.

Wenn sie sich über etwas beschwerten, dann über Probleme, die sie in ihrem Spielleben hätten. Zu seinem Erstaunen habe er oft eine Gang-Atmosphäre mit Sinn für Kameraderie und Hierarchie vorgefunden, ein verwirrendes Nebeneinander von Ausbeutung und Spiel, Allmacht und Ohnmacht. Wer den ganzen Tag lang Computerspiele spielt, wird durch das Arbeitsverhältnis wirtschaftlich von etwas entfremdet, was ihn existentiell bereits entfremdet hat. Aber ist er deswegen nun bei sich? (...)

Die chinesische Regierung kündigte vor einem Jahr an, ein elektronisches Zeitlimit von drei Stunden täglich zu installieren, um der Suchtgefahr zu begegnen; dieses Vorhaben ist nicht über die Testphase hinausgekommen. Entscheidend für den Aufstieg des Goldfarmwesens ist jedoch das Lohngefälle: Bei den geringen Gewinnmargen der Branche müssen Löhne und Lebenshaltungskosten niedrig sein, damit ein Unternehmer sein Auskommen und ein Angestellter seinen Unterhalt verdienen kann.

Die Arbeitsbedingungen der chinesischen Goldfarmer sind, ganz im Gegensatz zur Abstraktheit ihrer Transaktionen, von einer mitunter frühkapitalistischen Handfestigkeit. In vielen Firmen gibt es genau doppelt so viele Computer wie Angestellte; dort müssen die Arbeiter also im Schichtbetrieb zwölf Stunden am Stück spielen. Den Rest der Zeit verbringen sie mit Schlafen und Essen und verlassen dabei den Firmensitz nicht. (...)

Ein Beitrag des chinesischen Staatsfernsehens, den die „Tagesthemen" kürzlich vorstellten, berichtete, dass der Inhaber einer Goldfarm sogar die Ausweise einkassierte und zugab, dass die Gesundheit bei dieser Art Arbeit auch nicht besser werde.

Die Betriebe unterscheiden sich nach Größe, Umsatz und Personalpolitik erheblich. Bei einschlägigen Forschungsprojekten wie „Daedalus" gibt es Berichte sowohl von Garagenbetrieben, in denen die Angestellten zusammengepfercht sitzen und von ihren tyrannischen Chefs zu immer höheren Quoten getrieben werden, als auch von mehrstöckigen Bürogebäuden, in denen sich das Personal fair behandelt fühlt und im Krankheitsfall frei nehmen kann (was in den meisten chinesischen Unternehmen nicht üblich ist). In manchen Firmen verdienen die Angestellten umgerechnet nur etwa siebzig Euro im Monat, in anderen 230 Euro. Es gibt auch Goldfarmen, in denen sich Spielprofis ohne Chef zusammengeschlossen haben, um auf eigene Faust Profit zu machen. (...)

Viele Online-Spieler sagen den Goldfarmern nach, dass sie das Spiel aus der Balance bringen, dass sie die Ressourcen der zu gewinnenden Trophäen verknappten und die Preise inflationierten. Doch dahinter steckt ein prinzipielleres Unbehagen, eine Angst um die Reinheit des Spiels. Es ist ein Unbehagen am Kapitalismus: daran, dass er in ein weiteres Reservat eindringt, zu dem der Mensch vor ihm und seinen Abstraktionen Zuflucht genommen hat.

Es ist schon bemerkenswert: Amerikaner werfen Chinesen ihre Marktwirtschaft vor, mit der diese eine organisch gewachsene Wirklichkeit – in diesem Fall eine virtuelle – manipulierten. Der blinde Fleck dabei ist natürlich, dass das ganze System nur aufgrund der Nachfrage aus Amerika und anderen Ländern funktioniert, die es sich leisten können.

Bei den Trollen, Gnomen und Elfen in den Phantasiewelten der Computerspiele kennt man dagegen nicht Angebot und Nachfrage und nicht die Ambivalenzen, die aus ihnen entstehen. Da sind Gut und Böse klar voneinander geschieden, es gibt eindeutige Kämpfe und vor allem ein festumrissenes Ich, einen „Charakter", der bei jedem bestandenen Abenteuer stärker wird. Und nun dringt in diese kompensatorische Welt wieder das Kapital ein und kauft den „Charakter" einfach, der doch eigentlich nur durch Lebenszeit zu erringen ist. (...)

(Text aus: SPIEGEL ONLINE)

Diskussionsforum

Bild aus der Filmserie: Schöne Arbeit gibt es überall, wo wir nicht sind

1 Überlegen Sie: Welchen Platz würden Sie einnehmen, wenn Sie einen Tag im Leben einer der dargestellten Personen zubringen könnten? Erläutern Sie Ihre Wahl.

2 Das Bild stammt aus der Filmreihe „Schöne Arbeit gibt es überall, wo wir nicht sind". Diskutieren Sie, wie der Titel dieser Filmreihe zu verstehen ist und überlegen Sie, was „schöne Arbeit" für Sie persönlich sein könnte.

3 Diskutieren Sie, mit welchen der nachfolgenden Begriffe sich das Bild in Zusammenhang bringen lässt. Erklären Sie Ihre Wahl im Rückbezug auf das Bild.
Einsamkeit, Zukunftsvision, Entfremdung, Zweckmäßigkeit, Ordnung, Kapitalismus

Chinas Geschäft mit der Lebenszeit

1 Gliedern Sie den Text in einzelne Sinnabschnitte und fassen Sie diese in entsprechenden Überschriften zusammen.

2 Analysieren Sie den Text und halten Sie die Aufgaben und Arbeitsbedingungen der Berufsspieler in „Goldfarmen" fest. Diskutieren Sie anschließend, weshalb junge Menschen eine solche Arbeit anstreben.

3 „Wer den ganzen Tag lang Computerspiele spielt, wird durch das Arbeitsverhältnis wirtschaftlich von etwas entfremdet, was ihn existentiell bereits entfremdet hat." Erläutern Sie, wie Sie diese Aussage über die Angestellten in den sog. „Goldfarmen" verstehen.

4 Diskutieren Sie die Forderung, dass es Gesetze geben sollte, die es Menschen unter 21 Jahren verbieten, in einer „Goldfarm" zu arbeiten.

5 Überlegen Sie: Kann man sagen, dass in Goldfarmen mit Genuss Kapital erwirtschaftet wird? Begründen Sie Ihr Urteil.

Schon gewusst? Der Mensch kann nur durch Arbeit zu sich selbst gelangen

Karl Max ging davon aus, dass der Mensch in der freien und schöpferischen Auseinandersetzung mit der Natur (Materie) sein Bewusstsein über sich selbst und die Dinge erweitert und über Arbeit erst zu seinem wahren Menschsein gelangt.

„Die Arbeit ist zunächst ein Prozess zwischen Mensch und Natur. (...) Die seiner Leiblichkeit angehörigen Naturkräfte, Arme und Beine, Kopf und Hand, setzt er in Bewegung, um sich den Naturstoff in einer für sein eignes Leben brauchbaren Form anzueignen. Indem er durch diese Bewegung auf die Natur außer ihm wirkt und sie verändert, verändert er zugleich seine eigne Natur. Er entwickelt die in ihr schlummernden Potenzen und unterwirft das Spiel ihrer Kräfte seiner eignen Botmäßigkeit. Wir haben es hier nicht mit den ersten tierartig instinktmäßigen Formen der Arbeit zu tun. (...) Wir unterstellen die Arbeit in einer Form, worin sie dem Menschen ausschließlich angehört. Eine Spinne verrichtet Operationen, die denen des Webers ähneln, und eine Biene beschämt durch den Bau ihrer Wachszellen manchen menschlichen Baumeister. Was aber von vornherein den schlechtesten Baumeister vor der besten Biene auszeichnet, ist, dass er die Zelle in seinem Kopf gebaut hat, bevor er sie in Wachs baut. Am Ende des Arbeitsprozesses kommt ein Resultat heraus, das beim Beginn desselben schon in der Vorstellung des Arbeiters, also schon ideell vorhanden war."

(Aus: Das Kapital, Bd. 1 Kritik der politischen Ökonomie, III, 5.1 Arbeitsprozess)

1 Erläutern Sie im Rückbezug auf den Text den Unterschied zwischen menschlicher Arbeit und dem Tätigsein der Tiere.

2 Diskutieren Sie die Frage, ob Fließbandarbeit sich als Arbeit im Sinne Marx' verstehen lässt.

Arbeit und Entfremdung

Die **Entfremdungstheorie** der Arbeit ist ein Konzept, das von Karl Marx (1818–1883) formuliert wurde. Er arbeitete es in seinen ökonomisch-philosophischen Manuskripten 1844 vor dem Hintergrund der **Lohnarbeit** aus, wie sie über die **Industrialisierung** zunächst in Form der sog. Fabrikarbeit aufkam. Insbesondere drei Merkmale kennzeichneten die von Marx kritisierte Lohnarbeit: die Rationalisierung der Arbeit, ihre Marktabhängigkeit und die Gliederung der Wirtschaft in Kapital und Arbeit.

Die **Rationalisierung** der Arbeit und deren Gliederung in **einzelne Teilschritte** (sog. Arbeitsteilung) führt dazu, dass der Fabrikarbeiter nicht mehr, wie noch der Bauer oder Handwerker, ein Produkt in allen Arbeitsschritten selbst herstellt, sondern nur einen Teilschritt des Herstellungsvorgangs übernimmt. Entsprechend erfolgte die **Entlohnung** des Arbeiters nicht für ein bestimmtes Produkt, sondern für die zur Verfügung gestellte **Arbeitskraft**. Zugleich wurde der Arbeiter zu einer ersetzbaren „Ware" (sog. Warenförmigkeit der Arbeit), über deren Preis das **marktwirtschaftliche Prinzip** der Nachfrage und des Angebots entschied. Dies konnte von den Arbeitgebern ausgenutzt werden. Bei einem großen Angebot an Arbeitskräften war es leicht, Arbeiter für einen spärlichen Lohn zu beschäftigen und sie bei schlechten Arbeitsbedingungen **auszubeuten**. Entsprechend führte das neue System der Lohnarbeit zur Verarmung der Arbeiterschaft und zu wachsendem Reichtum der Kapitaleigner. Die mit der Lohnarbeit verbundene **Gliederung der Wirtschaft** in **Kapital** und **Arbeit** schlug sich zum Teil in einer sozialen Spaltung der Gesellschaft nieder. Dabei standen die sog. reichen Kapitalisten dem lohnabhängigen und besitzlosen Proletariat gegenüber.

Entfremdungstheorie der Arbeit

Für Karl Marx spielte die Arbeit nicht nur wegen der verheerenden Arbeitsbedingungen in den Fabriken seiner Zeit eine wichtige Rolle. Sie berührt auch einen Grundgedanken seiner Philosophie. Der **Mensch** ist für ihn ein Wesen, das sich, seine Geschichte und seine konkreten gesellschaftlich-politischen und wirtschaftlichen Lebensbedingungen **durch Arbeit hervorbringt** und gestaltet. Am realen Prozess der Arbeit unterscheidet er verschiedene Formen der Entfremdung: die Entfremdung vom Produkt der Arbeit und von der Arbeit selbst sowie von sich und den Mitmenschen.

1. Entfremdung vom Produkt der Arbeit

Arbeit beginnt für Marx mit einer **Vorstellung** darüber, was erarbeitet werden soll. Diese Vorstellung wird durch Bearbeitung von entsprechenden Materialien (Natur) realisiert und erhält so eine **objektive Gestalt**. Was sich der Arbeiter zunächst nur vorgestellt hat, existiert am Ende als hergestelltes Ding und hat eine **eigene** äußere Existenz und **Wirklichkeit**. So können sich die erarbeiteten Dinge auch **gegen den Menschen richten**. Für Marx ist dies bei den Gütern der Fall, die der Lohnarbeiter herstellt. Sie gehören ihm nicht selbst und vermehren durch die Veräußerung an den Kapitalgeber nur dessen Reichtum, vergrößern so die Kluft zwischen Arm und Reich und führen dazu, dass die Abhängigkeit der Lohnarbeiter von den Kapitalgebern wächst.

2. Entfremdung von der Arbeit

Weil Menschsein für Marx vor allem bedeutet, frei über sich bestimmen und sich in eigener Arbeit verwirklichen zu können, kritisierte er die **Arbeitsteiligkeit** der Fabrik- oder Lohnarbeit. So führt der Lohnarbeiter nur noch **vorgegebene Handgriffe** in wiederkehrender **Monotonie** aus und kann sich nicht mehr in seiner Arbeit verwirklichen oder wiederfinden. Die Arbeit wird zu einem unliebsamen Broterwerb ohne **persönliche Erfüllung**. Lohnarbeit führt deshalb für Marx nicht nur zur Entfremdung des Arbeiters von seinem Produkt, sondern auch zu einer Entfremdung von der Arbeit selbst.

3. Selbstentfremdung und Entfremdung vom Mitmenschen

Da sich der Mensch für Marx durch seine Arbeit selbst verwirklicht, führt die Entfremdung von der Arbeit notwendigerweise zur einer **Entfremdung** des Menschen **von sich selbst**. Das Verhältnis des Menschen zu sich selbst wird dadurch ein rein **äußerliches**. Er lebt nicht mehr, um sich zu verwirklichen, sondern nur noch, um überhaupt zu leben. Das gestörte Verhältnis zu sich selbst zieht zugleich auch eine Entfremdung vom Mitmenschen nach sich. Es macht sich zum Beispiel in einem **Verlust** an **Menschlichkeit** oder in der Loslösung aus sozialen Beziehungen bemerkbar. Marx wusste, dass es Situationen materieller und finanzieller Not geben kann, die dazu zwingen, eine selbstentfremdende Arbeit zu ertragen. Es sollen jedoch solche Arbeitsverhältnisse **nicht** einfach als **unveränderbares Los** oder als **göttlicher Wille** aufgefasst werden, sondern das Bewusstsein herrschen, dass es in der Macht der Menschen liegt, sie zu beseitigen. Dabei sah er eine Lösung des Problems entfremdeter Arbeit nur in einer **Änderung** der **Produktions- und Arbeitsverhältnisse**. Seine Gedanken wurden später von Lenin und anderen Theoretikern aufgegriffen, die daraus die politische Konzeption des **Kommunismus** entwickelten.

Ein Blick in die moderne Arbeitswelt

In unserer Zeit sieht man vielleicht noch stärker als Marx, wie sehr **Arbeitsprozesse** die **Persönlichkeit** des Menschen beeinflussen. Zwar gibt es in den reichen Industrienationen keine Massenverelendung des Proletariats wie zur Zeit der Industrialisierung. Es gibt aber in vielen Ländern der Welt Formen der Ausbeutung von Lohnarbeitern, die durchaus damit vergleichbar sind. Vor allem ist es auch bei uns nach wie vor ein Problem, dass die Arbeit den Menschen von seiner **Umwelt** und seiner eigenen **Identität** oder Persönlichkeit **entfremden** kann.

Heute existiert allerdings ein feineres, auch psychologisches Instrumentarium, um solche Erscheinungen zu analysieren. Verschiedene Schlagworte sind dabei auch einer breiten Öffentlichkeit bekannt:

Burn-Out: Darunter versteht man eine Reihe von Symptomen, die der Erkrankte aufgrund von Arbeitsüberlastung oder einem Sinnverlust und einer Entfremdung von sich selbst aufweist, die er in seiner Arbeit erfährt. Äußerlich sichtbar wird dies zum Beispiel an Gefühlen der Lustlosigkeit, Erschöpfung, Suizidgefahr oder an Depressionen.

Mobbing: Auch das mit Mobbing verbundene Schikanieren anderer Mitarbeiter kann eine Folge entfremdeter Arbeit sein.

Das Wichtigste auf einen Blick

Karl Marx *stellte das Problem der* ***Entfremdung*** *durch Arbeit dar und zeigte verschiedene Formen einer solchen Entfremdung auf. Damit fokussierte er* ***Probleme des Arbeitslebens****, die zum Teil bis heute an Aktualität kaum eingebüßt haben. So zum Beispiel das Problem des Verlustes der eigenen* ***Identität*** *durch Arbeit oder einer durch Arbeit bedingten Entfremdung von den* ***Mitmenschen****. Auch stellt die entfremdete Arbeit im Sinne einer* ***inhumanen Ausbeutung*** *von Lohnarbeitern in vielen Teilen der Erde leider immer noch ein erhebliches soziales und menschliches Problem dar.*

Philosophische Untersuchungen: Entfremdete Arbeit (Karl Marx)

Für Karl Marx ist der Mensch ein Wesen, das sich durch seine Arbeit selbst erfasst und ausbildet. So wundert es wenig, dass der Philosoph bereits 1844 in seinem ökonomisch-philosophischen Manuskript kritisch auf die Lohnarbeit eingeht, wie sie über die industrielle Revolution entstanden war.

„(…) Der Arbeiter wird um so ärmer, je mehr Reichtum er produziert, je mehr seine Produktion an Macht und Umfang zunimmt. Der Arbeiter wird eine um so wohlfeilere Ware, je mehr Waren er schafft. Mit der Verwertung der Sachenwelt nimmt die Entwertung der Menschenwelt in direktem Verhältnis zu. (…) Die Arbeit produziert Wunderwerke für die Reichen, aber sie produziert Entblößung für den Arbeiter. Sie produziert Paläste, aber Höhlen für den Arbeiter. Sie produziert Schönheit, aber Verkrüppelung für den Arbeiter. (…)
Wir haben bisher die Entfremdung, die Entäußerung des Arbeiters nur nach der einen Seite hin betrachtet, nämlich sein Verhältnis zu den Produkten seiner Arbeit. Aber die Entfremdung zeigt sich nicht nur im Resultat, sondern im Akt der Produktion, innerhalb der produzierenden Tätigkeit selbst. (…)
Worin besteht nun die Entäußerung der Arbeit? Erstens, dass die Arbeit dem Arbeiter äußerlich ist, d. h. nicht zu seinem Wesen gehört, dass er sich daher in seiner Arbeit nicht bejaht, sondern verneint, nicht wohl, sondern unglücklich fühlt, keine freie physische und geistige Energie entwickelt, sondern seine Physis abkasteit und seinen Geist ruiniert. Der Arbeiter fühlt sich daher erst außer der Arbeit bei sich und in der Arbeit außer sich. Zu Hause ist er, wenn er nicht arbeitet, und wenn er arbeitet, ist er nicht zu Haus. Seine Arbeit ist daher nicht freiwillig, sondern gezwungen, Zwangsarbeit. Sie ist daher nicht die Befriedigung eines Bedürfnisses, sondern sie ist nur ein Mittel, um Bedürfnisse außer ihr zu befriedigen. Ihre

Fremdheit tritt darin rein hervor, dass, sobald kein physischer oder sonstiger Zwang existiert, die Arbeit als eine Pest geflohen wird. Die äußerliche Arbeit, die Arbeit, in welcher der Mensch sich entäußert, ist eine Arbeit der Selbstaufopferung, der Kasteiung. Endlich erscheint die Äußerlichkeit der Arbeit für den Arbeiter darin, dass sie nicht sein eigen, sondern eines andern ist, dass sie ihm nicht gehört, dass er in ihr nicht sich selbst, sondern einem andern angehört. (…)
Es kömmt daher zu dem Resultat, dass der Mensch (der Arbeiter) nur mehr in seinen tierischen Funktionen, Essen, Trinken und Zeugen, höchstens noch Wohnung, Schmuck etc., sich als freitätig fühlt und in seinen menschlichen Funktionen nur mehr als Tier. Das Tierische wird das Menschliche und das Menschliche das Tierische. (…)
Das Tier ist unmittelbar eins mit seiner Lebenstätigkeit. Es unterscheidet sich nicht von ihr. Es ist sie. Der Mensch macht seine Lebenstätigkeit selbst zum Gegenstand seines Wollens und seines Bewusstseins. (…)
Die entfremdete Arbeit kehrt das Verhältnis dahin um, dass der Mensch eben, weil er ein bewusstes Wesen ist, seine Lebenstätigkeit, sein Wesen nur zu einem Mittel für seine Existenz macht. Wenn das Produkt der Arbeit nicht dem Arbeiter gehört, eine fremde Macht ihm gegenüber ist, so ist dies

nur dadurch möglich, dass es einem andern Menschen außer dem Arbeiter gehört. Wenn seine Tätigkeit ihm Qual ist, so muss sie einem andern Genuss und die Lebensfreude eines andern sein. Nicht die Götter, nicht die Natur, nur der Mensch selbst kann diese fremde Macht über d[en] Menschen sein. (…) Das Verhältnis des Arbeiters zur Arbeit erzeugt das Verhältnis des Kapitalisten zu derselben, oder wie man sonst den Arbeitsherrn nennen will. Das Privateigentum ist also das Produkt, das Resultat, die notwendige Konsequenz der entäußerten Arbeit (…)."

(Marx, Karl, Philosophische und ökonomische Schriften, hrsg. von Rohbeck, Johannes/Breitenstein, Peggy H., Reclam Verlag 2008)

1 Wenden Sie die SQ3R-Technik von F. P. Robinson (1946) auf den Text an (siehe dazu S. 73). Arbeiten Sie dabei insbesondere auch die Hauptthesen heraus, die Karl Marx in diesem Textauszug vertritt.

2 Deuten Sie die Karikatur von Freimut Wössner (S. 98: Kassiererin) vor dem Hintergrund der Textpassage von Marx.

3 Stellen Sie die Formen der Entfremdung heraus, die in der Textpassage angesprochen werden. Hilfen dazu bietet das Informationsforum.

4 „Das Tierische wird das Menschliche und das Menschliche das Tierische." Erläutern Sie unter Bezugnahme auf den Text, inwiefern Arbeit für Marx zu einer solchen Entwicklung führen kann.

5 Halten Sie fest, welche Merkmale für Marx Indikatoren dafür sind, dass sich Menschen mit ihrer Arbeit nicht mehr identifizieren und sie als Tätigkeit erfahren, die ihnen selbst äußerlich bleibt.

6 Marx kommt bei seinen Überlegungen zu dem Schluss: „Das Privateigentum ist also das Produkt, das Resultat, die notwendige Konsequenz der entäußerten Arbeit." Erläutern Sie, wie diese Schlussfolgerung Ihrer Ansicht nach zu verstehen ist, und nehmen Sie zu der Auffassung Stellung, dass Privateigentum als notwendige Konsequenz entfremdeter Arbeit zu verstehen ist.

7 Karl Marx ging davon aus, dass sich entfremdete Arbeit nur über eine grundlegende Änderung der Produktions- und Arbeitsverhältnisse beseitigen lässt. Der Kommunismus versuchte dies über die Einführung der sog. Planwirtschaft.
a) Recherchieren Sie im Internet, wie kommunistische Länder ihre Wirtschaft im Sinne einer Planwirtschaft organisieren.
b) Entwickeln Sie eine Wandzeitung, in der Sie die Idee der freien Marktwirtschaft dem Gedanken einer Planwirtschaft gegenüberstellen. Arbeiten Sie dabei insbesondere die Vor- und Nachteile der jeweiligen Wirtschaftsform heraus.

8 Skizzieren Sie die Organisation einer fiktiven Gesellschaft, bei der alle Mitglieder den größten Teil ihrer Zeit mit einer selbst gewählten schöpferischen Arbeit zubringen und nur einen geringen Anteil einer „Gebrauchsarbeit" widmen, die den Erhalt des gemeinsamen Lebens sichert.

Projekt: „Burn-out" – ein Problem entfremdeter Arbeit?

Volkskrankheit „Burn-out" verursacht hohen wirtschaftlichen Schaden

Auch in der modernen Arbeitswelt gibt es viele mehr oder weniger offenkundige Facetten entfremdeter Arbeit. Dies zeigt sich an der wachsenden Zahl von Arbeitnehmern, die an dem sog. „Burn-out-Syndrom" erkranken. Häufig werden allerdings die strukturellen Probleme auf der Ebene der Gesellschaft und der Produktions- und Ar-

beitsverhältnisse nicht erkannt, die dieser neuen Volkskrankheit zugrunde liegen. Man schiebt das Problem sehr häufig einfach der Medizin zu. Eine Reihe von Ärzten und psychosomatischen Kliniken in Deutschland haben allerdings erkannt, dass gegen die Volkskrankheit „Burn-out" mit der Medizin allein nicht anzugehen ist.

„Mittlerweile leiden rund 30 Prozent der Bevölkerung innerhalb nur eines Jahres an einer diagnostizierbaren psychischen Störung. Am häufigsten sind Depressionen, Angststörungen, psychosomatische Erkrankungen und Suchterkrankungen. Die Weltgesundheitsorganisation prognostiziert, dass Depressionen bis zum Jahr 2020 nach den Herz-Kreislauf-Erkrankungen die zweithäufigste Erkrankung der Welt werden (...) Der gesamtwirtschaftliche Schaden dieser erschreckenden Entwicklung ist durch Produktionsausfälle, medizinische Behandlungen, Krankengeld und Rentenzahlungen enorm. (...) Dass sich die Gesellschaft hauptsächlich an materiellen und äußeren Werten orientiert, spitzt die Lage zusätzlich zu. Dabei wird die Bedeutung des Subjektiven, der inneren Werte und der Sinnverbundenheit kaum wahrgenommen. An einem Beispiel verdeutlicht, könnte man sagen, dass ein Manager danach gemessen wird, wie viel Profit er macht. Dass aber sein Erfolg viel größer sein könnte, wenn er sich mit seiner Arbeit identifiziert und er das Gefühl hat, eine sinnvolle Arbeit zu leisten, wird übersehen. Über diese erschreckende Entwicklung haben wir, 19 leitende Ärzte psychosomatischer Kliniken, diskutiert. Wir sind zu dem Entschluss gekommen, dass das Ausmaß der Problematik in unserer Gesellschaft nicht ausreichend wahrgenommen wird. Um der erschreckenden Prognose der WHO entgegenzuwirken, brauchen wir in der Gesellschaft einen Dialog über die Bedeutung des Subjektiven, des Seelischen, des geistigspirituellen, des sozialen Miteinanders und über unseren Umgang mit Problemen und Störungen in diesem Bereich. Um diesen Dialog in der Gesellschaft anzustoßen, haben wir zunächst in unseren Fachnetzen eine Initiative gestartet. (...) Warum wir uns einmischen? Weil wir glauben, dass man etwas verändern kann, wenn man nur will. Aber wir glauben nicht, dass nur ein bestimmter Sektor der Gesellschaft, wie etwa die Schule, die Familie, die Politik, die Wirtschaft oder die Medien, dafür verantwortlich ist, sondern dass es sich um eine allgemeine und grundlegende Entwicklung der modernen Gesellschaften handelt, die nicht angemessen wahrgenommen wird."

1 Analysieren Sie den Text und stellen Sie Textpassagen heraus, die zeigen, dass „Burn-out" kein rein medizinisches Problem darstellt.

2 Erläutern Sie im Rückbezug auf den Text, weshalb zum Beispiel Krankenkassen oder Firmen von einem „Burn-out-Alarm" sprechen.

3 Stellen Sie dar, welche Form entfremdeter Arbeit in der Textpassage als Beispiel für die gesellschaftlich-strukturellen Bedingungen des „Burn-out" angedeutet wird.

4 Untersuchen Sie im projektorientierten Unterricht die Frage, inwiefern „Burn-out" als Problem entfremdeter Arbeit aufgefasst werden kann.

Anregungen zur Projektarbeit
Recherchieren Sie Fallbeispiele, die zeigen, wie Arb zum sog. „Burn-out-Syndrom" führen kann. Bilden zu jeweils einem solchen Fall Kleingruppen und geh Sie folgenden Fragen nach:

- *a) Welche Rahmenbedingungen bestimmen das beitsverhältnis (z. B. Arbeitszeit, Art der Arbeit, beitslohn)? Nutzen Sie dazu gegebenenfalls auch z sätzliche Informationen, etwa der Agentur für Arbe*
- *b) Zeigen sich an dem Fallbeispiel Formen entfremde Arbeit?*
- *c) Wie können die Arbeitsbedingungen auf strukturel Ebene verbessert werden? Gehen Sie dabei zunäc auf die Rahmenbedingungen des Arbeitsverhältnis ein. Fragen Sie z. B. nach Möglichkeiten einer Flexi lisierung der Arbeitszeit (Gleitzeit, Telearbeitsplät Sabbath-Jahr usw.), der Mitgestaltung von Arbeitsa läufen oder der Einrichtung von Supervision und A gebote der Weiterbildung. Überlegen Sie auch, w sich gesamtgesellschaftliche Formen des Umdenke anregen lassen (z. B. Wertewandel, Konsumdenke*

Das Wichtigste merken …

Arbeitsethos und Lebenswirklichkeit

„Was heißt arbeiten? Und was heißt nicht arbeiten? Zwei Fragen, die selbst die Weisesten verstummen lassen.“

(Bhagavadgîtâ, indisches Lehrgedicht im 6. Buch des Mahâbhârata)

1 Nur auf den ersten Blick erscheint es einfach, auszumachen, was noch oder nicht mehr als Arbeit gelten kann. Entwickeln Sie engere und weitere Begriffe von Arbeit und veranschaulichen Sie Ihre Unterscheidungen in einer Grafik.

2 Erklären Sie, was unter Leih-, Zeit- und Schwarzarbeit verstanden wird.

a) Nehmen Sie zur Leih- oder Zeitarbeit aus wirtschaftsethischer Perspektive Stellung.

b) Zeigen Sie die langfristigen Folgen von Schwarzarbeit unter dem Gesichtspunkt sozialer Gerechtigkeit auf.

Arbeitsethos verschiedener Epochen

1 In einem Reisewörterbuch für spanische Touristen wird der deutsche Ausdruck „Beruf“ als Synonym für „Arbeit“ ausgewiesen. Tatsächlich sind beide Ausdrücke in vielen Zusammenhängen austauschbar. Dennoch wird zwischen Beruf und Arbeit im Deutschen unterschieden.

a) Legen Sie die geistesgeschichtlichen Hintergründe der Entstehung des Berufsbegriffs dar. Klären Sie dabei auch den Unterschied zwischen Arbeit, Beruf und Berufung.

b) Fassen Sie ein Essay zum Thema „Arbeit und Lebenssinn“ ab. Gehen Sie dabei auch der Frage nach, ob es in unserer Zeit noch möglich oder sinnvoll ist, der eigenen Berufung zu folgen.

2 Im Laufe der Geschichte entwickelten sich verschiedene Sichtweisen von Arbeit. Lesen Sie die nachfolgenden Sinnsprüche vor diesem Hintergrund. Überlegen Sie anschließend, welches Arbeitsethos ihnen zugrunde liegen könnte.

„Die kräftigste Gegenwirkung gegen die Entwicklung der Begehrlichkeit und Genusssucht ist die Gewöhnung an tüchtige Tätigkeit.“

(Friedrich Paulsen (1846–1908), deutscher Pädagoge und Philosoph)

„Der Mensch hat zwei Arbeiten, eine innere und eine äußere.“

(Johann Heinrich Pestalozzi (1746–1827), schweizerischer Pädagoge und Sozialreformer)

„Erfüllung dessen, wozu man sich berufen weiß, ist wichtiger als Erfüllung heimlicher, treibender Wünsche. Sich selbst restlos auf die Arbeit verbrauchen, der man sich verpflichtet und gewachsen fühlt, das allein ist Zweck, der befriedigen, trösten und rechtfertigen kann.“

(Friedrich von Gagern (1794–1848), General des Deutschen Bundes)

3 Der bekannten Soziologe Max Weber ging davon aus, dass für die Entstehung des westlichen Kapitalismus ein spezielles Arbeitsethos bedeutsam war.

Max Weber 1894

a) Stellen Sie dieses Arbeitsethos dar.
b) Skizzieren Sie im Rückblick auf die Geschichte der Arbeit ein Arbeitsethos, das andere Vorstellungen favorisiert.

4 Die Kunst des Weisen besteht unter anderem darin, mit wenigen Worten eine kluge Antwort zu geben. Überlegen Sie, welche Antwort ein weiser Mann auf die Frage geben könnte, wie man es mit der Arbeit halten soll.

Arbeit, Ökonomie und Wirtschaftsethik

„Wer lediglich den Gesetzlichkeiten des Marktes folgt, handelt noch lange nicht moralisch gut!"

1 a) Finden Sie Beispiele, die für oder gegen diese Auffassung sprechen.
b) Gehen Sie in möglichst knapper und prägnanter Form auf die Frage ein, was Wirtschaftsethik von allgemeinen Grundsätzen ökonomischen Handelns unterscheidet.
c) Legen Sie dar, was unter dem Begriff der „unsichtbaren Hand" verstanden wird.
d) „Freie Marktwirtschaft" und „zentrale Planwirtschaft" stehen für zwei unterschiedliche Ideen der Gestaltung des wirtschaftlichen Lebens. Erläutern Sie diese beiden Wirtschaftsformen und zeigen Sie auf, worin sie sich unterscheiden.

2 Torsten ist Leiter einer Jugendgruppe und hat die Planung des jährlichen Zeltlagers übernommen. Die Vorbereitungen gingen ihm problemlos von der Hand, mit Ausnahme der Eintrittskarten, die er für den Besuch einer Zirkusvorstellung beschaffen sollte. 12 Jugendliche hatten sich hierfür angemeldet, doch es waren nur noch neun Karten für die Vorführung zu bekommen. Dieses Problem wollte Torsten über eine Versteigerung der neun Eintrittskarten lösen. Dabei sollte der erzielte Gewinn für ein neues Zelt verwendet werden. Während Torsten als frischgebackener Bankkaufmann davon ausging, eine optimale Lösung des Problems gefunden zu haben, waren die Eltern der Jugendlichen von seiner Idee nicht begeistert.
a) Halten Sie wirtschaftliche Überlegungen oder Prinzipien fest, die Torstens Idee zugrunde liegen könnten.
b) Nehmen Sie zu der Auffassung Stellung, dass Torsten einen Denkfehler begeht.
c) Entwickeln Sie einen eigenen Vorschlag zur Lösung des Problems. Legen Sie dabei dar, von welchen Prämissen Ihre Überlegungen ausgehen.

Wirtschaft und soziale Gerechtigkeit

1 Wenn in öffentlichen Diskussionen von sozialer Gerechtigkeit gesprochen wird, trifft man häufig auf folgende Begriffe:
- Verteilungsgerechtigkeit
- Leistungsgerechtigkeit
- Verfahrensgerechtigkeit
- Chancengerechtigkeit

a) Klären Sie diese Begriffe.
b) Erörtern Sie die Möglichkeiten und Grenzen der Leistungsgerechtigkeit. Veranschaulichen Sie Ihre Argumentation an konkreten Beispielen.
c) Gehen Sie auf die Behauptung ein, dass die Chancengerechtigkeit in Deutschland verbessert werden muss. Veranschaulichen Sie Ihren Standpunkt an konkreten Beispielen.
d) Erläutern Sie den Begriff des Sozialstaats und stellen Sie dar, welche Konsequenzen sich hieraus für die Frage der Verteilungsgerechtigkeit ergeben.
e) Nehmen Sie unter Einbezug der Karikatur (Seite 103) Stellung zu der Forderung, dass jedem unverschuldet in eine Notlage geratenem Bürger staatliche Hilfe zustehen sollte.

2 Betrachten Sie die nachfolgenden Schlagworte.

Umweltzerstörung		Globalisierung
Sozialhilfe	Arbeit	Generationenausgleich
Steuerbetrug		soziale Gerechtigkeit

a) Finden Sie heraus, welche Begriffe in Zusammenhang miteinander stehen. Versuchen Sie möglichst viele Begriffe in einen in sich schlüssigen Zusammenhang zu bringen.
b) Stellen Sie sich Ihre Ergebnisse gegenseitig vor.

3 Textarbeit spielt bei schriftlichen Leistungskontrollen zum Ethikunterricht eine wichtige Rolle. Mit dem nachfolgenden Text können Sie sich in diese Form der Wissensüberprüfung einüben und wichtige Inhalte des Kapitels wiederholen.

Die guten Rechner
Der Mullah Nasreddin Hodscha kam auf seinen Reisen auch in ein Dorf, das dafür bekannt war, dass seine Einwohner besonders gut im Rechnen waren. Nasreddin fand Quartier bei einem Bauern. Am nächsten Morgen stellte Nasreddin fest, dass in dem Dorf kein Brunnen war. Am Morgen wurden in jedem Haus ein oder zwei Esel mit Wasserkrügen bepackt, und dann zog man los zu einem eine Stunde entfernten Bach, füllte die Krüge und brachte sie wieder zurück, was noch einmal eine Stunde dauerte. „Wäre es nicht besser, wenn man das Wasser im Dorf hätte?", fragte der Hodscha den Bauern, bei dem er wohnte. (…)
„Das ist nicht so einfach", sagte der Bauer. „Es ist ein Hügel dazwischen, den man abtragen müsste. Wenn ich meinen Jungen und den Esel, statt sie um Wasser zu schicken, einen Graben anlegen ließe, würden sie, wenn sie täglich 2 Stunden arbeiten, 500 Jahre brauchen. Ich lebe aber vielleicht nur noch 30 Jahre, also ist es für mich billiger, ich lasse sie Wasser holen."
„Ja, aber müsstest du denn alleine für den Kanal aufkommen? Ihr seid doch mehr Familien in eurem Dorf?"
„Oh ja", sagte der Bauer, „wir sind genau 100 Familien. Wenn jede Familie täglich für zwei Stunden einen Jungen und einen Esel schicken würde, dann wäre der Kanal in fünf Jahren fertig. Und wenn sie täglich 10 Stunden arbeiten würden, dann in einem Jahr."
„Warum sprichst du dann nicht mit deinen Nachbarn und schlägst ihnen vor, gemeinsam einen Kanal zu graben?"
„Nun, wenn ich mit einem Nachbarn eine wichtige Sache zu besprechen habe, so lade ich ihn in mein Haus ein, bewirte ihn mit Tee und Halva, spreche mit ihm über das Wetter und die Aussichten für die kommende Ernte, dann über seine Familie, über die Söhne, Töchter und Enkel. (…) Das dauert einen ganzen Tag. Da wir in unserem Dorf 100 Familien sind, müsste ich mit 99 Familienoberhäuptern sprechen. Du wirst zugeben, dass ich nicht 99 Tage hintereinander mit solchen Gesprächen zubringen kann, da würde mein Hof zugrunde gehen." (…)
„Es kommt noch eine Schwierigkeit hinzu", sagte der Bauer. „Du wirst zugeben, wenn der Kanal einmal gegraben ist, wird jeder von dort Wasser holen können, egal, ob er sich an den Arbeiten beteiligt hat oder nicht.

(…) Also wird doch jeder von uns, der rechnen kann, versuchen, sich zu drücken. Einmal wird der Esel lahm sein, einmal wird der Junge an Husten leiden, einmal wird die Frau krank sein. (…) Und weil jeder von uns weiß, dass die anderen sich drücken werden, wird erst gar keiner seinen Esel und seinen Jungen zur Arbeit schicken. Also wird der Graben nicht einmal begonnen werden."

„Ich muss zugeben, dass deine Überlegungen sehr einleuchtend klingen", sagte der Hodscha. Er grübelte eine Weile, doch dann rief er plötzlich aus: „Ich kenne aber ein Dorf auf der anderen Seite des Gebirges, das genau das gleiche Problem hatte wie ihr. Die haben aber schon seit zwanzig Jahren einen Graben."

„Ja", sagte der Bauer, „die können aber auch nicht rechnen!"

Quelle: www.peaceculture.net

a) Nehmen Sie zu der These Stellung, dass die Erzählung von den „guten Rechnern" die Grenzen einer auf Eigennutz ausgerichteten freien Marktwirtschaft verdeutlichen kann.
   - Halten Sie dazu zunächst fest, was unter freier Marktwirtschaft verstanden wird.
   - Vergleichen Sie die Charakteristika dieser Wirtschaftsform mit den Einstellungen und Verhaltensweisen der „guten Rechner".
   - Nutzen Sie Ihre Ergebnisse für den Aufbau Ihrer Stellungnahme.

b) Nehmen Sie zu den Einstellungen der Dorfbewohner aus ethischer Perspektive Stellung, die es zu keinem Bau eines gemeinsamen Brunnens bringen konnten.

c) Entwickeln Sie für das Dorf der „guten Rechner" Regeln, die dafür sorgen, dass in ihrer Gemeinschaft soziale Gerechtigkeit herrscht.

d) Halten Sie Ihre Regeln schriftlich fest.

e) Ordnen Sie Ihre Normen oder Vorschriften unter dem Gesichtspunkt ihrer logischen Vor- und Nachrangigkeit.

f) Untersuchen Sie Ihr Regelwerk und finden Sie heraus, welches Prinzip der Güterverteilung darin wirksam ist (z. B. Leistungsprinzip).

g) Überlegen Sie, ob Ihre Regeln dazu beitragen, das Problem des Brunnenbaus zu lösen. Begründen Sie Ihre Einschätzung.

Arbeit und Entfremdung

In der Rubrik „Gemischte Gefühle" des Online-Magazins der Süddeutschen Zeitung stellt Christian Weber eine neue Entwicklung fest: „Das Gefühl der Entfremdung macht sich wieder vermehrt breit – egal ob es sich um Entfremdung in der Arbeit, in der Liebe oder vom Leben an sich handelt. Es ist wieder erlaubt, über die gesellschaftlichen Rahmenbedingungen für ein gelungenes Leben zu reden".

1 Erläutern Sie unter Bezugnahme auf Marx, in welcher Hinsicht Entfremdung ein Thema der Arbeitswelt sein kann.

2 Entwickeln Sie Hypothesen, die erklären, weshalb auch Arbeitsverhältnisse in der modernen Arbeitswelt die Ursache dafür sein können, dass Menschen sich von sich selbst entfremden.

3 Begründen oder widerlegen Sie die Auffassung, dass sich Marx' Überlegungen zur entfremdeten Arbeit auf Partnerschaft und Liebe übertragen lassen.

4 Wenden Sie Ihr Wissen über Marx' Theorie entfremdeter Arbeit an und skizzieren Sie Bedingungen, die Probleme wie den „Burn-out" oder Mobbing am Arbeitsplatz begünstigen können.

3 Religionsphilosophie und vergleichende Betrachtung der Weltreligionen

3.1 Religiöse Menschenbilder und ein methodischer Zugang

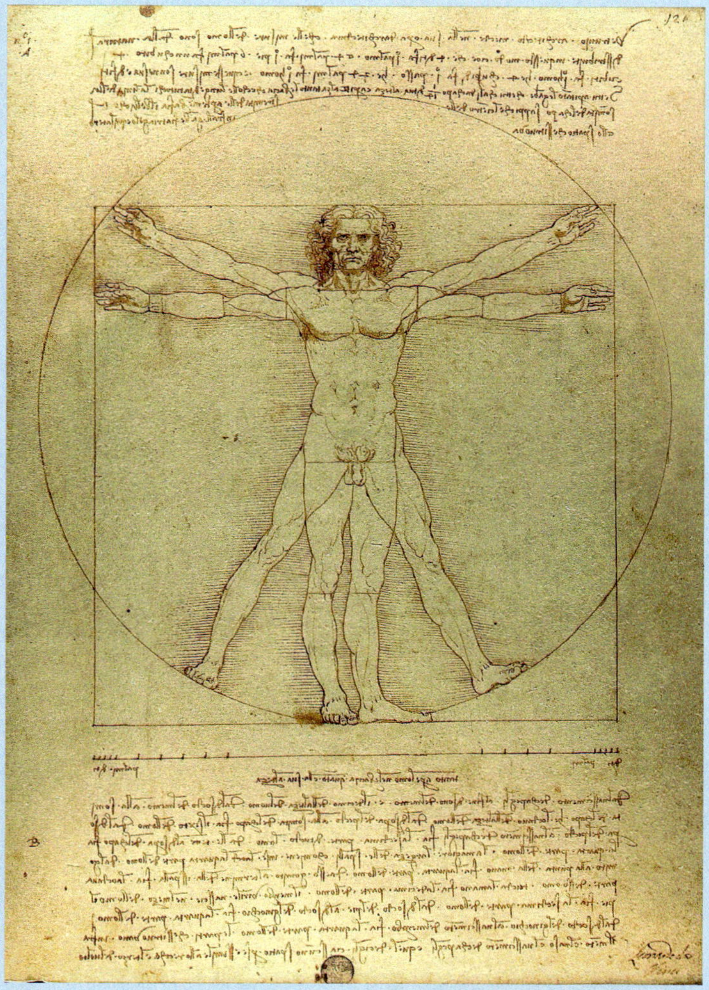

Leonardo da Vinci: Der vitruvianische Mann, 1492

Anthropologische Aussagen

„Mensch werden ist eine Kunst."

(Novalis)

„Lupus est homo homini."

(Titus Maccius Plautus, ca. 250–ca. 184 v. Chr.)

„Der Mensch kann nur Mensch werden durch Erziehung. Er ist nichts, als was die Erziehung aus ihm macht."

(Immanuel Kant)

„Die Ameise kennt die Formel ihres Ameisenhaufens. Die Biene kennt die Formel ihres Bienenstocks. Sie kennen sie zwar nicht auf Menschenart, sondern auf ihre Art. Aber mehr brauchen sie nicht. Nur der Mensch kennt seine Formel nicht."

(Fjodor Michailowitsch Dostojewski)

„Homo politicus." –
„Ein politisches Lebewesen."

(Aristoteles)

„Homo oeconomicus"

(Vilfredo Pareto)

„Der Mensch wird nicht geboren, sondern erzogen."

(Erasmus von Rotterdam)

„Christlich gesehen ist der Mensch Abbild Gottes (Genesis), Christus ist der Prototyp des „Gott entsprechenden Menschen"."

(Eberhard Jüngel)

„Der Mensch ist von Natur aus gut."

(Jean Jacques Rousseau)

„Der Mensch ist dem Mensch ein Tier."

(Thomas Hobbes)

„Der Mensch ist dem Menschen ein Gott."

(Ludwig Feuerbach)

„Der Mensch ist der erste Freigelassene der Natur."

(Johann Gottfried Herder)

„Alle Menschen sind frei und gleich an Würde und Recht geboren. Sie sind mit Vernunft und Gewissen begabt und sollen einander im Geiste der Brüderlichkeit begegnen."

(Allgemeine Erklärung der Menschenrechte)

„Mensch sein heißt Verantwortung fühlen, sich schämen beim Anblick einer Not, auch wenn man offenbar keine Mitschuld an ihr hat, stolz sein über den Erfolg der Kameraden, seinen Stein beitragen im Bewusstsein, mitzuwirken am Bau der Welt."

(Antoine de Saint Exupery)

„Erkenne dich selbst."

(Inschrift am Tempel zu Delphi)

„Der Mensch ist durch seine Vernunft bestimmt, in einer Gesellschaft mit Menschen zu sein, und in ihr sich durch Kunst und Wissenschaft zu kultivieren, zu zivilisieren und zu moralisieren; wie groß auch sein tierischer Hang sein mag, sich den Anreizen der Gemächlichkeit und des Wohllebens, die er Glückseligkeit nennt, passiv zu überlassen, sondern vielmehr tätig, im Kampf mit den Hindernissen, die ihm von der Rohigkeit seiner Natur anhängen, sich der Menschheit würdig zu machen."

(Immanuel Kant, 1798/1983, A 321)

„Der Mensch ist ein biologisches Mängelwesen."

(Arnold Gehlen)

Diskussionsforum

Leonardo da Vinci: Der vitruvianische Mann

1 Beschreiben und vermessen Sie die Zeichnung.

2 Der vitruvianische Mann ist eine sehr populäre und häufig verwendete Figur aus einer Zeichnung von 1492. Was könnte der Grund dieser Berühmtheit sein? Stellen Sie Hypothesen auf.

3 Der Name des Bildes stammt nicht von da Vinci, sondern aus der Kunstgeschichte und geht zurück auf den römischen Architekten Marcus Vitruvius Pollio, der behauptete, gute Architektur setze die Naturgesetze fort und entwickle die Entstehung natürlicher Strukturen einschließlich der des Menschen. Das Idealbild der menschlichen Schönheit besteht aus der Beziehung einzelner Teile zueinander. Wie entscheidend ist heute die Schönheit für den Menschen?

4 Versuchen Sie sich an einer Interpretation des Bildes in drei Schritten:
a) Vergegenwärtigen Sie sich die Informationen aus den vorangegangenen Aufgaben und strukturieren Sie diese in einer Übersicht.
b) Diskutieren Sie im Klassengespräch mögliche Interpretationsthesen für das Bild und halten Sie diejenige fest, die Ihnen besonders überzeugend erscheint.
c) Versuchen Sie Ihre Interpretationsthese nun an der Proportionsstudie zu prüfen, indem Sie sie mit folgendem Informationstext in Bezug setzen:

„Der Goldene Schnitt. Darunter versteht man das bestimmte Verhältnis zweier Strecken. Vom Goldenen Schnitt spricht man, wenn sich die größere Strecke zur kleineren verhält, wie die Summe aus beiden zur größeren. Seit der griechischen Antike werden derartige Streckenverhältnisse als Ideal von Ästhetik und Harmonie angesehen."

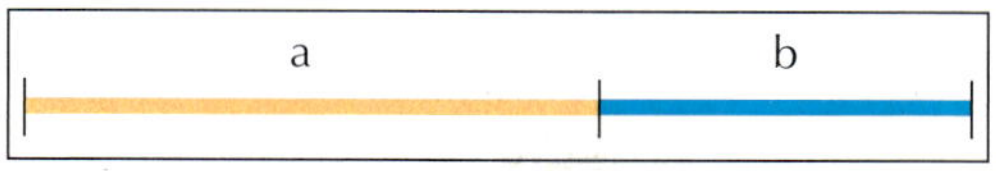

Anthropologische Aussagen

1 Versuchen Sie die verschiedenen anthropologischen Aussagen inhaltlich zu ordnen.

2 Bilden Sie zu den verschiedenen Ansichten über den Menschen Kleingruppen und bearbeiten Sie folgende Aufgaben:
a) Entwickeln Sie Beispiele, die für eine Bekräftigung der von Ihnen bearbeiteten Ansichten über den Menschen geeignet sind.
b) Erörtern Sie die formulierten Ansichten über den Menschen. Finden Sie vollständige Argumente mit Thesen, Erläuterungen und Beispielen, die diese Ansichten bekräftigen oder widerlegen.

3 Diskutieren Sie Ihre Ansichten im Klassengespräch.

Quer gedacht: Mensch an „Alien"

1977 startete die NASA Voyager-Sonden, die unter anderem auch Informationsmaterial über die Menschheit für eventuelle Außerirdische enthielten.

© NASA/courtesy of nasaimages.org

Diskutieren Sie folgendes Szenario: Als Wissenschaftler sind Sie dafür verantwortlich, eine Beschreibung der Menschheit für die NASA-Mission zu entwerfen. Platzmangel zwingt Sie zu einer Beschränkung Ihrer Aussage auf fünf Sätze.

Informationsforum

Menschenbilder

„Was ist der Mensch?" ist eine der großen Weltfragen, die Immanuel Kant in seiner Philosophie stellt. Die Beschäftigung mit dieser Frage ist so umfangreich, dass sie inzwischen eine eigene Disziplin der Philosophie darstellt: die philosophische Anthropologie. Natürlich ist diese Frage heute auch für alle Wissenschaften vom Menschen von Bedeutung: z. B. in Medizin, Biologie, Theologie, Psychologie, Soziologie, Wirtschaftswissenschaften oder Pädagogik.

Hierbei werden Fragen gestellt wie „Was ist die Stellung des Menschen in der Welt?", „Wie unterscheidet sich der Mensch vom Tier?", „Welche Rolle spielen Verstand und Gefühl für den Menschen?".

Solche Fragen stellen sich auch heute die meisten Menschen, und in der Regel kommen sie zu einer Antwort. Auf diese Weise entstehen **Bilder vom Menschen**, wie beispielsweise das Menschenbild Platons, Hobbes' oder Kants. Nun kann man sich aber nach den Wegen fragen, über die das Denken zu solchen Bildern gelangt. Damit ist man bei den **Methoden des Denkens**. Diese Methoden sind abhängig davon, welche Aspekte betrachtet werden, wenn vom Menschen die Rede ist. So greift z. B. die Medizin auf naturwissenschaftliche Methoden wie **Experimente** zurück, um ihr Bild vom Menschen zu entwickeln. Die **Theologie** legt dagegen religiös überlieferte **Offenbarungen** aus.

Eine Methode zur Lösung anthropologischer Probleme: Hermeneutik

Viele Wissenschaften wollen den Menschen nicht erklären, sondern verstehen. Die Methode einer solchen Herangehensweise nennt man **Hermeneutik**.

Auf diese Weise arbeiten neben der Theologie auch verschiedene Philologien, Literatur- und Kunstwissenschaften und teilweise auch die Philosophie. Man kennt sie bereits aus der **Antike**: Bereits damals wurden zum Beispiel Normen so interpretiert, dass man zu sinnvollen Rechtsvorschriften gelangte. Aber auch **Orakelsprüche** mussten erst gedeutet werden, bevor sie zu einer politischen oder persönlichen Entscheidung führen konnten. Ein bekanntes Beispiel: Themistokles baute eine Flotte gegen die angreifenden Perser, da ihm das Orakel befohlen hatte, sich hinter hölzernen Wänden zu verstecken.

Wie kam aber Themistokles zu dieser Deutung des Orakelspruches?

Das Orakel von Delphi

Ein zentrales Moment der Interpretation muss man im **Vorverständnis** sehen, das Themistokles hatte. Während alle anderen Athener nämlich der Meinung waren, dass der Orakelspruch bedeute, dass man um die Stadt eine hölzerne Mauer ziehen müsse, war Themistokles ein erfahrener Feldherr. Durch seine **Erfahrungen** und sein **Vorwissen** über Kriegskunst und Strategie war ihm klar, dass er nur mit einer Flotte die überlegenen Perser besiegen konnte.

Seine hermeneutische Auslegung des Orakelspruches bestand also darin, dass er sein Vorwissen an den Orakelspruch herantrug und zu der **Annahme** (Hypothese) gelangte, dass die Perser nur durch eine auf See vorgetragene Offensive zu besiegen seien. Der Orakelspruch konnte nun mit dieser Hypothese sinnvoll gedeutet werden.

Für die Interpretationskunst, die sogenannte **Hermeneutik**, sind also insbesondere **drei Elemente** von Bedeutung:

- das persönliche Vorwissen und das damit verbundene Bilden einer Hypothese,
- das zur Auslegung vorhandene Material (Texte, Ereignisse, Kunstwerke),
- Prüfung der Hypothese am Material nach bestimmten Regeln.

Hermeneutisches Nachdenken über die Menschenbilder der Religionen

Philosophen und Religionswissenschaftler versuchen durch die hermeneutische Methode, jeweils abhängig von ihrem eigenen Vorwissen, mehr über die verschiedenen Menschenbilder der Religionen herauszufinden. Dabei sind für die drei **Abrahamsreligionen** die Offenbarungen wichtige Quellen. Die vorhandenen Überlieferungen und Schriften werden genau analysiert und interpretiert:

- Welche Aussagen werden in den Texten über den Menschen getroffen?
- Welche literarischen Formen liegen den Überlieferungen zugrunde (z. B. Hymnus, Gleichnis …)?
- Inwieweit sind diese Aussagen aus ihrer Zeit heraus zu verstehen?
- Welche Bedeutung hatten sie für das Leben der Glaubensgemeinschaft?
- Wie hat sich ihr Verständnis im Lauf der Geistesgeschichte weiterentwickelt?

Natürlich eignen sich für diese Untersuchungsmethode auch andere religiöse Zeugnisse, wie zum Beispiel **sakrale Gemälde, Musik, Architektur**, religiöses **Brauchtum**. Das Faszinierende an der Methode der Hermeneutik besteht darin, dass man ausgehend von den immer gleichen Quellen zu **vielfältigen Untersuchungsergebnissen** kommen kann, da das Vorwissen und die Fragestellungen der Forscher jedes Mal verschieden sind.

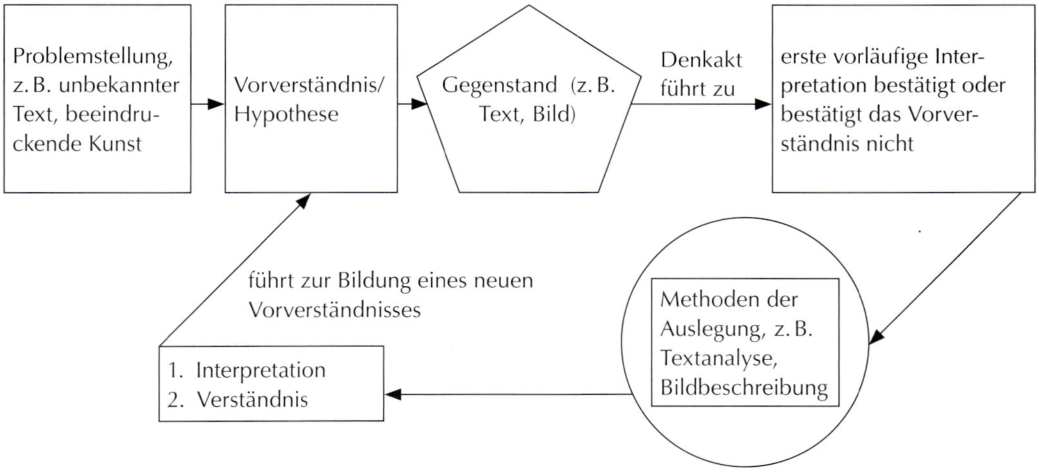

Das Wichtigste auf einen Blick

*Anthropologische Fragestellungen sind ein Beispiel dafür, wie sich die Bereiche der Religion, der Philosophie und anderer Wissenschaften **überschneiden**. Am Beispiel der **Abrahamsreligionen** lässt sich zeigen, wie sich mithilfe der **Hermeneutik fächerübergreifend** Probleme lösen lassen, die sich auf **Menschenbilder** beziehen.*

Aktionsforum

Philosophische Analysen: Menschenbild

Es ist gar nicht so schwer, die in unserer Zeit wirksamen Vorstellungen vom Menschen zu ermitteln. Unsere Sprache verrät uns!

„Bei ihm läuft die Arbeit wie geschmiert.“
„Wir sind nur kleine Rädchen im Getriebe.“
„Wie kann man nur so stur wie ein Bock sein?“
„Jetzt richten sie alle ihr Fähnchen nach dem Wind!“
„Probleme hatten wir auf unserer Station heute nur mit der Niere von Zimmer 137 …“
„Bedenken Sie, wie viel wir schon an Humankapital investiert haben!“

1 Analysieren Sie die einzelnen Redewendungen in Partnerarbeit und halten Sie fest, welches Bild vom Menschen sich hinter ihnen verbirgt.

2 Finden Sie weitere Redewendungen, die den Menschen interpretieren.

3 Was zeichnet den Menschen Ihrer Ansicht nach besonders aus?
a) Halten Sie Ihre Überlegungen stichpunktartig fest.
b) Nutzen Sie Ihre Überlegungen für die Gestaltung eines Bildes, das Ihre Sichtweise vom Menschen zum Ausdruck bringen kann.

4 Betrachten Sie die Grafik und fassen Sie zu ihr einen Essay ab. Wichtig ist dabei die kritische Beurteilung von Eigenschaften, die dem Menschen zugeschrieben werden. Dabei kommt es weniger auf die vollständige Darstellung aller Details als auf den Versuch an, unterschiedliche Sichtweisen oder Eigenschaften des Menschen in einen größeren Zusammenhang zu stellen.

Religiöse Menschenbilder: Eine hermeneutische Untersuchung

1 Beschreiben Sie das dargestellte Motiv und sammeln Sie im Klassengespräch Vermutungen darüber, welchen Bezug es zu religiösen Menschenbildern der Abrahamsreligionen haben könnte.

2 a) Sammeln Sie mithilfe des Internets und von Nachschlagewerken Informationen aus der Kunstgeschichte zu Peter Paul Rubens. Diskutieren Sie nun mithilfe der neu gewonnenen Informationen Ihr erweitertes Verständnis von religiösen Menschenbildern.
b) Halten Sie die Ergebnisse Ihrer Diskussion stichpunktartig fest. Prüfen Sie, inwiefern sich die gewonnene Sichtweise nach dem nächsten Thema des Schulbuches erneut geändert hat.

3.2 Religiöse Menschenbilder am Beispiel der drei Abrahamsreligionen

Michelangelo: Die Erschaffung Adams, 1511

Erschaffung des Menschen

Erstes Buch Mose: Genesis 2,4–10.15–25

Das Buch Genesis beginnt mit dem Schöpfungshymnus, der die Erschaffung der Welt in sieben Schöpfungstagen besingt. Am sechsten Tag wird der Mensch als Ebenbild Gottes erschaffen. In der daran anschließenden Erzählung vom Paradies ist ein weiterer Bericht über die Erschaffung des Menschen eingearbeitet. Hier wird der Mensch als „Erdling“ (= Adam) deutlich, der, dem Gott Leben einhaucht.

4 (...) Zur Zeit, als Gott, der Herr, Erde und Himmel machte,

5 gab es auf der Erde noch keine Feldsträucher und wuchsen noch keine Feldpflanzen; denn Gott, der Herr, hatte es auf die Erde noch nicht regnen lassen und es gab noch keinen Menschen, der den Ackerboden bestellte;

6 aber Feuchtigkeit stieg aus der Erde auf und tränkte die ganze Fläche des Ackerbodens.

7 Da formte Gott, der Herr, den Menschen aus Erde vom Ackerboden und blies in seine Nase den Lebensatem. So wurde der Mensch zu einem lebendigen Wesen.

8 Dann legte Gott, der Herr, in Eden, im Osten, einen Garten an und setzte dorthin den Menschen, den er geformt hatte.

9 Gott, der Herr, ließ aus dem Ackerboden allerlei Bäume wachsen, verlockend anzusehen und mit köstlichen Früchten, in der Mitte des Gartens aber den Baum des Lebens und den Baum der Erkenntnis von Gut und Böse.

10 Ein Strom entspringt in Eden, der den Garten bewässert; dort teilt er sich und wird zu vier Hauptflüssen. (...)

15 Gott, der Herr, nahm also den Menschen und setzte ihn in den Garten von Eden, damit er ihn bebaue und hüte.

16 Dann gebot Gott, der Herr, dem Menschen: Von allen Bäumen des Gartens darfst du essen,

17 doch vom Baum der Erkenntnis von Gut und Böse darfst du nicht essen; denn sobald du davon isst, wirst du sterben.

18 Dann sprach Gott, der Herr: Es ist nicht gut, dass der Mensch allein bleibt. Ich will ihm eine Hilfe machen, die ihm entspricht.

19 Gott, der Herr, formte aus dem Ackerboden alle Tiere des Feldes und alle Vögel des Himmels und führte sie dem Menschen zu, um zu sehen, wie er sie benennen würde. Und wie der Mensch jedes lebendige Wesen benannte, so sollte es heißen.

20 Der Mensch gab Namen allem Vieh, den Vögeln des Himmels und allen Tieren des Feldes. Aber eine Hilfe, die dem Menschen entsprach, fand er nicht.

21 Da ließ Gott, der Herr, einen tiefen Schlaf auf den Menschen fallen, sodass er einschlief, nahm eine seiner Rippen und verschloss ihre Stelle mit Fleisch.

22 Gott, der Herr, baute aus der Rippe, die er vom Menschen genommen hatte, eine Frau und führte sie dem Menschen zu.

23 Und der Mensch sprach: Das endlich ist Bein von meinem Bein/und Fleisch von meinem Fleisch./Frau soll sie heißen,/denn vom Mann ist sie genommen.

24 Darum verlässt der Mann Vater und Mutter und bindet sich an seine Frau und sie werden ein Fleisch.

25 Beide, Adam und seine Frau, waren nackt, aber sie schämten sich nicht voreinander.

Genesis 1,27–30 (aus dem Schöpfungslied)

27 Gott schuf also den Menschen als sein Abbild; als Abbild Gottes schuf er ihn. Als Mann und Frau schuf er sie.

28 Gott segnete sie und Gott sprach zu ihnen: Seid fruchtbar und vermehrt euch, bevölkert die Erde, unterwerft sie euch und herrscht über die Fische des Meeres, über die Vögel des Himmels und über alle Tiere, die sich auf dem Land regen.

29 Dann sprach Gott: Hiermit übergebe ich euch alle Pflanzen auf der ganzen Erde, die Samen tragen, und alle Bäume mit samenhaltigen Früchten. Euch sollen sie zur Nahrung dienen.

30 Allen Tieren des Feldes, allen Vögeln des Himmels und allem, was sich auf der Erde regt, was Lebensatem in sich hat, gebe ich alle grünen Pflanzen zur Nahrung. So geschah es.

Diskussionsforum

Michelangelo: Die Erschaffung Adams

1 Beschreiben Sie die verschiedenen Elemente des Bildes und diskutieren Sie mögliche symbolische Bedeutungen.

2 Das dargestellte Motiv ist als Kunstdruck oder in Posterform sehr beliebt. Welche Emotionen oder Vorstellungen löst das Kunstwerk aus? Diskutieren Sie Ihre Thesen und klären Sie dabei die Frage, weshalb das Bild sich heute noch so großer Beliebtheit erfreut.

3 Vergleichen Sie die Darstellung mit den Texten der Weltreligionen. Welche Stellen sind hier ins Bild gefasst? Begründen Sie Ihre Aussage am Text. Diskutieren Sie anschließend, auf welche spezifische Weise Michelangelo mit seinem Kunstwerk die Texte deutet.

Erschaffung des Menschen

1 Fassen Sie die in Genesis 2,4–1,15–25 beschriebenen Handlungen Gottes mit je einem knappen Satz zusammen, und listen Sie diese so auf, dass die Abfolge des Geschehens deutlich wird.

2 Schöpfungstexte bedienen sich einer Sprache, die geprägt ist von Symbolen und Bildern. Entnehmen Sie Ihrer Auflistung solche Symbole und Bilder und diskutieren Sie darüber, was diese Texte über Gott und den Menschen aussagen könnten.

3 Es gibt Fragen, die wir alle irgendwann einmal im Leben stellen:

(I.) Was ist der Mensch? Woher kommt er?

(II.) Warum wird der Mensch nach seinem Tod zu Erde?

(III.) Warum erlebt der Mensch sich manchmal so groß und mächtig, manchmal so klein und schwach?

(IV.) Warum ist im Menschen eine Sehnsucht nach Vollkommenheit?

(V.) Warum ist der Mensch so unzufrieden?

(VI.) Wie ist das Verhältnis von Mann und Frau zu verstehen?

a) Überlegen Sie, welche der Fragen zu welchem „Bild" der Paradieserzählung passen. Welche Antwort gibt der Text?

b) Diskutieren Sie Ihre Ergebnisse im Klassengespräch.

4 Begründen oder widerlegen Sie folgende Aussagen im Rückbezug auf die biblischen Erzählungen zur Erschaffung des Menschen.

- *Der Mensch ist die Krone der Schöpfung.*
- *Der Mensch verfehlt sein eigentliches Wesen, wenn er schlecht handelt.*
- *Der Mensch besitzt eine Würde, die ihm kein anderer Mensch absprechen kann.*
- *Mann und Frau sind gleichwertig.*

Quer gedacht: Menschenbild der Werbung

1 Führen Sie sich anhand des Prospekts das Menschenbild vor Augen, auf das die Werbung setzt. Welche Attribute des Menschseins stehen in der Werbung im Vordergrund?

2 Diskutieren Sie, ob dieses Bild dem Menschenbild der Religionen entspricht.

3 Entwerfen Sie eine alternative Werbung.

4 Diskutieren Sie Erich Fromms These: „Die Religion des Industriezeitalters (= die Welt des Habens, des Konsumismus, des Marketing-Charakters des Menschen) ist mit echtem Christentum unvereinbar."

Informationsforum

Religiöse Menschenbilder am Beispiel der drei Abrahamsreligionen

Alle drei Abrahamsreligionen gehen in ihren Überlieferungen auf die Erschaffung der Welt und des Menschen ein. Dabei bilden die über das Judentum tradierten **Schöpfungserzählungen** der **Thora** (erstes Buch Mose) eine wichtige Rolle. So sind sie im Christentum in das Alte Testament eingegangen und ihre Symbol- und Bilderwelt bildet auch eine gewisse Brücke zum Islam. Der Islam kennt zwar keine zusammenhängende Darstellung der Schöpfung, doch seine Suren enthalten immer wieder Aussagen zur Erschaffung der Welt und des Menschen. Für die **Auslegung** der einzelnen Texte zur Schöpfung spielen die jeweiligen **Glaubensgemeinschaften** eine wichtige Rolle. Sie liefern das an die Schrifttexte, ihre Bilder und Symbole herangetragene **Vorverständnis**.

Rund 2000 Rabbiner aus aller Welt bei einer internationalen Konferenz in New York

Die **Juden** interpretieren den Schöpfungshymnus der Genesis anhand der von den **Rabbinern** verfassten **Kommentare**, die **Christen** hingegen verstehen ihn auf dem Hintergrund der **Frohen Botschaft Jesu**, dem Neuen Testament. Für die **Muslime** verstehen sich die Schöpfungsaussagen aus ihrer ganz speziellen **Einbettung in den Koran** und aus der **Tradition ihrer Auslegung** innerhalb der Glaubensgemeinschaft (Sunna).

Judentum und Christentum

Der erste Schöpfungstext Genesis 1–2,4 betont das besondere Verhältnis der Menschen zu Gott; der Mensch ist Geschöpf Gottes und von Gott gewollt als sein Abbild. In diesem Ebenbild kann man Gottes Güte und Menschenfreundlichkeit erfahren. Da alle Menschen sein Ebenbild sind, ist die Vergötterung einzelner Personen unmöglich, denn alle haben die Würde der Ebenbildlichkeit. Jeder hat somit einen unschätzbaren Wert.
Dem Menschen ist gemäß dem Genesis-Text als Ebenbild und Stellvertreter Gottes die Erde anvertraut. Der Mensch, als Höhepunkt erschaffen, krönt die Schöpfung.
Die zweite Schöpfungserzählung erzählt davon, wie Gott den ersten Menschen, Adam, aus Erde erschuf und ihm seinen Lebensatem einblies, sodass aus ihm ein „lebendes Wesen" (Gen 2,7) wird. Dem Menschen wird dabei nicht nur ein lebender Körper, sondern auch eine Seele verliehen. Das unterscheidet den Menschen von Tieren und Pflanzen. Die Schaffung aus „Staub" weist auf die Vergänglichkeit des Menschen hin. Gott überlegt nun, wie er dem Menschen ein Wesen schaffen kann, „das ihm eine Hilfe ist und ihm entspricht" (Gen 2,18). Es wird überliefert, dass Gott die Frau, Eva, aus einer Rippe des Mannes als passende Begleiterin erschaffen habe (Gen 2,23). Im heutigen Christentum wird daraus die Gleichberechtigung von Mann und Frau abgeleitet, da beide aus dem gleichen Stoff und Geist sind. Aufgrund dieser innigen Beziehung von Mann und Frau wird das partnerschaftliche Leben der Menschen erklärt: „Darum verlässt der Mann Vater und Mutter und bindet sich an seine Frau und sie werden ein Fleisch." (Gen 2,24). „Ein Fleisch" bezeichnet somit eine leiblich-seelische, untrennbare Einheit.

Islam

Die islamische Schöpfungsgeschichte ist der biblischen sehr ähnlich. Auch der Koran berichtet, dass Gott den Menschen aus Lehm und Schlamm geformt hat (Sure 15,26), während die Geister und Dämonen (arab. djinn) aus Feuer erschaffen wurden. Als Gott den Menschen erschuf, hat er ihm von seinem Geist eingehaucht (Sure 15/28–29). Diese Erschaffungsart verleiht zwar dem Menschen einen Sonderstatus unter den Geschöpfen, daraus kann aber nicht, wie muslimische Korankommentatoren betonen, die Gottebenbildlichkeit des Menschen wie in der christlichen und jüdischen Theologie abgeleitet werden. Der zentrale islamische Lehrsatz von der Einzigartigkeit Gottes (arab. tauhid), dem Gott, dem nichts gleicht und der mit nichts verglichen werden kann, würde eine solche Ebenbildlichkeit nicht zulassen.

Gott ist der Schöpfer der Welt und des einzelnen Menschen, aber er ist und bleibt transzendent, d. h. von der Schöpfung getrennt. Er muss nach islamischer Auffassung nicht verstanden, sondern vor allem angebetet werden. Es geht nicht darum, seinen Willen, sein Handeln zu hinterfragen oder zu diskutieren, sondern sich ihm und seinem Willen zu unterwerfen und ihm Dank zu sagen für seine Wohltaten. Entsprechend zu sehen ist in der islamischen Terminologie das Wort „Islam" als Hingabe an Gott, Unterwerfung unter seinen Willen. Das Wort Muslim bezeichnet denjenigen, der sich Gott hingibt und sich im Frieden mit Ihm und seinen Geschöpfen befindet.

Adams Frau wird im Koran erwähnt, jedoch nicht namentlich. Muslimische Apologeten haben stets betont, dass die Frau im Koran „gleichberechtigter" erschaffen wurde als nach der biblischen Erzählung, weil nichts von einer Erschaffung der Frau aus einer „Rippe" Adams berichtet wird.

Ethische Haltung der drei Religionen zum Umgang mit menschlichem Leben

Das Menschenbild der drei großen monotheistischen Religionen bildet den Bezugspunkt für den Umgang der Gläubigen miteinander und mit dem menschlichen Leben überhaupt. Die Würde des Menschen begründet in allen drei Religionen die Geltung des **Tötungsverbots** und die Einhaltung grundlegender **zwischenmenschlicher Gebote**, wie Redlichkeit und Wahrhaftigkeit oder die Achtung fremden Eigentums. Die Würde des Menschen bildet auch den Bezugspunkt der ethisch-moralischen Haltung der drei Weltreligionen zu Praktiken, die menschliches Leben grundlegend betreffen, wie z. B. Abtreibung, Selbstmord, Sterbehilfe, Euthanasie oder die Veränderung menschlichen Erbguts. Es versteht sich von selbst, dass die drei großen Weltreligionen solche Eingriffe in das von Gott erschaffene menschliche Leben oder die menschliche Natur nicht einfach unkritisch billigen können.

Das Wichtigste auf einen Blick

*Eine wichtige Gemeinsamkeit im Menschenbild der Abrahamsreligionen besteht wohl darin, dass der Mensch als ein **Geschöpf** Gottes aufgefasst wird. Für Judentum und Christentum liegt in dieser **Gottebenbildlichkeit** die **Würde** des Menschen begründet. Sie wird ihm von keinem anderen Menschen zugewiesen und sie kann ihm darum auch nicht genommen werden. Im Islam wird dagegen stärker der **transzendente** Charakter Gottes sowie die Bedeutung und Würde, die dem Menschen speziell auch durch die **Anbetung** Gottes zukommt, betont.*

*Die besondere Stellung des Menschen bestimmt die **ethischen Grundaussagen** der drei Weltreligionen im **Umgang mit menschlichem Leben** und der **Menschen untereinander**. Dabei messen alle drei Religionen dem **Tötungsverbot** Verbindlichkeit und einen hohen Stellenwert bei.*

Aktionsforum

Aussagen des Korans zur Erschaffung des Menschen

Sure 35,1 Im Namen Allahs, des Allbarmherzigen 2 Lob und Preis sei Allah, dem Schöpfer der Himmel und der Erde. (…)

Sure 15,27–30: 27 Den Menschen schufen wir aus trockenem Lehm und schwarz geformtem Schlamm 28 und vor ihm die Dämonen aus dem Feuer des Samums. 29 Und dein Herr sagte zu den Engeln: „Ich will den Menschen aus trockenem Lehm und schwarzem Schlamm schaffen; 30 wenn ich ihn vollkommen gestaltet und ihm meinen Geist eingehaucht habe, dann fallt ehrfurchtsvoll vor ihm nieder."

Sure 40,58: Wahrlich, die Schöpfung der Himmel und der Erde ist großartiger als die Erschaffung des Menschen; doch die meisten Menschen erkennen dies nicht.

Sure 17,71: Und wir haben doch die Kinder Adams mit großen Vorzügen ehrenvoll ausgezeichnet, indem wir ihnen ihre Bedürfnisse zu Land und zu Wasser zuführten und sie mit allem Guten versorgten, und wir haben sie vor manchen übrigen Geschöpfen bevorzugt.

Sure 2,30; 32; 34: Er ist es, der für euch alles schuf auf Erden. (…) Dann sprach dein Herr zu den Engeln: „Ich will auf Erden einen Statthalter (den Menschen) setzen." Sie antworteten: „Willst du dort einen einsetzen, der zerstörend wütet und Blut vergießt? Wir aber singen dir Lob und heiligen dich." Er aber erwiderte: „Ich weiß, was ihr nicht wisst." Darauf lehrte er Adam die Namen von allem Sein (…) Dann sprach er: „Adam, verkünde du ihnen die Namen!"

Menschenbild der Abrahamsreligionen: Hermeneutische Untersuchungen

Gehen Sie der Frage nach dem Menschenbild in den Abrahamsreligionen nach und üben Sie sich dabei in die hermeneutische Auslegung von Texten ein. Ziehen Sie für Ihre Untersuchungen die für das Juden- und Christentum bedeutsamen Überlieferungen der Genesis (siehe S. 112) sowie die in der linken Spalte zusammengestellten Suren des Korans heran.

1 Erstellen Sie eine Synopse und halten Sie Unterschiede und Gemeinsamkeiten zwischen den Texten fest. Legen Sie dazu vier Spalten an. In den ersten beiden Spalten halten Sie Verse des Korans und der Genesis fest, die ähnliche Gedanken oder Bilder aufgreifen. In der dritten Spalte erfassen Sie übereinstimmende Aussagen oder gemeinsam verwendete Bilder. Die vierte Spalte ist für das Festhalten auffälliger Unterschiede reserviert.

Erstes Buch Moses (Genesis)	Suren des Korans	Übereinstimmungen	Unterschiede
V. 2,7	Sure 15,27	Mensch wird aus Erde geformt	?
?	?	?	?

2 Diskutieren Sie in Kleingruppen, was die in der Rubrik „Übereinstimmungen" gefundenen Bilder über Gott oder den Menschen aussagen könnten und prüfen Sie Ihre Einschätzungen anhand des Informationsforums.

3 Das Menschenbild der jeweiligen Religionen ist für die Gläubigen in ethischer Hinsicht grundlegend. Aus ihm beziehen sie verbindliche Anhaltspunkte zur Beantwortung der Frage: Wie kann ich mit meinen Mitmenschen, meinem eigenen Leben und dem menschlichen Leben überhaupt verantwortlich umgehen? Nutzen Sie Ihre Auseinandersetzung mit den religiösen Menschenbildern und zeigen Sie deren ethische Konsequenzen exemplarisch an einem entsprechenden Thema im projektorientierten Unterricht auf. Folgende aktuelle Themen bieten sich hierfür an: *Abtreibung, Selbstmord, Sterbehilfe, Euthanasie, Krieg, Umgang mit Menschen anderer Rasse, Kultur oder Religion.*

Kinder als Ersatzteillager? Der Fall Adam Nash

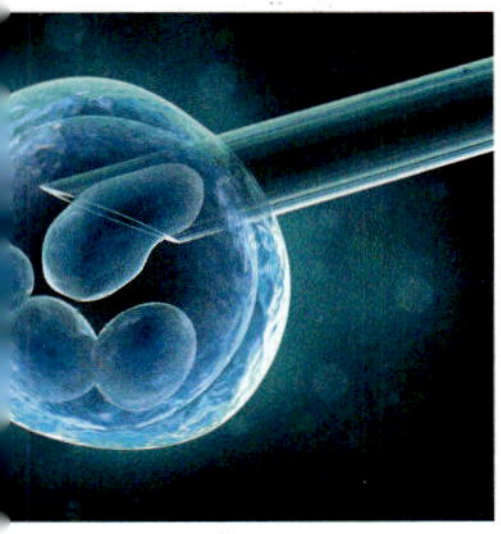

künstliche Befruchtung im Labor

Adam Nash wurde im August 2000 in Minneapolis, USA geboren und war schlagartig berühmt. Er sollte das Leben seiner vier Jahre älteren Schwester Molly retten, die an Faconia Anämie, einer sehr schweren Erkrankung des Knochenmarks, litt. Mediziner hatten im Labor aus den Ei- und Samenzellen von Mollys Eltern 15 Embryonen hergestellt. Anschließend wurde derjenige Embryo ausgewählt, der aufgrund seiner genetischen Eigenschaften am besten als Stammzellenspender für Molly geeignet war. Die anderen erfüllten den erwarteten Zweck nicht und mussten sterben.

1 Recherchieren Sie im Internet den Fall Adam Nash, der als „Designer-Baby" in die Geschichte eingegangen ist.

2 Diskutieren Sie, ob der Ausdruck „Ersatzteillager" für solche „Lebensretter-Babys" gerechtfertigt ist. Entwickeln Sie Argumente, die für und gegen diese Ansicht sprechen. Berücksichtigen Sie dabei die Interessen aller Betroffenen (z. B. des kranken Kindes, der Geschwister, der Eltern, der Gesellschaft).

3 Anfang und Ende des Lebens spielen für religiöse Menschen eine besondere Rolle. Inwiefern können medizinische Praktiken, wie die oben geschilderte, für religiöse Menschen als problematisch empfunden werden?

4 Vergleichen Sie religiöse Schöpfungstexte mit diesem Bericht zur modernen Medizin. Diskutieren Sie ihre Vereinbarkeit.

Philosophische Untersuchung: Menschenbild in unserer Zeit

Text A: Aus der Allgemeinen Erklärung der Menschenrechte von 1948, Artikel 2:
Jeder hat Anspruch auf alle in dieser Erklärung verkündeten Rechte und Freiheiten, ohne irgendeinen Unterschied, etwa nach Rasse, Hautfarbe, Geschlecht, Sprache, Religion, politischer oder sonstiger Anschauung, nationaler oder sozialer Herkunft, Vermögen, Geburt oder sonstigem Stand.

Text B: Europäische Grundrechtscharta von 2000, Art. 21, Abs. 1:
Diskriminierungen, insbesondere wegen des Geschlechts, der Rasse, der Hautfarbe, der ethnischen oder sozialen Herkunft, der genetischen Merkmale, der Sprache, der Religion oder der Weltanschauung, der politischen oder sonstigen Anschauung, der Zugehörigkeit zu einer nationalen Minderheit, des Vermögens, der Geburt, einer Behinderung, des Alters oder sexuellen Ausrichtung, sind verboten.

1 Lesen Sie die beiden Texte und stellen Sie die ab 2000 hinzugetretenen Merkmale heraus, die als Diskriminierungsgrund zurückgewiesen werden.
   a) Entwickeln Sie eine Erklärung für die Erweiterung der Merkmalsliste.
   b) Überlegen Sie, welche Merkmale aus Ihrer Sicht fehlen. Begründen Sie Ihre Einschätzung.

2 Überlegen Sie, wie sich die Beachtung der Diskriminierungsverbote aus religiösen Menschenbildern begründen lässt und skizzieren Sie eine solche Begründung im Ausgang von einer der drei monotheistischen Weltreligionen.

3.3 Das Theodizeeproblem

Paul Klee, Das Tor zur Tiefe, 1936

Johann Wolfgang Goethe: Aus Dichtung und Wahrheit

In dem bekannten autobiografischen Werk „Dichtung und Wahrheit" berichtet Goethe von einem Weltereignis, das ihn als Kind zutiefst erschütterte.

Am ersten November 1755 ereignete sich das Erdbeben von Lissabon, und verbreitete über die in Frieden und Ruhe schon eingewohnte Welt einen ungeheuren Schrecken. Eine große prächtige Residenz, zugleich Handels- und Hafenstadt, wird ungewarnt von dem furchtbarsten Unglück betroffen. Die Erde bebt und schwankt, das Meer braust auf, die Schiffe schlagen zusammen, die Häuser stürzen ein, Kirchen und Türme darüber her, der königliche Palast zum Teil wird vom Meere verschlungen, die geborstene Erde scheint Flammen zu speien: denn überall meldet sich Rauch und Brand in den Ruinen. Sechzigtausend Menschen, einen Augenblick zuvor noch ruhig und behaglich, gehen miteinander zugrunde, und der Glücklichste darunter ist der zu nennen, dem keine Empfindung, keine Besinnung über das Unglück mehr gestattet ist. Die Flammen wüten fort, und mit ihnen wütet eine Schar sonst verborgner, oder durch dieses Ereignis in Freiheit gesetzter Verbrecher. Die unglücklichen Übriggebliebenen sind dem Raube, dem Morde, allen Misshandlungen bloßgestellt; und so behauptet von allen Seiten die Natur ihre schrankenlose Willkür.

Schneller als die Nachrichten hatten schon Andeutungen von diesem Vorfall sich durch große Landstrecken verbreitet; an vielen Orten waren schwächere Erschütterungen zu verspüren, an manchen Quellen, besonders den heilsamen, ein ungewöhnliches Innehalten zu bemerken gewesen: um desto größer war die Wirkung der Nachrichten selbst, welche erst im allgemeinen, dann aber mit schrecklichen Einzelheiten sich rasch verbreiteten. Hierauf ließen es die Gottesfürchtigen nicht an Betrachtungen, die Philosophen nicht an Trostgründen, an Strafpredigten die Geistlichkeit nicht fehlen. So vieles zusammen richtete die Aufmerksamkeit der Welt eine Zeitlang auf diesen Punkt, und die durch fremdes Unglück aufgeregten Gemüter wurden durch Sorgen für sich selbst und die Ihrigen um so mehr geängstigt, als über die weitverbreitete Wirkung dieser Explosion von allen Orten und Enden immer mehrere und umständlichere Nachrichten einliefen. Ja vielleicht hat der Dämon des Schreckens zu keiner Zeit so schnell und so mächtig seine Schauer über die Erde verbreitet.

Der Knabe, der alles dieses wiederholt vernehmen musste, war nicht wenig betroffen. Gott, der Schöpfer und Erhalter Himmels und der Erden, den ihm die Erklärung des ersten Glaubensartikels so weise und gnädig vorstellte, hatte sich, indem er die Gerechten mit den Ungerechten gleichem Verderben preisgab, keineswegs väterlich bewiesen. Vergebens suchte das junge Gemüt sich gegen diese Eindrücke herzustellen, welches überhaupt um so weniger möglich war, als die Weisen und Schriftgelehrten selbst sich über die Art, wie man ein solches Phänomen anzusehen habe, nicht vereinigen konnten.

(Johann Wolfgang Goethe: Aus meinem Leben. Dichtung und Wahrheit, Erstausgabe Tübingen)

Diskussionsforum

Paul Klee: Das Tor zur Tiefe (1936)

1 Betrachten Sie das Kunstwerk und halten Sie fest, welche Emotionen es spontan bei Ihnen hervorrufen kann.

2 Erläutern Sie, mit welchen grafischen Mitteln Paul Klee hier Tiefe und die damit verbundenen Emotionen darstellt.

3 „Bodenloses Leid", „tiefe Bestürzung", „abgrundtiefes Entsetzen", „meine Stimmung ist im Keller" – diese Ausdrücke geben negative Emotionen wieder. Nennen Sie Methoden, um mit solchen Gefühlslagen umzugehen.

4 Diskutieren Sie: Wie lässt sich erklären, dass schreckliche Ereignisse manche Menschen zur Religion führen, andere aber von ihrem Glauben abfallen?

Goethe: Dichtung und Wahrheit

1 Formulieren Sie eine kurze Zusammenfassung zum vorliegenden Text. Geben Sie anschließend mit Ihren eigenen Worten die im Text implizit angesprochene Theodizeeproblematik wieder.

2 Erklären Sie die Wirkung des Ereignisses auf Goethe. Zusatzinformation: Goethe war zu dem Zeitpunkt des Erdbebens sechs Jahre alt.

3 Halten Sie die beschriebene Wirkung für nachvollziehbar und gerechtfertigt? Beurteilen Sie.

4 „Gott, der Schöpfer und Erhalter Himmels und der Erden (...) hatte sich, indem er die Gerechten mit den Ungerechten gleichem Verderben preisgab, keineswegs väterlich bewiesen."

a) Halten Sie die Eigenschaften fest, die Gott in dieser Textpassage zugeschrieben werden. Ergänzen Sie weitere Eigenschaften, die einem göttlichen Wesen zukommen.

b) Versuchen Sie Begründungen dafür zu finden, weshalb ein Wesen mit diesen Eigenschaften für den Menschen katastrophale Ereignisse zulassen kann.

Quer gedacht: Gott, wo warst Du?

Nach dem Amoklauf von Winnenden vor der Albertville-Realschule

1 Überlegen Sie, welche Antwort Sie diesem Mann auf seine Frage geben würden.

2 Diskutieren Sie die These, dass Gott, wenn er das Böse nicht verhindert, entweder dazu nicht fähig oder aber böswillig ist.

3 Überlegen Sie: Welche anderen Erklärungen könnte es dafür geben, dass grausame menschliche Taten nicht durch göttliches Eingreifen verhindert werden?

4 Lesen Sie den nachfolgenden Gedanken von Dietrich Bonhoeffer und diskutieren Sie darüber, was er meint, wenn er Gott als Lückenbüßer anspricht.

„Es ist mir ganz deutlich geworden, dass man Gott nicht als Lückenbüßer unserer unvollkommenen Erkenntnis figurieren lassen darf. (...) In dem, was wir erkennen, sollen wir Gott finden, nicht aber in dem, was wir nicht erkennen; nicht in den ungelösten, sondern in den gelösten Fragen will Gott von uns begriffen sein. Das gilt für das Verhältnis von Gott und wissenschaftlicher Erkenntnis. Aber es gilt auch für die allgemein menschlichen Fragen von Tod, Leiden und Schuld."

(Dietrich Bonhoeffer)

Informationsforum

Das Theodizeeproblem

Eine der klassischen religionsphilosophischen Fragen stellt das sogenannte „Theodizeeproblem" dar. Dieses Problem hat folgenden Hintergrund: Gott wird in der Regel als allmächtig angesehen; außerdem gilt er gleichzeitig als unübertreffbar gut. Wie kann nun ein gleichzeitig gütiges und allmächtiges Wesen zulassen, dass es Leid in der Welt gibt? Im Laufe der Geschichte wurden verschiedene Antworten formuliert:

Das Leid in der Welt ist eine Prüfung oder eine Strafe Gottes für die Menschen.
Die Tatsache, dass es Unglück in der Welt gibt, zeigt, dass Göttliches nicht allgütig oder allmächtig sein muss.
Gott hat zwar die Welt erschaffen, doch er greift danach nicht mehr in das Weltgeschehen ein (Deismus).
Das Theodizee-Problem erübrigt sich, weil es Gott nicht gibt (Atheisten) bzw. man grundsätzlich nicht wissen kann, ob es Gott gibt (Agnostiker).

Die beste aller möglichen Welten

Eine berühmte Antwort auf das Problem wurde von dem Philosophen Gottfried Wilhelm Leibniz (1646–1716) formuliert, einem der Hauptvertreter der Aufklärung.
Leibniz ging von davon aus, dass die angesichts des Leides an Gott geübte Kritik vom jeweiligen Gottesbegriff abhängig ist. Eine wichtige Rolle spielen dabei die Eigenschaften, die ihm zugeschrieben werden. Wer Gott unendliche Weisheit, Güte oder Allmacht zuschreibt, muss auch sagen, dass Gott die beste aller möglichen Welten erschaffen hat. Es ist ja durchaus denkbar, dass es verschiedene Welten oder besser gesagt „Realitäten" geben könnte. So wäre es zum Beispiel vorstellbar, dass eine Wirklichkeit existiert, in der Gras nicht grün ist, sondern in allen Farben des Regenbogens schimmert, oder in der Menschen keinen Schmerz empfinden. Das sind für Leibniz aber nur Möglichkeiten des Denkens, in Wirklichkeit ist das Universum, in dem wir uns befinden, das Beste überhaupt. Denn Gott **kann** – sofern die Bestimmungen allgütig, allweise und allmächtig auf ihn zutreffen – nichts anderes geschaffen haben. Jetzt stellt sich natürlich die Frage, ob denn ein Universum, in dem es kein Leid und Unglück gäbe, nicht besser wäre als das unsrige. Aber Leibniz bestreitet dies: Im unendlich klugen und weisen Plan, den Gott für das Universum hat, kommt jedem Leid – so schrecklich es auch sein mag – ein bestimmter Sinn und Zweck zu. Die Menschen mögen diesen Sinn vielleicht nicht erkennen, aber an irgendeinem Ort im Universum zu irgendeinem Zeitpunkt hat dieses Leiden einen Sinn.
Leibniz bietet mit dieser Antwort zwar eine intellektuelle Lösung für das Problem der Theodizee; er ist sich aber im Klaren, dass seine Antwort keinen Trost für Menschen bietet, die schreckliches Leid erfahren haben. Als Philosoph, der auf der Suche nach der Wahrheit ist, sieht er darin aber auch nicht seine vornehmliche Aufgabe. Hieran übte jedoch zum Beispiel Voltaire (1694–1778) mit seinem Roman „Candidé oder die beste aller Welten" Kritik.

Das Wichtigste auf einen Blick

*Im **Theodizeeproblem** wird die Frage gestellt, wie ein allmächtiger und allgütiger **Gott** das **Leid in der Welt** zulassen kann. Die bekannteste philosophische Antwort auf diese Frage liefert Gottfried Wilhelm Leibniz mit seiner **Theorie von der besten aller möglichen Welten**.*

Aktionsforum

Gedankenexperiment: Die beste Welt?

In Leibniz' Hauptwerk „Theodizee" gibt es viele interessante Gedanken, die zum Nachdenken anregen.

„[Ein Gegner dieser Position könnte nun behaupten], dass die Welt vielleicht ohne Sünde und ohne Leiden hätte sein können; allein ich bestreite, dass sie dann die beste gewesen sein würde. Denn in jeder der möglichen Welten ist alles verknüpft; wie auch das Universum sein mag, so ist es doch von einem Stück, wie ein Ozean; die leiseste Bewegung dehnt ihre Wirkung auf die weiteste Entfernung aus, wenn auch diese Wirkung nach Verhältnis der Entfernung schwächer wird. Gott hat deshalb hier alles im Voraus ein für allemal geregelt und hat die Gebete, die guten und schlechten Handlungen und alles andere vorausgesehen; alles hat ideal, vor seinem Dasein, zu dem Entschluss beigetragen, welcher für das Dasein aller Dinge gefasst worden ist. Es kann deshalb in dem Universum Nichts unbeschadet seines Wesens (so wenig wie in einer Zahl) geändert werden, oder, wenn man will, unbeschadet seiner numerischen Einzelheit. Wenn daher auch nur das geringste Uebel in der Welt fehlte, was in ihr sich ereignet, so könnte sie nicht mehr diese Welt sein, welche alles zu- und alles abgerechnet, von dem Schöpfer, der sie erwählt hat, als die beste befunden worden ist."

(Leibniz: Die Theodicee. Philosophie von Platon bis Nietzsche, S. 17490)

1 Erklären Sie mit Ihren Worten den Gedankengang des Textes.

2 Man hat Leibniz den Vorwurf gemacht, dass seine Philosophie keinen Trost bieten würde. Erläutern Sie, inwiefern man ihr damit Unrecht tut. Gehen Sie dabei auf folgende Aspekte ein:
- Einsicht in die Struktur der Welt als Voraussetzung für Sinnfindung
- Schönheit des Gedankenganges als Gesichtspunkt einer philosophischen Argumentation
- Vorrang der Wahrheitssuche in philosophischen Gedankengängen

3 Finden Sie einfache Beispiele, die den Gedankengang von Leibniz verdeutlichen können. Verwenden Sie dazu folgende Erscheinungen: Waldbrände, Aids, Kopfschmerzen.

Philosophische Untersuchung: Hiob

„Eine Hiobsbotschaft überbringen" ist zum geflügelten Wort geworden, wenn eine Schreckensnachricht gemeldet wird. In der alttestamentlichen Erzählung von Hiob[1] findet man eine der ältesten Auseinandersetzungen mit der Theodizeeproblematik.

1 Recherchieren Sie den biblischen Text und bearbeiten Sie ihn in Gruppen. Jede Gruppe stellt einen Teil der Erzählung als Zusammenfassung vor.

2 Analysieren Sie, auf welche Weise das Theodizeeproblem hier dargestellt und welcher Lösung es zugeführt wird.

3 Gestalten Sie wahlweise in Einzel-, Partner- oder Gruppenarbeit ein Bild zu einem Abschnitt der Hiobserzählung.
a) Überlegen Sie, mit welchen Gestaltungsmitteln sich die bleibende Aktualität des Theodizeeproblems an der Person des Hiob darstellen lässt.
b) Nutzen Sie Ihre Bilder für eine Ausstellung.

4 Formulieren Sie einen Essay zum Thema Umgang mit Leid. Beziehen Sie in Ihre Überlegungen persönliche Erfahrungen mit ein und reflektieren Sie auch, wie verschiedene Berufsgruppen, z. B. Ärzte, Seelsorger oder Psychologen, mit Erfahrungen zu Leid umgehen.

---

[1] Altes Testament: Das Buch Ijob

3.4 Der Wahrheitsanspruch der Religionen und das Problem des interreligiösen Dialogs

Toni Brandner: Born in Fire

Gotthold Ephraim Lessing (1729–1781): Nathan der Weise

Gotthold Ephraim Lessing gibt 1779 eine erste Antwort auf unsere Frage in dem Drama „Nathan, der Weise“, einer der Texte, an denen keiner vorbeikommt, der sich mit der Epoche der Aufklärung beschäftigt: Nathan, ein gebildeter Jude, wird von dem muslimischen Herrscher Saladin zur Zeit des 3. Kreuzzuges im 12. Jahrhundert gefragt, welche die „wahre Religion“ sei. Nathans Antwort besteht in der berühmten Ringparabel.

NATHAN Vor grauen Jahren lebt' ein Mann in Osten, der einen Ring von unschätzbarem Wert aus lieber Hand besaß. Der Stein war ein Opal, der hundert schöne Farben spielte, Und hatte die geheime Kraft, vor Gott und Menschen angenehm zu machen, wer in dieser Zuversicht ihn trug. Was Wunder, dass ihn der Mann in Osten darum nie vom Finger ließ; und die Verfügung traf, Auf ewig ihn bei seinem Hause zu erhalten? Nämlich so. Er ließ den Ring von seinen Söhnen dem geliebtesten; Und setzte fest, dass dieser wiederum den Ring von seinen Söhnen dem vermache, der ihm der liebste sei; und stets der liebste, ohn Ansehn der Geburt, in Kraft allein des Rings, das Haupt, der Fürst des Hauses werde. – Versteh mich, Sultan.

SALADIN Ich versteh dich. Weiter!

NATHAN So kam nun dieser Ring, von Sohn zu Sohn, auf einen Vater endlich von drei Söhnen; Die alle drei ihm gleich gehorsam waren, die alle drei er folglich gleich zu lieben sich nicht entbrechen konnte. Nur von Zeit zu Zeit schien ihm bald der, bald dieser, bald der dritte, – sowie jeder sich mit ihm allein befand, und sein ergießend Herz die andern zwei nicht teilten, – würdiger des Ringes; den er denn auch einem jeden die fromme Schwachheit hatte, zu versprechen. Das ging nun so, solang es ging. – Allein es kam zum Sterben, und der gute Vater kömmt in Verlegenheit. Es schmerzt ihn, zwei von seinen Söhnen, die sich auf sein Wort verlassen, so zu kränken. – Was zu tun? – Er sendet in geheim zu einem Künstler, bei dem er, nach dem Muster seines Ringes, zwei andere bestellt, und weder Kosten noch Mühe sparen heißt, sie jenem gleich, vollkommen gleich zu machen. Das gelingt dem Künstler. Da er ihm die Ringe bringt, kann selbst der Vater seinen Musterring nicht unterscheiden. Froh und freudig ruft er seine Söhne, jeden insbesondre; Gibt jedem insbesondre seinen Segen, – Und seinen Ring, – und stirbt. – Du hörst doch, Sultan?

SALADIN *(der sich betroffen von ihm gewandt).* Ich hör', ich höre! – Komm mit deinem Märchen nur bald zu Ende. – Wird's!

NATHAN Ich bin zu Ende. Denn was noch folgt, versteht sich ja von selbst. – Kaum war der Vater tot, so kömmt ein jeder mit seinem Ring, und jeder will der Fürst des Hauses sein. Man untersucht, man zankt, man klagt. Umsonst; der rechte Ring war nicht erweislich; – *(nach einer Pause, in welcher er des Sultans Antwort erwartet)* Fast so unerweislich, als – uns itzt – der rechte Glaube.

SALADIN Wie? Das soll die Antwort sein auf meine Frage? …

NATHAN Soll mich bloß entschuldigen, wenn ich die Ringe mir nicht getrau zu unterscheiden, die der Vater in der Absicht machen ließ, damit sie nicht zu unterscheiden wären!

SALADIN Die Ringe! – Spiele nicht mit mir! – Ich dächte, dass die Religionen, die ich dir genannt, doch wohl zu unterscheiden wären. Bis auf die Kleidung, bis auf Speis' und Trank!

NATHAN Und nur von Seiten ihrer Gründe nicht. – Denn gründen alle sich nicht auf Geschichte?

Geschrieben oder überliefert! – Und Geschichte muss doch wohl allein auf Treu und Glauben angenommen werden? – Nicht? – Nun, wessen Treu und Glauben zieht man denn am wenigsten in Zweifel? Doch der

Seinen? Doch deren Blut wir sind? Doch deren, die von Kindheit an uns Proben ihrer Liebe gegeben? Die uns nie getäuscht, als wo getäuscht zu werden uns heilsamer war? – Wie kann ich meinen Vätern weniger als du den deinen glauben? Oder umgekehrt. – Kann ich von dir verlangen, dass du deine Vorfahren Lügen strafst, um meinen nicht zu widersprechen? Oder umgekehrt. Das Nämliche gilt von den Christen. Nicht?

SALADIN (Bei dem Lebendigen! Der Mann hat recht. Ich muss verstummen.)

NATHAN Lass auf unsre Ring' uns wieder kommen. Wie gesagt: die Söhne verklagten sich; und jeder schwur dem Richter, unmittelbar aus seines Vaters Hand den Ring zu haben. – Wie auch wahr! – Nachdem er von ihm lange das Versprechen schon gehabt, des Ringes Vorrecht einmal zu Genießen. – Wie nicht minder wahr! – Der Vater, beteu'rte jeder, könne gegen ihn nicht falsch gewesen sein: und eh' er dieses von ihm, von einem solchen lieben Vater, argwohnen lass': eh' müss' er seine Brüder, so gern er sonst von ihnen nur das Beste bereit zu glauben sei, des falschen Spiels bezeihen; und er wolle die Verräter schon auszufinden wissen; sich schon rächen.

SALADIN Und nun der Richter? – Mich verlangt zu hören, was du den Richter sagen lässet. Sprich!

NATHAN Der Richter sprach: Wenn ihr mir nun den Vater nicht bald zur Stelle schafft, so weis ich euch von meinem Stuhle. Denkt ihr, dass ich Rätsel zu lösen da bin? Oder harret ihr, bis dass der rechte Ring den Mund eröffne? – Doch halt! Ich höre ja, der rechte Ring besitzt die Wunderkraft beliebt zu machen; Vor Gott und Menschen angenehm. Das muss entscheiden! Denn die falschen Ringe werden doch das nicht können! – Nun; wen lieben zwei von Euch am meisten? –Macht, sagt an! Ihr schweigt? Die Ringe wirken nur zurück? Und nicht nach außen? Jeder liebt sich selber nur am meisten? – Oh, so seid ihr alle drei betrogene Betrüger! Eure Ringe sind alle drei nicht echt. Der echte Ring vermutlich ging verloren. Den Verlust zu bergen, zu ersetzen, ließ der Vater die drei für einen machen.

SALADIN Herrlich! Herrlich!

NATHAN Und also, fuhr der Richter fort, wenn ihr nicht meinen Rat, statt meines Spruches, wollt: Geht nur! – Mein Rat ist aber der: ihr nehmt die Sache völlig wie sie liegt. Hat von Euch jeder seinen Ring von seinem Vater: So glaube jeder sicher seinen Ring den echten. – Möglich; dass der Vater nun die Tyrannei des einen Rings nicht länger in seinem Hause dulden wolle! – Und gewiss; Dass er euch alle drei geliebt, und gleich geliebt: indem er zwei nicht drücken mögen, um einen zu begünstigen. – Wohlan! Es eifre jeder seiner unbestochnen von Vorurteilen freien Liebe nach! Es strebe von euch jeder um die Wette, die Kraft des Steins in seinem Ring' an Tag zu legen! Komme dieser Kraft mit Sanftmut mit herzlicher Verträglichkeit, mit Wohltun, mit innigster Ergebenheit in Gott zu Hilf'! Und wenn sich dann der Steine Kräfte bei euern Kindes-Kindeskindern äußern: So lad' ich über tausend tausend Jahre sie wiederum vor diesen Stuhl. Da wird ein weisrer Mann auf diesem Stuhle sitzen als ich; und sprechen. Geht! – So sagte der bescheidne Richter.

SALADIN Gott! Gott!

NATHAN Saladin. Wenn du dich fühlest, dieser weisere versprochne Mann zu sein: (…)

SALADIN Nathan, lieber Nathan! – Die tausend Jahre deines Richters sind noch nicht um. Sein Richterstuhl ist nicht der meine. – Geh! – Geh! – Aber sei mein Freund.

(Gotthold Ephraim Lessing, Werke, Bd. 2, hrsg. von Herbert G. Göpfert, Linzenzausgabe der WBG Darmstadt 1996, S. 276–280)

Diskussionsforum

Toni Brandner, Born in Fire

1 Betrachten Sie das Bild und klären Sie die einzelnen Elemente.

2 Vergegenwärtigen Sie sich die symbolische Bedeutung von Feuer und diskutieren Sie den Sinn des Bildtitels.

3 Der Heilige Geist wird bei den Christen mit dem Symbol des Feuers dargestellt. Er gilt als vermittelnde und den Geist erhellende Kraft bei der Suche nach dem Wahren und Richtigen. Dies bedeutet, der Einzelne gelangt nicht von selbst zur Wahrheit. Sie wird ihm geschenkt.
a) Überlegen Sie, wie sich Ihre Auffassung von Wahrheit von diesem Wahrheitsverständnis unterscheidet. Halten Sie Ihre Überlegungen schriftlich fest.
b) Stellen Sie Ihre Ergebnisse im Klassengespräch vor und wiederholen Sie anschließend Ihr Wissen zu unterschiedlichen Wahrheitsbegriffen (z. B. korrespondenz- oder evidenztheoretischer Wahrheitsbegriff).

Gotthold Ephraim Lessing: Nathan der Weise

1 Fassen Sie den Inhalt des Textes in eigenen Worten zusammen.

2 Recherchieren Sie die Merkmale der Gattung Parabel und erläutern Sie, weshalb Lessing diese literarische Form wählt.

3 Vergleichen Sie die Zauberkraft des Rings mit der Funktion der Religionen für das Leben der Menschen.

4 a) Begründen Sie: Inwiefern gelingt es Nathan, Saladin mit seiner „List" zu überzeugen, ohne seinen eigenen jüdischen Glauben oder den Glauben Saladins zu entwerten? Belegen Sie Ihr Urteil am Text.
b) Erarbeiten Sie am Text, welcher Wert der Toleranz zukommt.
c) Lessings Ringparabel legt nahe, dass die Frage nach der wahren Religion nicht geklärt werden kann. Erläutern Sie, wie im Text argumentiert wird.
d) Überlegen Sie, ob es dennoch sinnvoll und möglich ist, eine Argumentation zu entwickeln, die sich um den Wahrheitsanspruch einer Religion bemüht. Erläutern Sie in diesem Zusammenhang auch die Lösung, die Lessing bietet.

Schon gewusst? Minarettverbot

Im Jahr 2009 hat sich die Mehrheit der Schweizer Kantone für ein Verbot des Baus von Minaretttürmen entschieden. Dieses Verbot hat europaweit für Aufsehen gesorgt. Die einen sahen sich bestätigt, dass einer drohenden Islamisierung Europas Einhalt geboten werden müsse, die anderen forderten mehr Toleranz und Offenheit.

1 Nehmen Sie zu den beiden genannten Auffassungen kritisch Stellung.

2 Häufig wird im Zusammenhang mit der Ausübung von Religionen Toleranz gefordert. Diskutieren Sie darüber, worin sich Toleranz in dem oben angesprochenen Fall zeigen kann und wo sie Ihrer Ansicht nach endet.

3 Auch Goethe hat sich mit Toleranz beschäftigt. Können Sie sich seiner Sichtweise anschließen? Begründen Sie Ihr Urteil.

> *„Toleranz sollte nur eine vorübergehende Gesinnung sein: sie muss zur Anerkennung führen. Dulden heißt beleidigen."*
>
> (Johann Wolfgang von Goethe)

Die Ringparabel – eine humanistische Anfrage an die Weltreligionen

Der Anspruch, im Besitz des wahren Glaubens zu sein, kann nicht an der Religion selbst festgemacht werden. Er muss sich an dem Beitrag messen, den eine Religion zur Humanisierung der Welt beisteuert.
Mit dieser provokanten These werden die drei monotheistischen Weltreligionen in G. E. Lessings Ringparabel „Nathan der Weise" konfrontiert. Zugleich rückt diese Parabel eine Reihe bis heute aktuell gebliebener Fragen in den Blick:

- Inwiefern ist das Handeln ein hinreichendes Kriterium für die Wahrheit einer Religion?
- Wie halten es die Religionen mit der Toleranz?
- Gelten Wahrheitsansprüche von Religionen nur für die eigenen Anhänger oder für alle Menschen?

Der Wahrheitsanspruch der Religionen

Den Religionen geht es um eine Wirklichkeit, die über die naturwissenschaftlich erforschbare Welt hinausreicht. Ihre Wahrheit bezieht sich auf das Göttliche und betrifft z. B. den durch Selbstkundgabe (Offenbarung) mitgeteilten Willen oder Heilsplan Gottes. Solche göttlichen Wahrheiten gelten für die Gläubigen **unabhängig** vom menschlichen **Handeln** oder den historischen Veränderungen. Eine inhumane Welt kann sie nicht widerlegen. Man spricht deshalb auch von **absoluten** oder letzten **Wahrheiten**.

Ein **Problem** entsteht, wenn Religionen, die zum Beispiel alle von der Existenz eines einzigen Gottes ausgehen, zu unterschiedlichen Aussagen über dessen Willen oder Heilsplan gelangen. Auf solche **konkurrierenden Wahrheitsansprüche** antworten der Exklusivismus, der Inklusivismus und der Pluralismus.

1. Der Exklusivismus

Wer diesen Standpunkt bezieht, geht davon aus, dass allein die **eigene Religion** den wahren Heilsweg und die letztgültige Wahrheit vermittelt. Ein solcher Standpunkt ist in allen Offenbarungsreligionen angelegt.
In diesem Sinn versteht z. B. der fromme Jude das erste Gebot exklusiv, in dem es heißt: „Ich bin Jahwe, dein Gott, der dich aus Ägyptenland geführt hat. Und Du sollst keine anderen Götter neben mir haben." (2. Moses 20,1)
Für den Christen gilt das Jesu-Wort: „Ich bin der Weg, die Wahrheit und das Leben; niemand kommt zum Vater denn durch mich." (Joh. 14,6)
Im Islam mahnt die Sure 3,85 die Gläubigen: „Der eine andere Religion als den Islam begehrt; nimmer soll sie von ihm angenommen werden, und im Jenseits wird er unter den Verlierern sein!"

2. Der Inklusivismus

Will man daran festhalten, dass der eigene Glaube der wahre Glaube ist, **ohne** zugleich **andere Religionen zu verurteilen**, bietet sich der Inklusivismus an. Mit ihm wird an der eigenen Religion als dem unüberbietbaren Zugang zum Heil festgehalten, zugleich wird jedoch eingeräumt, dass andere Religionen ebenfalls Elemente des Heils und der Wahrheit (Offenbarung) vermitteln können. Gegen den Inklusivismus spricht, dass die mit ihm verbundene Höherstellung der eigenen Religion als **Herabminderung** anderer Religionen wahrgenommen werden kann. Auch wird man bedenken müssen, dass es als **Vereinnahmung** missverstanden werden kann, wenn eine Religion der anderen zugesteht, Elemente der Wahrheit zu besitzen, die ihr eigenes Selbstverständnis begründet.

3. Der Pluralismus

Im Pluralismus werden die verschiedenen Religionen als grundsätzlich „**gleichwertige**", nicht aber als gleich wahre **Antworten** auf die Erfahrung einer transzendenten

Wirklichkeit aufgefasst. Das Problem der absoluten Wahrheit wird hier also nicht gelöst. Schließlich können unterschiedliche Wahrheiten nicht alle gleichermaßen in einem absoluten Sinn wahr sein. Es wird aber die **Eigenart** und **historische Einmaligkeit** jeder religiösen Praxis gewürdigt und als ein **Wert** herausgestellt, der allen Religionen in gleicher Weise zugesprochen werden kann. Dies erleichtert die **Verständigung** der Religionen untereinander erheblich, da eine gegenseitige **Wertschätzung** nicht von den Glaubenswahrheiten der einzelnen Religionen abhängig ist.

Welche der drei Positionen auch immer eingenommen wird, unter ethischem Gesichtspunkt sollten bei einem interreligiösen Dialog niemals **grundlegende Werte** verletzt werden. Hierzu gehört **Toleranz** ebenso wie die **Freiheit** oder **Würde der Person**.

Wie halten es die Religionen mit der Toleranz

Dadurch, dass unterschiedliche Religionen und Weltanschauungen auch heute nicht immer gewaltlos nebeneinander leben, kommt dem Begriff der **Toleranz** eine besondere Bedeutung zu. In „Nathan der Weise" entwirft Lessing hierfür ein Modell. Den Religionen soll es ihm zufolge nicht nur um die Wahrheit, sondern vielmehr um die Humanisierung der Welt und um Frieden gehen. Lessing sah zwar bereits den Widerspruch zwischen der einen, absoluten Wahrheit und dem Vorhandensein und der Anerkennung vieler unterschiedlicher Religionswahrheiten. Aber die „Weisheit" Nathans besteht in der List, dieses Dilemma nicht zugunsten einer Religion aufzulösen, sondern die Religionen gleichberechtigt nebeneinander zu verfolgen.
Heute versuchen die Weltreligionen ebenfalls, ihren Anspruch auf absolute Wahrheit zu wahren, gleichzeitig aber im **interreligiösen Dialog** zusammenzuarbeiten.

Der interreligiöse Dialog

Der Dialog zwischen den Religionen besitzt eine praktische, eine wissenschaftliche und eine spirituelle Seite.
Auf der **praktischen** Ebene geht es um Zusammenarbeit im Dienst der Entwicklung des friedlichen und humanen menschlichen Zusammenlebens.
Auf **wissenschaftlicher** Ebene werden Gemeinsamkeiten und Unterschiede in der Theologie der unterschiedlichen Religionen erarbeitet. Dabei geht es vor allem um das Kennenlernen und die Auseinandersetzung mit der anderen Religion, um diese und ihre Anhänger besser verstehen zu können.
Schließlich besteht der interreligiöse Austausch der **spirituellen** Erfahrungen (Gebet, Meditation) der verschiedenen Religionen, um die Religion der anderen mit Einfühlungsvermögen und Respekt von innen heraus zu erfahren und zu verstehen.

Das Wichtigste auf einen Blick

*Religionen erheben einen **Wahrheitsanspruch** für ihre Überzeugungen. Um zu vermeiden, dass durch den jeweiligen Wahrheitsanspruch Konflikte zwischen den verschiedenen Glaubensgemeinschaften entstehen, treten die Religionen in einen **interreligiösen Dialog**. Dieser soll vornehmlich durch **Toleranz** und **Achtung** speziell der Würde und Freiheit aller Gläubigen aller verschiedenen Religionen geprägt sein.*

Aktionsforum

Projekt: Interreligiöser Dialog

Interreligiöser Dialog kann sich in vielfältiger Weise zeigen, so z. B. im alltäglichen Umgang zwischen Menschen verschiedener Religionen oder beim Gebet. Auch in gemeinsamen Projekten zeigt sich dieser Dialog, wenn es beispielsweise um den gemeinsamen Kampf gegen Hunger, Unrecht oder Gewalt geht.

1 Recherchieren Sie nach Institutionen und Bewegungen, für die der interreligiöse Dialog von Bedeutung ist. Bilden Sie Gruppen und forschen Sie zu für Sie interessanten Themen aus dem Bereich interkultureller Dialog. Hier einige Anregungen:
- Aufgabenfelder der Organisationen,
- ihre Zielsetzungen,
- Verbreitung und Mitglieder,
- Preise und Auszeichnungen,
- gemeinsame spirituelle Ausdrucksformen.

Friedenstreffen der Weltreligionen in Krakau 2009

2 Entwickeln Sie anhand Ihrer Ergebnisse eine Powerpoint-Präsentation zum interreligiösen Dialog. Nutzen Sie dabei eines der folgenden Prinzipien als Gestaltungsleitfaden:

a) Von der geografischen Nähe zur Ferne. Bei diesem Prinzip geht es darum, zunächst die Themeninhalte zu präsentieren, die in lokaler Nähe zu Ihrer Schule sind.

b) Prinzip des Exemplarischen. Hier wird an einem Einzelfall, z. B. MISSIO, die generelle Arbeitsweise erläutert. Anschließend werden weitere Informationen aus ähnlichen Organisationen dargestellt.

Philosophische Untersuchung: Toleranz

„Ich ziehe Demonstrationen der Toleranz den Demonstrationen der Intoleranz jederzeit vor, und doch habe ich weiterhin gewisse Vorbehalte gegenüber dem Wort ‚Toleranz' und dem Diskurs, den es organisiert. Es ist ein Diskurs mit religiösen Wurzeln, er steht meistens auf Seiten der Macht, immer verbunden mit gewissen herablassenden Konzessionen."
(Jacques Derrida)

„Wir müssen lernen, ohne Arroganz mit Muslimen und dem Islam zu leben. Aber es gilt zugleich, dass unsere Werte der Menschenrechte, der Toleranz universelle Werte und nicht verhandelbar sind."
(Wolfgang Schäuble)

„Toleranz ist der Verdacht, dass der Andere recht hat."
(Kurt Tucholsky)

1 Analysieren Sie die einzelnen Zitate in Partnerarbeit. Erarbeiten Sie dabei den jeweils wirksamen Begriff von Toleranz. Formulieren Sie dazu ähnliche Sätze, die das jeweilige Verständnis von Toleranz zum Ausdruck bringen.

2 Entwickeln Sie eine eigene Definition für Toleranz. Vergleichen Sie anschließend Ihre Definition mit Ausführungen zu Toleranz im Informationsforum.

3 Verfassen Sie einen Essay, in dem Sie den Zusammenhang von Toleranz und Wahrheitsanspruch der Religionen klären. Beziehen Sie in diesem Essay in besonderem Maße persönliche Erfahrungen und Einschätzungen ein.

Die Religionen im Dialog – Verantwortung für Frieden und Gerechtigkeit

Friedensgipfel in Assisi am 24. Januar 2002

Wortlaut der Erklärung der Delegierten von 12 Religionen und 31 christlichen Kirchen zum Abschluss des interreligiösen Friedensgipfels in Assisi im Jahr 2002:

– Wir verpflichten uns, unsere feste Überzeugung zu proklamieren, dass Gewalt und Terrorismus im Kontrast zu einem echten religiösen Geist stehen. Wir verurteilen jeden Rückgriff auf Gewalt und Krieg im Namen Gottes oder der Religion und verpflichten uns, alles Mögliche zu tun, um die Ursachen des Terrorismus auszumerzen.
– Wir verpflichten uns, die Menschen zu gegenseitigem Respekt und gegenseitiger Hochachtung zu erziehen, damit sich ein friedliches und solidarisches Zusammenleben zwischen den Angehörigen unterschiedlicher Ethnien, Kulturen und Religionen realisieren lässt.
– Wir verpflichten uns, die Kultur des Dialogs zu fördern, damit gegenseitiges Verständnis und Vertrauen zwischen den Einzelnen und Völkern wachsen, die Voraussetzung für einen echten Frieden sind.
– Wir verpflichten uns, das Recht jeder menschlichen Person auf ein würdiges Leben gemäß seiner eigenen kulturellen Identität zu verteidigen – und auf die freie Gründung einer eigenen Familie.
– Wir verpflichten uns zum aufrichtigen und geduldigen Dialog, nicht um nachzuspüren, wie sehr uns unüberwindbare Mauern trennen, sondern um im Gegenteil zu erkennen, dass die Begegnung mit einer anderen Realität zu besserem gegenseitigen Verständnis beitragen kann.

Die hier abgedruckten fünf „Verpflichtungen" der Religionen bilden nur die Hälfte des ursprünglichen Wortlauts.

1 Erarbeiten Sie in Gruppen weitere Verpflichtungen der Religionen und tauschen Sie sich darüber in einer Art „Klassenfriedensgipfel" aus.

2 Erstellen Sie eine Reihenfolge der Verpflichtungen ihrer Wichtigkeit nach.

Untersuchung: Wahrheitsanspruch

Die katholische Kirche formuliert im II. Vatikanischen Konzil: „Die katholische Kirche lehnt nichts von alledem ab, was in diesen Religionen wahr und heilig ist. Mit aufrichtigem Ernst betrachtet sie jene Handlungs- und Lebensweisen, jene Vorschriften und Lehren, die zwar in manchem von dem abweichen, was sie selber für wahr hält und lehrt, doch nicht selten einen Strahl jener Wahrheit erkennen lassen, die alle Menschen erleuchtet. Unablässig aber verkündet sie und muss sie verkündigen: Christus, der ist „der Weg, die Wahrheit und das Leben" (Joh 14,6), in dem die Menschen die Fülle des religiösen Lebens finden, in dem Gott alles mit sich versöhnt hat."

1 Ordnen Sie den Text einer der folgenden Positionen zu: Exklusivismus, Inklusivismus, Pluralismus. Begründen Sie Ihr Urteil.

2 Verfassen Sie in Kleingruppen Texte, die das Problem lösen: Legen Sie dabei einen Schwerpunkt auf rationale Begründungen und Argumentationen.

3.5 Positionen der Religionskritik

Francisco Goya: Der Schlaf der Vernunft gebiert Ungeheuer, 1799

Ein religionskritisches Interview

Der Soziologe Michael N. Ebertz (Soziologe mit dem Schwerpunkt Religion; Professor an der Katholischen Fachhochschule in Freiburg) sieht keinen Platz mehr für die Kirchen als Gnadenanstalten. Religiosität folgt persönlichen Überzeugungen.

„Nur noch eine Sozialform“

FOCUS: Zwei von drei Deutschen glauben an Gott in irgendeiner Form, aber nur eine kleine Minderheit assoziiert damit Christus. Wie erklären Sie das?

Ebertz: Die deistische Gottesvorstellung breitet sich aus. Formulierungen wie „Gott ist jemand, der sich in Christus zu erkennen gibt“ findet sehr wenig Akzeptanz.

FOCUS: Haben Sie eine Erklärung?

Ebertz: Gesellschaftliche Pluralisierung! Religiosität ist in Bewegung geraten. Sie ist zunehmend eine Frage der persönlichen Überzeugung und immer weniger der kollektiven Verbindlichkeit. Dogmatische Formeln haben immer weniger Plausibilität.

FOCUS: Damit die katholische Kirche?

Ebertz: Dort sind Erosionen derzeit besonders sichtbar. Der moderne Mensch erlebt alles als relativ. In Glaubensdingen erkennt er, dass man immer alles auch anders sehen kann. Eindeutige Formulierungen entsprechen nicht mehr der heutigen Erfahrung.

FOCUS: Rom tut aber noch so, als müsse es Glaubenskonsens geben.

Ebertz: Man pflegt Glaubenskonsensfiktionen. Immer mehr Leute können einfach nicht mehr so glauben, wie es die Kirche erwartet.

FOCUS: Ist das völlig neu?

Ebertz: In diesem Ausmaß vermutlich ja. Auch Katholiken lassen das alteuropäische Modell aus Glaubensbefehl und -gehorsam hinter sich. Dieses Modell der Religion als Gnadenanstalt, in die man ungefragt hineingeboren wird oder der man sich unterwirft, kann die Moderne nicht mehr akzeptieren. Die evangelische Kirche lässt mehr Subjektivität zu.

FOCUS: Müsste die katholische also protestantischer werden?

Ebertz: Sie hat sich doch schon stark protestantisiert. Dafür gibt es Beispiele, etwa bei Kirchenliedern. Früher wurde gesungen: Ich will die Kirche hören. Heute heißt es an gleicher Stelle: Ich will Gottes Lehren folgen.

FOCUS: Eine Folge des letzten Konzils?

Ebertz: Es hat Religionsfreiheit anerkannt. Wer dies tut, stellt sich freilich selbst zur Disposition und erlaubt dem Individuum, frei zu wählen. Er sagt auch, dass es viele Heilswege gibt.

FOCUS: Wird das generell akzeptiert?

Ebertz: Nein. Vor allem einfache Leute erwarten diese Freiheit nicht, sondern klare Anweisungen.

FOCUS: Was geschieht, wenn die Mehrheit sich nichts mehr vorschreiben lassen will, die Kirche aber weiter die Wahrheit beansprucht?

Ebertz: Das moderne Leben lässt sich nicht mehr unter die Regie einer Religion stellen. Viele Daseinsbereiche sind frei von religiöser Kontrolle. Die Kirche ist nur noch einer unter vielen Daseinsbereichen.

FOCUS: Mit welchen Folgen?

Ebertz: Die Kirchenreligion ist nur noch eine Perspektive, eine wichtige Anregung. Aber man kann sie nicht 1:1 ins Leben übersetzen. Jede Religion, die dies versucht, verliert an Glaubwürdigkeit. Sie wird als totalitär erlebt, als Sekte, die alles vorschreibt, kontrolliert und sanktioniert.

FOCUS: Nichts für die Mehrheit?

Ebertz: Absolut nicht, die Kirchen sind im Vergleich zu Sekten liberale Organisationen geworden. Sie kennen heute keine wirklichen Sanktionen.

FOCUS: Zumindest für die nicht, die nicht direkt von ihnen abhängen.

Ebertz: Ja, weil es auch das geschlossene Milieu nicht mehr gibt. Früher war ja selbst die Freizeit konfessionell geprägt. Man tanzte katholisch. Man spielte katholisch Fußball.

FOCUS: Warum treten aus der evangelischen Kirche mehr aus als aus der katholischen?

Ebertz: Die Reformation hat eine Tradition des Christentums ohne Kirche eingeleitet, die sich unter heutigen Bedingungen jenseits des Obrigkeitsstaats zuspitzt.

Die katholische Kirche ist international attraktiv, auch wenn viele sie nicht für glaubwürdig halten. Eine These wäre, katholisch ist spannender, weil man dort noch immer mit Forderungen konfrontiert wird, so und nicht anders zu leben, bis hin zum Sexualleben. Worüber kann man denn noch in der evangelischen Kirche reden? Da ist keine kommunikative Spannung mehr.

FOCUS: Das würde etwas mehr Hoffnung für die katholische Kirche bedeuten?

Ebertz: Wenn diese Spannung erzeugt wird. Sie erhebt einen Höchstanspruch, von dem jeder weiß, dass er nicht lebbar ist. Das wirft Fragen und Probleme auf, schafft deshalb Kommunikation.

FOCUS: Ein Grund zu bleiben?

Ebertz: Einer. Viele bleiben aber auch aus Pietät, aus Rücksicht auf die Eltern. Wenn dieses Verhältnis gestört ist, treten sie aus. Ein weiterer Punkt ist, dass Kirchenmitgliedschaft im Westen noch immer sozial konform ist.

FOCUS: Wird heute noch jemand geächtet, der ausgetreten ist?

Ebertz: Es gibt schon noch Boykott. Man schneidet sie. Das wissen jene gut, die in den 30er-Jahren Nazis und in den 50gern Sozialisten wurden.

FOCUS: Das gilt aber nicht mehr.

Ebertz: Kirche eröffnet und kontrolliert Lebenschancen, z. B. Kindergartenplätze! In Deutschland gibt es große Zustimmung zur Kirche als Sozialkirche. Man zahlt Kirchensteuer und macht sich die Hände nicht schmutzig, weil die Kirchen Alte und Kranke pflegen, Kinder, Jugendliche und Randgruppen betreuen. Zweitens feiern die Familien in den großen religiösen Festen der Kirche wie Weihnachten sich selbst. Das gilt selbst für Menschen, die nicht einmal mehr gottgläubig sind.

FOCUS: Ist es also den Kirchen egal, ob sie nur Mitglieder oder auch Gläubige haben?

Ebertz: In der Tat ist die Kirche im soziologischen Sinn keine Überzeugungsgemeinschaft. Kirche ist eine Sozialform, die Gläubige und Ungläubige vereinigt, die offen für alle ist und jedem etwas bietet. Sie muss deshalb auch jeden individuell ansprechen.

FOCUS: Leben wir somit in einer christlich geprägten Kultur mit christlichen Kirchen, aber ohne Christen?

Ebertz: Wir leben in einer überlieferten Ordnung mit einer abgesunkenen Christlichkeit unter modernen Bedingungen. Wir haben eine christentümliche Kultur, in der die Kirchen noch immer etwas bieten, wofür es keinen Ersatz gibt, aber geschwächt sind. Es handelt sich weniger um Entchristlichung als um Entkirchlichung.

FOCUS: Kann das auf Dauer halten?

Ebertz: Man kann auch Integration über Fragen schaffen, wenn Gott nicht anders als in Fragen zu begreifen ist.

FOCUS: Wären wir dann wieder bei der mehr mystischen Kirche?

Ebertz: Suchen und fragen ist eine Grundhaltung der Mystik.

(aus Focus 14/1999)

Jugendliche auf dem Kirchentag 2007 in Köln

Diskussionsforum

Francesco Goya: Der Schlaf der Vernunft gebiert Ungeheuer

1 Analysieren Sie das Bild im Hinblick auf seine einzelnen Motive und bestimmen Sie Zentrum, Vorder- und Hintergrund.

2 Diskutieren Sie: Was passiert, wenn die Vernunft religiöser Menschen schläft?

3 Deuten Sie den Titel des Bildes. Bringen Sie dabei Text und Bildmotive in einen schlüssigen Zusammenhang.

Ein religionskritisches Interview

1 Fassen Sie die zentralen Aussagen Ebertz' schriftlich zusammen.

2 Diskutieren Sie, inwieweit Sie sich der Position des Soziologen anschließen können. Entwickeln Sie dabei insbesondere mögliche Gegenargumente.

3 Im Interview werden hauptsächlich Aussagen über das Christentum getroffen. Recherchieren und beurteilen Sie: Wie sehen diese Analysen bezüglich anderer Religionen aus?

Quer gedacht

Eine Geschichte von Herrn Keuner

Einer fragte Herrn K., ob es einen Gott gäbe. Herr K. sagte: „Ich rate dir, nachzudenken, ob dein Verhalten je nach der Antwort auf diese Frage sich ändern würde. Würde es sich nicht ändern, dann können wir die Frage fallen lassen. Würde es sich ändern, dann kann ich dir wenigstens noch so weit behilflich sein, dass ich dir sage, du hast dich schon entschieden: Du brauchst einen Gott." (Bertold Brecht)

1 Beschreiben Sie die Kommunikationssituation in dieser Geschichte. Wären Sie als Fragender mit dieser Gesprächsführung einverstanden?

2 Ist es möglich, diese Geschichte als Kritik an Religion zu verstehen? Oder kann man sie als Verteidigung der Religion deuten? Sammeln Sie Argumente und diskutieren Sie.

Sichtweisen auf die Religion

- *„Ich betrachte die Religion als Krankheit, als Quelle unnennbaren Elends für die menschliche Rasse."*
(Bertrand Russell)
- *„Angewöhnung geistiger Grundsätze ohne Gründe nennt man Glauben."*
(Friedrich Nietzsche)
- *„Religion ist Opium für das Volk."*
(Karl Marx)
- *„Glaubt ihr denn, dass der liebe Gott katholisch ist?"* (Georg Christoph Lichtenberg)
- *„Christi Niederlage war nicht die Kreuzigung, sondern der Vatikan."*
(Jean Cocteau)

1 Analysieren Sie die hier formulierten Zitate und formulieren Sie möglichst präzise, an welchen Sachverhalten hier Kritik geübt wird. Veranschaulichen Sie Ihre Ergebnisse in einem Strukturbild.

2 Entwickeln Sie Argumentationen, inwiefern die vorliegenden Zitate eine Berechtigung haben und inwieweit sie überzogen sind.

Alles das Gleiche?

Beschreiben Sie die Karikatur; achten Sie besonders auf Details. Erklären Sie ihren Aussagegehalt und diskutieren Sie die Berechtigung der Aussage.

Informationsforum

Klassische Formen der Religionskritik

Religionskritik kann sich gegen die **Religion** im **Allgemeinen**, aber auch gegen die **religiöse Praxis** und die **gesellschaftliche Rolle richten**, die Glaubensgemeinschaften als Institution ausüben. So kann man zum Beispiel die Existenz eines allmächtigen und guten Gottes angesichts des Theodizeeproblems in Frage stellen oder der Auffassung sein, dass Gott nur eine Erfindung ist, die dazu dient, weite Bevölkerungsschichten zu Verhaltensweisen zu bewegen, die eine religiös-geistige Elite durchsetzen will. Insbesondere der keineswegs nur positive gesellschaftliche Einfluss von Religionen gab immer wieder Anlass zur Religionskritik. Man denke nur an die Inquisition, die Religionskriege oder religiös motivierte Terroranschläge in unserer Zeit. Richtet sich Religionskritik auf **spezielle Religionen aus**, werden Fragen formuliert, etwa „Ist die Sexualmoral des Christentums nicht überholt?“ oder „Muss im Islam die Gleichberechtigung nicht stärker verwirklicht werden?“.

Beispiel einer Religionskritik: Die Projektionsthese

Religionskritische Nachfragen waren in der ganzen Philosophiegeschichte, insbesondere aber in der Religionsphilosophie der **Neuzeit**, von großer Bedeutung. Berühmte Philosophen wie **Immanuel Kant, Georg W. F. Hegel, Ludwig Feuerbach, Karl Marx, Friedrich Nietzsche oder Alfred N. Whitehead** versuchten die damit verbundenen Probleme einer Lösung zuzuführen.

Der Philosoph **Ludwig Feuerbach** entwickelte in seinem Hauptwerk „Das Wesen des Christentums“ einen fundamentalen Angriff gegen Religionen. Bereits in der Antike gab es die Vorstellung, dass sich die Götter nach den Vorstellungen der Menschen richten. Feuerbach radikalisiert diese Ansicht: Gott sei nichts anderes als die **Projektion** menschlicher **Wünsche und Ideale** auf ein höheres Wesen. Religion sei demnach nichts anderes als der Versuch, durch eine Fantasievorstellung glücklich zu werden. Das höhere Wesen, eben **Gott**, **existiert** in Wirklichkeit gar **nicht**. Es existieren lediglich Wünsche und Ideale, etwa von einer perfekten, liebenden und schützenden Vaterfigur. Diese Vorstellungen werden in der Gestalt Gottes personifiziert. Solche Projektionen funktionieren deshalb so gut, weil der Mensch in emotionalen Beziehungen (Zuneigung, Liebe) lebt und kein reines Verstandeswesen ist. Feuerbachs Argumentation wird dadurch verstärkt, dass er mit seiner Theorie auch den Wandel der Gottesbilder erklären kann, wie er sich seit der Antike vollzogen hat. Dieser Wandel beruht für Feuerbach auf einem Wandel der Werte, Ideale und Wünsche.

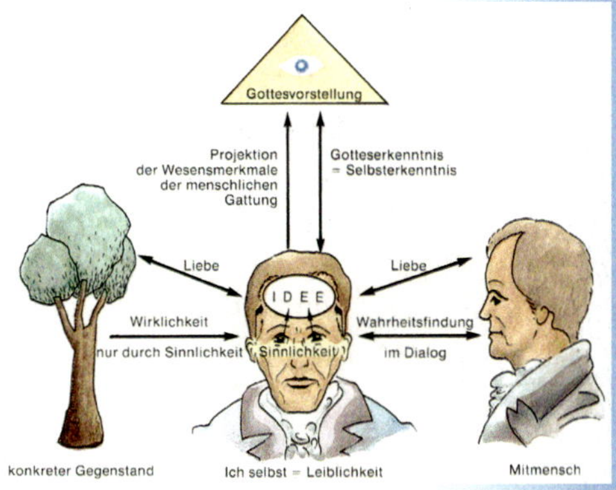

Zur Philosophie Ludwig Feuerbachs

Das Wichtigste auf einen Blick

*Es gibt **verschiedene Formen** der **Religionskritik**, wobei diese Art der Philosophie seit der **Neuzeit** besonders häufig untersucht wurde. **Ludwig Feuerbach** ist mit seiner **Projektionsthese** einer der profiliertesten Vertreter der Religionskritik.*

Aktionsforum

Rollenspiel: Streitgespräch

Bilden Sie mehrere Gruppen. Gestalten Sie eine kleine Theaterszene, in der Vertreter verschiedener Religionen (z. B. Christ, Muslim, Jude) und ein Atheist und/oder Agnostiker ein Streitgespräch über Religionen führen.

1 Entwerfen Sie einen Anlass, bei dem das Gespräch stattfinden kann. Gestalten Sie Ihre Figuren mit typischen Merkmalen ihrer sozialen Rolle aus.

2 Entwerfen Sie einen Streitpunkt, von dem das Gespräch aus seinen Anfang nimmt und führen Sie das Gespräch dergestalt fort, dass grundsätzlich über Religion gestritten wird.

3 Entwerfen Sie einen Schluss für Ihre Szene.

Projekt: Religionskritik

Bilden Sie vier Gruppen und recherchieren Sie zu vier der bekanntesten Gegner von Religionen. Ziel ist es, über vier Wandzeitungen Ihrer Schule eine Ausstellung zum Thema Religionskritik zu präsentieren.

Gruppe 1: Friedrich Nietzsche

Erstellen Sie eine kurze Biografie zu Friedrich Nietzsche, auch mit Bildern. Sammeln Sie Informationen und Texte (Internet und Bücher, insbesondere Lexika), die die Religionskritik Friedrich Nietzsches wiedergeben. Entwerfen Sie eigene Schaubilder und eigene Texte (z. B. Kommentare, Stellungnahmen) zu seiner Religionskritik.

Gruppe 2: Karl Marx

Erstellen Sie eine kurze Biografie zu Karl Marx, auch mit Bildern. Sammeln Sie Informationen und Texte (Internet und Bücher, insbesondere Lexika), die die Religionskritik

Religion ist Opium für das Volk

Karl Marx' wiedergeben. Gehen Sie dazu auch kurz auf den von ihm entworfenen Gesellschaftsaufbau ein. Entwerfen Sie eigene Schaubilder und eigene Texte (z. B. Kommentare, Stellungnahmen) zu seiner Religionskritik.

Gruppe 3: Sigmund Freud

Erstellen Sie eine kurze Biografie zu Sigmund Freud, auch mit Bildern. Sammeln Sie Informationen und Texte (Internet und Bücher, insbesondere Lexika), die die Religionskritik Freuds wiedergeben. Gehen Sie dazu auch kurz auf den „psychischen Apparat" (Ich – Es – Über-Ich) ein. Entwerfen Sie eigene Schaubilder und eigene Texte (z. B. Kommentare, Stellungnahmen) zu seiner Religionskritik.

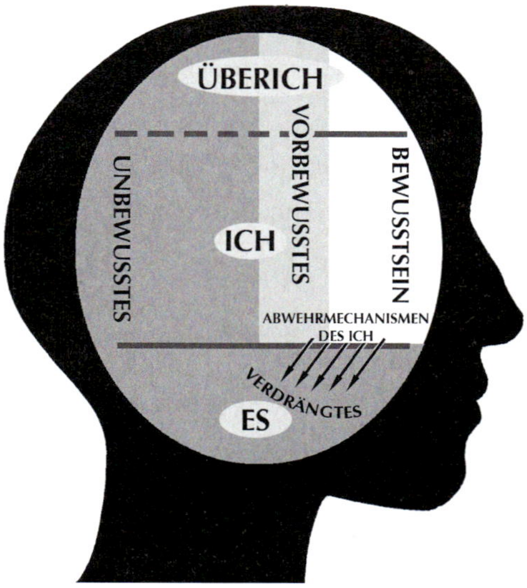

Gruppe 4: Bertrand Russel

Erstellen Sie eine kurze Biografie zu Bertrand Russel, auch mit Bildern. Sammeln Sie Informationen und Texte (Internet und Bücher, insbesondere Lexika), die die Religionskritik Russels wiedergeben. Gehen Sie dazu auch auf Russels „Teekannen-Analogie“ ein. Entwerfen Sie eigene Schaubilder und eigene Texte (z. B. Kommentare, Stellungnahmen) zu seiner Religionskritik.

Gedankenspiel: Ludwig Feuerbachs Projektionsthese

Aus Xenophanes „Spottgedichten“

a) *„Alles hingen den Göttern sie an, Hesiod und Homer, was bei den Menschen als Schande gilt und Tadel hervorruft: Stehlen, Untreue gegen den Gatten, einander betrügen.“*

b) *„Aber die Sterblichen wähnen, die Götter würden geboren, und sie hätten Gestalt und Tracht und Sprache wie sie.“*

c) *„Hätten die Ochsen, Rosse und Löwen Hände und könnten malen und Werke sie schaffen und bilden gleich dem Menschen, dann würde das Pferd wie ein Roß und ähnlich dem Ochsen der Ochse seine Götter gestalten und Körper würden sie bilden, so wie jegliches selbst das eigene Aussehen kennt.“*

d) *„Äthiopier sehen ihre Götter stumpfnasig, schwarz; glänzenden Auges, rothaarig stellen die Thraker sie dar.“*

(zit. nach Grünwald, 1991, S. 88 (Diels/Kranz, B 11, S. 12 ff.))

Aus Ludwig Feuerbachs „Das Wesen des Christentums“

Wie der Mensch denkt, wie er gesinnt ist, so ist sein Gott: soviel Wert der Mensch hat, soviel Wert und nicht mehr hat sein Gott. Das Bewusstsein Gottes ist das Selbstbewusstsein des Menschen, die Erkenntnis Gottes die Selbsterkenntnis des Menschen. Aus seinem Gotte erkennst du den Menschen und wiederum aus dem Menschen seinen Gott; beides ist eins. Was dem Menschen Gott ist, das ist sein Geist, seine Seele, und was des Menschen Geist, seine Seele, sein Herz, das ist sein Gott: Gott ist das offenbare Innere, das ausgesprochne Selbst des Menschen; die Religion die feierliche Enthüllung der verborgnen Schätze des Menschen, das Eingeständnis seiner innersten Gedanken …

(Feuerbach: Das Wesen des Christentums. Philosophie von Platon bis Nietzsche, S. 46410)

Benutzen Sie für die folgenden Aufgaben das Informationsforum.

1 Geben Sie den Inhalt der „Spottgedichte“ mit Ihren eigenen Worten wieder.

2 Erklären Sie, inwiefern in diesen „Spottgedichten“ eine Projektionsthese vorliegt.

3 Erklären Sie anhand des Feuerbach-Textes die Projektionsthese mit Ihren eigenen Worten. Benutzen Sie die im Informationsforum abgebildete Grafik.

4 Versuchen Sie eine Anwendung der Projektionsthese: Welche Religionen projizieren welche Werte, Wünsche und Ideale? Erstellen Sie in Partnerarbeit eine Liste zu den großen Weltreligionen und vergleichen Sie Ihre Ergebnisse im Klassengespräch.

5 Formulieren Sie schriftlich je ein Argument für und gegen die Projektionsthese.

Gedankenspiel: Gott ist tot!

Der folgende Text stammt aus Friedrich Nietzsches Werk „Die fröhliche Wissenschaft" und zählt zu den bekanntesten Religionskritiken überhaupt.

Der tolle Mensch. – Habt ihr nicht von jenem tollen Menschen gehört, der am hellen Vormittage eine Laterne anzündete, auf den Markt lief und unaufhörlich schrie: „Ich suche Gott! Ich suche Gott!" – Da dort gerade viele von denen zusammenstanden, welche nicht an Gott glaubten, so erregte er ein großes Gelächter. Ist er denn verlorengegangen?, sagte der eine. Hat er sich verlaufen wie ein Kind?, sagte der andere. Oder hält er sich versteckt? Fürchtet er sich vor uns? Ist er zu Schiff gegangen? Ausgewandert? – so schrien und lachten sie durcheinander. Der tolle Mensch sprang mitten unter sie und durchbohrte sie mit seinen Blicken. „Wohin ist Gott?", rief er, „ich will es euch sagen! Wir haben ihn getötet – ihr und ich! Wir alle sind seine Mörder! Aber wie haben wir dies gemacht? Wie vermochten wir das Meer auszutrinken? Wer gab uns den Schwamm, um den ganzen Horizont wegzuwischen? Was taten wir, als wir diese Erde von ihrer Sonne losketteten? Wohin bewegt sie sich nun? Wohin bewegen wir uns? Fort von allen Sonnen? Stürzen wir nicht fortwährend? Und rückwärts, seitwärts, vorwärts, nach allen Seiten? Gibt es noch ein Oben und ein Unten? Irren wir nicht wie durch ein unendliches Nichts? Haucht uns nicht der leere Raum an? Ist es nicht kälter geworden? Kommt nicht immerfort die Nacht und mehr Nacht? Müssen nicht Laternen am Vormittage angezündet werden? Hören wir noch nichts von dem Lärm der Totengräber, welche Gott begraben? Riechen wir noch nichts von der göttlichen Verwesung? – auch Götter verwesen! Gott ist tot! Gott bleibt tot! Und wir haben ihn getötet! Wie trösten wir uns, die Mörder aller Mörder? Das Heiligste und Mächtigste, was die Welt bisher besaß, es ist unter unsern Messern verblutet – wer wischt dies Blut von uns ab? Mit welchem Wasser könnten wir uns reinigen? Welche Sühnefeiern, welche heiligen Spiele werden wir erfinden müssen? Ist nicht die Größe dieser Tat zu groß für uns? Müssen wir nicht selber zu Göttern werden, um nur ihrer würdig zu erscheinen? Es gab nie eine größere Tat – und wer nur immer nach uns geboren wird, gehört um dieser Tat willen in eine höhere Geschichte, als alle Geschichte bisher war!" – Hier schwieg der tolle Mensch und sah wieder seine Zuhörer an: auch sie schwiegen und blickten befremdet auf ihn. Endlich warf er seine Laterne auf den Boden, dass sie in Stücke sprang und erlosch. „Ich komme zu früh", sagte er dann, „ich bin noch nicht an der Zeit. Dies ungeheure Ereignis ist noch unterwegs und wandert – es ist noch nicht bis zu den Ohren der Menschen gedrungen. (...) – Man erzählt noch, dass der tolle Mensch desselbigen Tages in verschiedene Kirchen eingedrungen sei und darin sein Requiem aeternam deo angestimmt habe. Hinausgeführt und zur Rede gesetzt, habe er immer nur dies entgegnet: „Was sind denn diese Kirchen noch, wenn sie nicht die Grüfte und Grabmäler Gottes sind?"

(Nietzsche: Die fröhliche Wissenschaft. Philosophie von Platon bis Nietzsche, S. 67476–78)

1 Schreiben Sie den Text dergestalt um, dass Sie ihn in Form eines Rollenspiels aufführen können.

2 Nutzen Sie die gelb hinterlegten Textpassagen, um mit Ihren Worten zu erläutern, welche verschiedenen Argumente gegen die Religion vorgebracht werden.

3 Nietzsche verurteilt die Religion nicht einfach, sondern behauptet auch, dass durch den Verlust von Glauben und Religion Werte verloren gehen. Erläutern Sie diese Ansicht mithilfe der grün unterlegten Texte. Klären Sie dabei, weshalb Nietzsches Text dennoch eine eindeutige Religionskritik formuliert.

4 Diskutieren Sie in Ihrer Klassengemeinschaft die Frage, welche Folgen es für das Leben der Menschen hätte, wenn konsequent auf die Vorstellung von Gott zu verzichten ist.

Das Wichtigste merken …

Menschenbild und Hermeneutik

1 Nennen Sie die drei Hauptelemente der Hermeneutik als Interpretationsverfahren und erläutern Sie diese unter Bezugnahme auf ein konkretes Beispiel (z. B. Orakelsprüche, biblische Texte, Kunstwerk usw.).

2 Klären Sie die Frage, ob es möglich sein kann, zu zwei ganz unterschiedlichen Deutungen mithilfe der Hermeneutik zu gelangen. Begründen Sie Ihre Antwort.

3 Wissenschaftler nutzen nicht nur die Methode der Hermeneutik, um zu Erkenntnissen zu gelangen.
- a) Nennen Sie eine weitere Methode des Erkenntnisgewinns und erläutern Sie diese.
- b) Stellen Sie heraus, worin sich diese Methode von der Hermeneutik unterscheidet.
- c) Halten Sie mindestens zwei Wissenschaften fest, die sich der Hermeneutik bedienen.

4 „Menschenbilder vermitteln Lebens- und Weltorientierung."
- a) Nehmen Sie auf dem Hintergrund Ihres Wissens über Menschenbilder zu dieser These Stellung.
- b) Betrachten Sie die Zeichnung und überlegen Sie, was sie über den Menschen aussagt und welches Bild vom Menschen ihr folglich zugrunde liegen könnte. Bringen Sie Ihre Überlegungen in einem Satz zum Ausdruck, der unter der Zeichnung stehen und sie verdeutlichen könnte.

5

„Bei der französischen Telekom haben sich innerhalb von achtzehn Monaten 24 Menschen das Leben genommen. Die vom Konzernchef ausgegebene Parole ‚Schnelligkeit, Reaktionsfähigkeit und Kontrolle' empfinden viele Mitarbeiterinnen und Mitarbeiter als ‚Terrormanagement', die mit immer weiteren Einsparungsmaßnahmen verbundenen Entlassungen … als ‚Menschjagd'. Je mehr Personal ein Manager einspart, desto besser wird er bezahlt."

(Miriam Meckel, Brief an mein Leben, Rowohlt 2010, S. 173 f.)

- a) Skizzieren Sie das Menschenbild, das Ihrer Ansicht nach die Praxis des Konzerns erklärt.
- b) Nehmen Sie zur Praxis des Firmenkonzerns aus ethischer Sicht Stellung.

Religiöse Menschenbilder: Abrahamsreligionen

1 Stellen Sie die Bedeutung folgender Wörter heraus: Abrahamsreligion, Offenbarungsreligion, Schöpfergott.

2 Die religiösen Überlieferungen der Abrahamsreligionen geben auf die Frage nach dem Entstehen des Menschen Auskunft.
- a) Halten Sie fest, welche Symbole oder Bilder hierbei eine Rolle spielen.

b) Überlegen Sie, welche Aussagen sich aus diesen Überlieferungen ergeben und halten Sie eine Ihrer Ansicht nach grundlegende Aussage fest.

3 „Die Würde des Menschen ist unantastbar!" Stellen Sie dar, wie sich diese Auffassung über ein religiöses Menschenbild begründen lässt.

4 Immer wieder trifft man auf die Ansicht, dass Juden, Christen oder Moslems veraltete und in unserer Zeit nicht mehr haltbare Vorstellungen von der Entstehung des Menschen und der Welt behaupten. Als Beleg hierfür wird dann darauf verwiesen, dass zum Beispiel die Vorstellung, Eva sei aus der Rippe des Adam entstanden, in unserer Zeit ganz und gar unhaltbar sei. Nehmen Sie zu dieser Kritik Stellung, berücksichtigen Sie dabei Ihre Kenntnisse zur Hermeneutik.

5

„Schon vor Jahren stellte Professor Donald T. Forman aus Illinois heraus, dass die chemischen Stoffe, aus denen der Mensch besteht, einen relativ geringfügigen Geldwert haben. Der Biochemiker Harold J. Morowitz von der amerikanischen Yale University machte daraufhin geltend, dass diese Sichtweise lediglich das bisschen Kohlen- und Wasserstoff, Kalk und Eisen veranschlagt, das im menschlichen Körper vorkommt, nicht aber die komplexeren biochemischen Prozesse im menschlichen Organismus berücksichtigt. Werden sie jedoch eingerechnet, müsste man den Wert des Menschen mit einer extrem hohen Geldsumme veranschlagen."

Stellen Sie heraus, worin sich diese Versuche, den Wert des Menschen zu bestimmen, von dem Wert unterscheiden, den die Abrahamsreligionen dem Menschen beimessen.

Theodizee

1 Legen Sie dar, was unter dem Theodizeeproblem verstanden wird.

2 Schildern Sie eine Situation oder ein Ereignis, das Menschen dazu veranlassen kann, sich mit dem Theodizeeproblem zu beschäftigen.

3 Der Philosoph **Gottfried Wilhelm Leibniz** versuchte, das Theodizeeproblem zu lösen.

a) Legen Sie die einzelnen Schritte seiner diesbezüglichen Überlegungen dar.

b) Nehmen Sie zu seiner Problemlösung kritisch Stellung.

4 „Die Menschen sind selbst am Leid in der Welt schuld. Leid ist die Folge ihres schlechten Handelns."

a) Nehmen Sie zu dieser These kritisch Stellung.

b) Deuten Sie die nachfolgende Karikatur und stellen Sie heraus, inwiefern sie auf das Theodizeeproblem Bezug nimmt.

5 Lesen Sie die nachfolgende Textpassage von Georg Christoph Lichtenberg.

Es ist eine Torheit zu glauben, es wäre keine Welt möglich, worin keine Krankheit, kein Schmerz und kein Tod wäre. Denkt man sich ja doch den Himmel so. Von Prüfungszeit, von allmähliger Ausbildung zu reden, heißt sehr menschlich von Gott denken und ist bloßes Geschwätz. Warum sollte es nicht Stufen von Geistern bis zu Gott hinauf geben, und unsere Welt das Werk von einem sein können, der die Sache noch nicht recht verstand, ein Versuch? Ich meine unser Sonnensystem, oder unser ganzer Nebelstern, der mit der Milchstraße aufhört. Vielleicht sind die Nebelsterne, die Herschel gesehen hat, nichts als eingelieferte Probestücke, oder solche, an denen noch gearbeitet wird. Wenn ich Krieg, Hunger, Armut und Pestilenz betrachte, so kann ich unmöglich glauben, dass alles das Werk eines höchst weisen Wesens sei; oder es muss einen von ihm unabhängigen Stoff gefunden haben, von welchem es einigermaßen beschränkt wurde; so dass dieses nur respektive die beste Welt wäre, wie auch schon häufig gelehrt worden ist".

(Georg Christoph Lichtenberg: Schriften und Briefe)

a) Arbeiten Sie Begriffe oder Gedanken heraus, die Ihnen von Gottfried Wilhelm Leibniz bekannt sind.
b) Stellen Sie Lichtenbergs Bewertung des Universums der Sichtweise von Leibniz gegenüber.
c) Nehmen Sie persönlich zu der Idee Lichtenbergs Stellung, dass es möglicherweise verschiedene, unterschiedlich gut ausgearbeitete Welten gibt. Begründen Sie Ihren Standpunkt.

6 Erläutern Sie, weshalb die alttestamentliche Erzählung von Hiob mit dem Theodizeeproblem in Verbindung gebracht werden kann.

Wahrheitsanspruch der Religionen

1 Klären Sie den Unterschied zwischen dem Standpunkt des Exklusivismus, des Inklusivismus und des Pluralismus in Bezug auf konkurrierende Glaubenswahrheiten.

2 Nennen Sie ein Beispiel für den Standpunkt des Inklusivismus und legen Sie dar, welche Einwände gegen diesen Standpunkt geltend gemacht werden können.

3 Im Konzil von Florenz 1442 wurde mit kirchenamtlichem Gewicht die Formel „extra Ecclesiam nulla salus" verkündet. Diese Formel bekennt, „dass niemand außerhalb der katholischen Kirche, weder Heide noch Jude noch Ungläubiger oder ein von der Einheit Getrennter, des ewigen Lebens teilhaftig wird, vielmehr dem ewigen Feuer verfällt ..., wenn er sich nicht vor dem Tod ihr [der Kirche] anschließt." (nach: Neuner-Roos, der Glaube der Kirche, 12 1986, S. 256)
a) Entscheiden Sie, ob diese Aussage den Standpunkt des Pluralismus, des Exklusivismus oder des Inklusivismus veranschaulicht. Begründen Sie Ihr Urteil.
b) Begründen oder widerlegen Sie die These, dass der in dieser Textpassage zum Ausdruck kommende Standpunkt in allen Offenbarungsreligionen angelegt ist. Sie können dazu auch Aussagen aus den schriftlichen Überlieferungen (Glaubensbücher) solcher Religionen nutzen.

4 Die Ringparabel aus Lessings „Nathan der Weise" kann als Versuch aufgefasst werden, das Problems konkurrierender Wahrheitsansprüche in den Religionen zu lösen.
a) Fassen Sie diese Parabel in eigenen Worten zusammen.
b) Legen Sie dar, wie in dieser Parabel das Problem verschiedener konkurrierender Religionen gelöst wird, die alle für sich absolute Wahrheit beanspruchen.
c) Diskutieren Sie die Problematik der Auffassung, dass sich die Wahrheit einer Religion an dem Beitrag zeigt, den sie für die Humanisierung der Welt leistet. Denken Sie dabei an den Begriff der absoluten Wahrheit.

5 Klären Sie den Begriff der Toleranz.
a) Diskutieren Sie die Frage nach den Möglichkeiten und Grenzen einer toleranten Haltung den verschiedenen Religionen gegenüber.
b) Nennen Sie zwei Forderungen, die von den Delegierten verschiedener Religionen im Friedensgipfel von Assisi 2002 festgehalten wurden.

c) Nennen Sie Grundwerte, auf die kein interreligiöser Dialog verzichten kann.
d) Nehmen Sie zu der These Stellung, dass ein interreligiöser Dialog notwendigerweise immer dann scheitert, wenn an ihm Vertreter eines Exklusivismus teilnehmen.

Begegnung von Papst Benedikt XVI. mit Organisationen für den interreligiösen Dialog am 11. Mai 2009 im Notre-Dame Zentrum in Jerusalem. Der Papst trifft Glaubensvertreter, unter ihnen Sheikh al Tamimi (r.).

Religionskritik

1 „Religionskritik kann sich auf verschiedene Aspekte ausrichten, die mit Religion in Zusammenhang stehen."
Erläutern Sie die Bedeutung dieser Aussage. Veranschaulichen Sie Ihre Ausführungen anhand konkreter Beispiele.

2 „Seitdem sich die Menschen herausgenommen haben, Gott eine Sprache zu verleihen, hat ihn jeder auf seine Weise sprechen und sich von ihm sagen lassen, was er gewollt hat." (Rousseau)
Erläutern Sie den Gedanken Rousseaus im Rückgriff auf Religionskritik, wie sie seit der Antike geübt wurde.

3 Ludwig Feuerbach übte in seinem Hauptwerk „Das Wesen des Christentums" Religionskritik.
a) Stellen Sie die zentralen Aspekte seiner Kritik dar und erläutern Sie, weshalb man in ihr einen fundamentalen Angriff auf die Religionen sehen kann.
b) Entwickeln Sie ein vollständiges Gegenargument zur Projektionsthese (Behauptung, Begründungen, Beispiele).
c) Geben Sie den Inhalt des nachfolgenden Textes mit Ihren eigenen Worten in maximal fünf Sätzen wieder.

„Gott als Gott – als abstraktes, also als nicht menschliches, nicht sinnliches, nur der Vernunft oder Intelligenz zugängliches Wesen – ist nichts anderes als das Wesen der Vernunft selbst. Dieses wird aber von der Religion vermittels der Einbildungskraft als ein von der Vernunft unterschiedenes, selbstständiges Wesen vorgestellt. Es ist daher eine innere, eine heilige Notwendigkeit, dass das von der Vernunft zu Unrecht unterschiedene Wesen der Vernunft endlich mit der Vernunft identifiziert, das göttliche Wesen also als das Wesen der Vernunft erkannt, verwirklicht und vergegenwärtigt werde."

(Feuerbach: Grundsätze der Philosophie der Zukunft)

4 Betrachten Sie die Karikatur.

a) Nutzen Sie Ihr Wissen über Religionskritik und halten Sie fest, auf welche Überlegungen die Darstellung anspielt.
b) Begründen Sie, inwiefern diese Karikatur eine Kritik an Religionskritik darstellt.

4 Medizinethik

4.1 Medizinethische Grundbegriffe

Christian Schad: Agosta, der Flügelmensch, und Rasha, die schwarze Taube, 1929

Stanislaw Lem: Gibt es Sie, Mister Johns?

Bei vielen medizinethischen Fragen geht es darum, zu entscheiden, ob mit einer Handlung in die moralischen Rechte von Personen als konkret identifizierbaren Menschen eingegriffen wird. Wer als eine Person gelten kann, ist dabei aber umstritten. Um diese Frage geht es auch in folgendem Text des polnischen Science-Fiction-Autors Stanislaw Lem (1921–2006).

Richter: Das Gericht erörtert nunmehr den Streitfall Cybernetics Company contra Harry Johns. Sind die Parteien anwesend?

Anwalt: Ja, Herr Richter.

Richter: Sie vertreten die Belange …

Anwalt: Ich bin der juristische Bevollmächtigte der Firma Cybernetics Comp., Herr Richter.

Richter: Und wo ist der Beklagte?

Johns: Hier bin ich, Herr Richter.

Richter: Würden Sie Ihre Personalien angeben?

Johns: Gern, Herr Richter. Ich heiße Harry Johns, geboren am 6. April 1917 in New York.

Anwalt: Ein Wort zur Hauptsache, Herr Richter. Der Beklagte spricht die Unwahrheit, er ist durchaus nicht geboren …

Johns: Bitte, hier meine Geburtsurkunde. Und im Saal ist mein Bruder, er …

Anwalt: Das ist nicht Ihre Urkunde, und dieses Individuum ist nicht Ihr Bruder.

Johns: Wessen sonst? Ihrer vielleicht?

Richter: Bitte um Ruhe. Herr Bevollmächtigter, gedulden Sie sich ein wenig. Nun, Herr Johns?

Johns: Mein seliger Vater Lexington Johns hatte eine Autowerkstätte und impfte mir die Leidenschaft zu diesem Beruf ein. Als Siebzehnjähriger nahm ich erstmals an einem Autorennen teil. Seither startete ich berufsmäßig siebenundachtzigmal und habe bis heute sechzehn erste Plätze errungen, einundzwanzig zweite …

Richter: Danke, diese Einzelheiten sind für den Fall unwesentlich.

Johns: Drei Goldpokale, drei Goldpokale …

Richter: Danke, habe ich gesagt. […] Haben Sie einen Rechtsvertreter?

Johns: Nein. Ich verteidige mich selbst. Meine Sache ist so lauter wie Kristall. […]

Richter: Danke. Herr Bevollmächtigter Jenkins, würden Sie dem Gericht den Gegenstand der Klage darlegen?

Anwalt: Sehr wohl, Herr Richter. Vor zwei Jahren erlitt der Beklagte bei einem Autorennen in der Nähe von Chicago einen Unfall und verlor ein Bein. Damals wandte er sich an unsere Firma. Die Cybernetics Company erzeugt bekanntlich Arm- und Beinprothesen, Kunstnieren, Kunstherzen und andere Ersatzorgane. Der Beklagte bezog gegen Teilzahlung eine linke Beinprothese. […] Vier Monate später wandte er sich neuerlich an uns, diesmal bestellte er Prothesen zweier Arme, eines Brustkorbs und eines Genicks.

Johns: Quatsch! Das Genick, das war im Frühling, nach dem Bergrennen!

Richter: Unterbrechen Sie nicht.

Anwalt: […] Nach weiteren fünf Monaten wandte sich namens des Beklagten dessen Bruder an uns. Der Beklagte weilte damals im Monte-Rosa-Krankenhaus bei New York. Der neuen Bestellung gemäß lieferte die Firma nach Erhalt einer Anzahlung eine Reihe von Prothesen, deren Einzelaufzählung bei den Akten liegt. Dort figuriert unter anderem als Ersatz für eine Großhirnhalbkugel ein Elektronengehirn Marke Geniox zum Preis von 26 500 Dollar. Hohes Gericht, bitte die Tatsache zu beachten, dass der Beklagte bei uns die Luxusausführung des Geniox bestellt hat, mit Stahlröhren, farbentreuer Traumbildanlage, Stimmungsentstörer und Sorgendämpfer, obwohl dies die finanziellen Möglichkeiten des Beklagten klar überstieg.

Johns: Freilich, das tät' euch so passen, wenn ich jetzt mit eurem Serienkleinsthirn herumholpern müsste!

Richter: Bitte um Ruhe!

Anwalt: […] Als die Schuld des Beklagten auf 29 863 Dollar angestiegen war, klagten wir auf Rückgabe aller bezogenen Prothesen. Jedoch das Staatsgericht wies unsere Klage mit der Begründung ab, dass ihn der Entzug der Prothesen um das weitere Dasein gebracht hätte. Zu jener Zeit war nämlich von dem ehemaligen Mister Johns nur noch die eine Gehirnhälfte übrig.

Johns: Was heißt „ehemaliger Johns"? Wirst du von der Firma für Schimpfwörter bezahlt, Prozessverpfuscher?

Richter: Bitte um Ruhe.

Anwalt: In diesem Zustand, das heißt, verschuldet und prothesenbestückt bis über beide Ohren bei der Cybernetics Company, […] begann der Beklagte öffentlich nach allen Seiten unsere Erzeugnisse anzuschwärzen und über ihre Qualität zu meckern. Dies hielt ihn jedoch nicht davon ab, nach drei weiteren Monaten bei uns vorzusprechen. Er klagte über eine Reihe von Beschwerden und Gebrechen, die sich […] daraus ergaben, dass sich seine alte Hirnhalbkugel in der neuen, sozusagen zur Gesamtprothese gewordenen Umgebung nicht wohl fühlte. Aus Menschenfreundlichkeit ließ sich die Firma nochmals herbei, die Bitte des Beklagten zu erfüllen und ihn ganz zu genialisieren, das heißt, seinen eigenen alten Gehirnteil durch einen genauen Zwilling des bereits eingebauten Apparats Marke Geniox zu ersetzen. Für diese neue Forderung stellte uns der Beklagte Wechsel auf die Summe von 26 950 Dollar aus, wovon er bis heute lediglich 232 Dollar und 18 Cents bezahlt hat. […] Dem geschilderten Sachverhalt entsprechend ersucht die Firma das Gericht, ihrer Forderung stattzugeben und ihr die vollen Eigentumsrechte an dem von ihr hergestellten, hier im Gerichtssaal befindlichen, eigenmächtig aufmuckenden Prothesengefüge zuzuerkennen, das sich unrechtmäßig für Harry Johns ausgibt.

Johns: So eine Frechheit! Und wo ist Johns, Ihrer Ansicht nach, wenn nicht hier?

Anwalt: Hier im Saal ist Johns nicht, denn die irdischen Überreste dieses bekannten Rennchampions ruhen verstreut an verschiedenen Autobahnen in ganz Amerika. Durch ein Gerichtsurteil zu unseren Gunsten wird demnach keine physische Person geschädigt, da die Firma nur das in Besitz nehmen wird, was von der Nylonhülle bis zum letzten Schräubchen rechtens ihr gehört! […] Herr Richter, zu der Hauptsache möchte ich noch bemerken, dass der Beklagte im Grunde genommen gar kein Beklagter ist, sondern ein materieller Gegenstand, der behauptet, sich selbst zu gehören. Da er jedoch in Wirklichkeit nicht lebt …

Johns: Sie, kommen Sie mal rüber zu mir, dann zeig ich Ihnen, ob ich lebe oder nicht!

Richter: Tja … hm, das ist wirklich ein sehr, sehr merkwürdiger Fall.

(in: Stanislaw Lem, Nacht und Schimmel. Erzählungen, Frankfurt a. M. 1972)

Dieter Birnbacher: Fähigkeiten und Eigenschaften von Personen

Über welche Fähigkeiten eine voll entwickelte Person idealerweise verfügt, hat der Philosoph Dieter Birnbacher zusammengestellt:

A. Kognitive Fähigkeiten

1. Intentionalität, Fähigkeit zu urteilen
2. […] Zukunftsbewusstsein/Erinnerungsfähigkeit
3. Selbstbewusstsein, Ichbewusstsein
4. Selbstdistanz […]
5. Rationalität, Vernünftigkeit

B. Moralische Fähigkeiten

1. Autonomie, Selbstbestimmung
2. Moralität, Moralfähigkeit
3. Fähigkeit zur Übernahme von Verpflichtungen
4. Fähigkeit zur kritischen Selbstbewertung

(Dieter Birnbacher, Bioethik zwischen Natur und Interesse, S. 58 f.)

Diskussionsforum

Christian Schad: Agosta, der Flügelmensch, und Rasha, die schwarze Taube (1929)

1 Beschreiben Sie den Bildaufbau des Gemäldes von Christian Schad. Gehen Sie anschließend auch auf die Wahl der Bildmotive und ihre Ausgestaltung ein.

2 Vergleichen Sie die beiden dargestellten Personen miteinander. Worin unterscheiden sie sich, worin kommen sie überein?

3 Formulieren Sie ein Thema, das Ihrer Ansicht nach mit diesem Gemälde in das öffentliche Bewusstsein gerückt wird. Erläutern Sie Ihre Einschätzung im Rückbezug auf die Darstellung.

4 Diskutieren Sie die These, dass wir heute in einer Zeit leben, in der nicht mehr lediglich Gott, die Natur oder der Künstler über die Gestalt des menschlichen Körpers verfügen können.

5 Überlegen Sie, inwiefern die nachfolgenden Begriffe das Kunstwerk interpretieren. Erläutern Sie Ihre Überlegungen. *Menschenwürde, Gesundheit, Leben, Person*

Stanislaw Lem: Gibt es Sie, Mr. Johns?

1 Fassen Sie die Argumentation des Anwalts der Cybernetics Company schriftlich zusammen. Wie lautet seine Grundthese, mit welchen Argumenten versucht er, sie zu belegen?

2 Überlegen Sie, warum Mr. Johns seine Sache eigentlich nur selbst, also ohne Hilfe eines Anwalts, vertreten kann.

3 Diskutieren Sie, auf welches Verständnis von „Person" sich die streitenden Parteien berufen können. Beziehen Sie in Ihre Überlegungen die Gedanken von Dieter Birnbacher ein (siehe Seite 145).

4 Sprechen Sie ein Urteil in dem Rechtsstreit Johns gegen die Cybernetics Company: Formulieren Sie dazu in der Gruppe eine schriftliche Begründung, in der Sie auch auf die Frage eingehen, ob Mr. Johns eine Person ist.

Schon gewusst? „Medizinethik auf dem Vormarsch"

In vielen Bereichen der medizinischen Forschung verläuft der wissenschaftliche Fortschritt äußerst rasant. Dadurch ergeben sich eine Reihe neuartiger und zum Teil beunruhigender Probleme. Deshalb hat auch die Medizinethik Konjunktur. Manche Ärzte sind sogar der Ansicht, dass die moderne Medizin auf medizinethische Beratung nicht mehr verzichten kann.

Plakat der Organisation „Aktion Mensch"

1 Klären Sie im Gespräch, auf welche neuen medizinischen Möglichkeiten das Informationsplakat der Organisation „Aktion Mensch" anspielt.
a) Halten Sie damit verbundene Ängste oder Probleme fest.
b) Diskutieren Sie darüber, weshalb gerade die Ethik angesichts solcher neuen medizinischen Möglichkeiten gefragt ist.

2 a) Verschaffen Sie sich mithilfe der Übersicht auf der folgenden Seite einen Überblick zu den Themenfeldern der Medizinethik.
b) Ordnen Sie dazu die mit dem Plakat der „Aktion Mensch" angesprochenen Probleme den verschiedenen Themenfeldern der Medizinethik zu.

3 Entwickeln Sie in Gruppenarbeit eigene Plakatideen, um auf medizinethische Fragestellungen aufmerksam zu machen, die Sie für besonders wichtig halten.

a) Bilden Sie Kleingruppen und einigen Sie sich anhand der Übersicht zu medizinethischen Themenfeldern auf ein solches Problem.

b) Recherchieren Sie im Internet oder in Zeitschriften Bildmaterial zu Ihrem Thema und formulieren Sie Vorschläge für die Beschriftung Ihres Plakates.

c) Präsentieren Sie Ihre Plakatentwürfe in der Klasse. Veranstalten Sie auf der Basis der gewonnenen Informationen eine Plenumsdiskussion zum Thema „Möglichkeiten und Chancen der Medizinethik".

Themenfelder der Medizinethik

Schwangerschaftsabbruch und Sterbehilfe: Soll es einem Arzt, Patienten oder Angehörigen erlaubt sein, unter bestimmten Bedingungen die Entscheidung über eine Abtreibung oder die Beendigung lebenserhaltender Maßnahmen zu treffen?

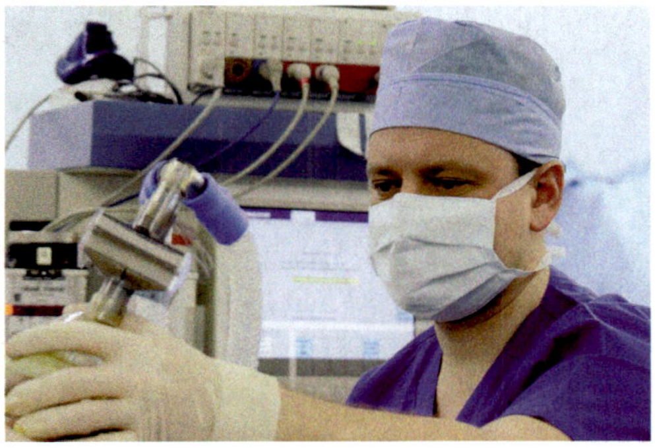

Chancen und Risiken des medizinischen Fortschritts: Welche Richtlinien sollen für den verantwortungsvollen Umgang mit modernen medizinischen Methoden wie pränataler Diagnostik, Organtransplantation, Gentherapie, Stammzellenforschung usw. gelten? Soll es Grenzen für das medizinisch Machbare geben?

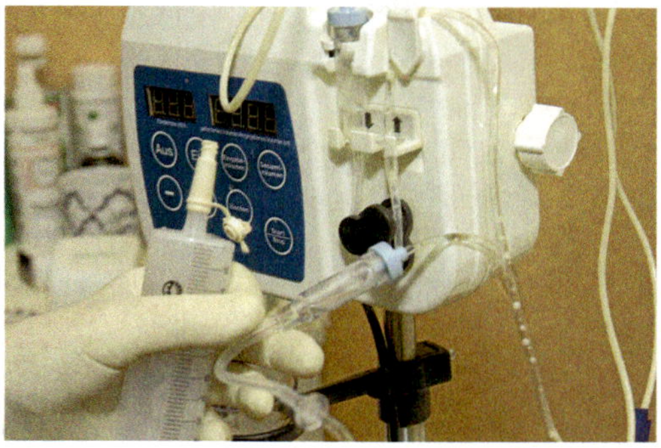

Stellung der Handelnden bzw. Betroffenen im medizinischen Bereich: Über welche Rechte sollen die Beteiligten im medizinischen Handlungsbereich verfügen? Wie sollen bspw. Konflikte gelöst werden, die sich aus der Verantwortung des Arztes einerseits und dem Selbstbestimmungsrecht des Patienten andererseits ergeben?

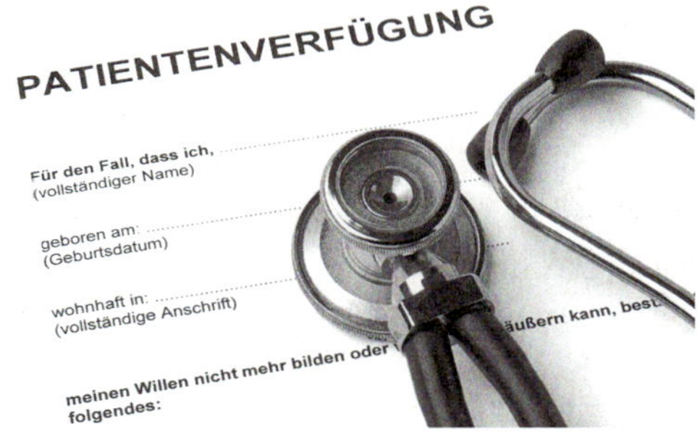

Gesundheitswesen im Spannungsfeld von sozialen und wirtschaftlichen Interessen: Wie kann ein effektives und gerechtes Gesundheitssystem im Rahmen unserer Wirtschafts- und Sozialordnung gewährleistet werden?

Informationsforum

Zentrale Begriffe im medizinethischen Diskurs

In der Medizinethik werden **moralische Probleme** aufgezeigt, reflektiert und diskutiert, die in der medizinischen **Praxis** oder **Forschung** auftreten können. Den Bezugspunkt bildet dabei die allgemeine Ethik. Infolge des medizinischen Fortschritts sind aber auch Probleme entstanden, die für die Ethik „Neuland" (Otfried Höffe) darstellen. Wichtige Themenfelder dieser **Bereichsethik** sind zum Beispiel die Sterbehilfe, der Umgang mit ungeborenem Leben, das Arzt-Patienten-Verhältnis oder die moderne Medizintechnik mit ihren Möglichkeiten, Risiken und finanziellen Belastungen.

1. Leben

Die Medizinethik kann als Teilbereich der **Bioethik**[1] aufgefasst werden. Diese Zuordnung wird verständlich, wenn man sich vor Augen führt, dass es in beiden Fällen um das Leben geht. Allerdings ist es gar nicht so einfach, darzulegen, was als „Leben" bezeichnet werden kann.

In der **antiken Philosophie** wurde beispielsweise die **Selbstbewegung** als ein wesentliches Merkmal des Lebendigen herausgestellt. Gemeint ist damit, dass sich Lebendiges aus sich selbst heraus zu dem entwickeln kann, was in ihm im Kern bereits angelegt ist. Bei Aristoteles (ca. 384–322 v. Chr.) findet sich eine **Stufenordnung** des Lebendigen, die über pflanzliches und tierisches Leben hin zum menschlichen Leben führt. Dieses gilt als besonders wertvoll, da der Mensch über ein geistiges Vermögen verfügt.

Im **christlichen Denken** wurde Leben aus einem weiten Zusammenhang heraus bestimmt, der das **ewige, vollkommene Leben** (göttliches Sein) einschließt.

[1] Bioethik bezieht sich auf den Umgang des Menschen mit allen Formen von Leben, seien dies Mikroorganismen, Tiere oder Menschen.

In Abgrenzung zu religiösen oder philosophischen Sichtweisen versucht die heutige **Biologie**, Leben ausschließlich über **empirisch** erfassbare **Merkmale** zu bestimmen. Dazu zählt z. B. die Notwendigkeit des Stoffwechsels, die Fähigkeit zur Vermehrung, zur Veränderbarkeit des Erbguts (Mutationsfähigkeit) oder die Möglichkeit, sich von der Umwelt abzugrenzen (Individualisierung).

Auffällig ist, dass die Naturwissenschaften auf eine grundsätzliche **Trennung** zwischen **Unbelebtem** und dem **Lebendigen verzichten**. Man geht vielmehr davon aus, dass es zwischen diesen Extremen Übergangsformen gibt. So gelten beispielsweise Viren nicht als echte Organismen, obwohl sie die Fähigkeit zur Vermehrung und zur genetischen Rekombination besitzen.

2. Person

Bei vielen auf Grenzbereiche des Lebens ausgerichteten medizinischen Entscheidungen spielt der **Personbegriff** eine Schlüsselfunktion. So etwa bei Fragen des Schwangerschaftsabbruchs, der Gentechnik oder der Sterbehilfe. Ein wichtiger Grund hierfür besteht darin, dass Personen im Gegensatz zu Sachen als **Träger von Rechten und Pflichten** gelten. Entsprechend wird vorausgesetzt, dass Personen **Freiheit, Vernunft** und **Würde** besitzen. Man kann zwischen zwei für medizinethische Fragestellungen wichtigen Personbegriffe unterscheiden: dem substanzialistischen und dem qualitativ-aktualistischen Personbegriff.

Substanzialistischer Personbegriff

Eine Person zu sein, kann als eine Eigenschaft verstanden werden, die **unverbrüchlich** mit dem **Mensch-Sein verbunden** ist. Entwickelt hat sich diese substanzialistische Vorstellung seit der Antike. Bei dem römischen Denker Boethius (um 480–524) wird der Personbegriff erstmals auf den konkreten, einzelnen Menschen als vernunftbegabtes und selbstständiges Lebewesen (**Individuum**) angewandt. Der Status als Person wird also mit **intellektuellen** und **moralischen Fähigkeiten** verbunden. Sie begründen auch die **Sonderstellung des Menschen** unter den Lebewesen. Nur der Mensch kann in der physischen Welt für die Vertreter dieser Sichtweise eine Person im Sinne einer **leib-seelischen Einheit** sein.
Entscheidend ist, dass jeder Mensch nach substanzialistischer Auffassung über den Personstatus verfügt. Dabei ist es unerheblich, ob seine geistig-moralischen Fähigkeiten wie bei einem Embryo erst als Entwicklungsmöglichkeit angelegt oder wie beim Erwachsenen bereits entfaltet sind.

„Wer jemand ist, ist es immer."

(Robert Spaemann)

Jedem Menschen stehen somit ab dem Moment seiner **Zeugung** alle mit dem Personsein verbundenen **Rechte und Ansprüche** zu. Deshalb lehnen Substanzialisten zum Beispiel den Schwangerschaftsabbruch, die Sterbehilfe oder die „embryonenverbrauchende Genforschung" als moralisch nicht vertretbar ab.

Qualitativ-aktualistischer Personbegriff

Geistige und moralische Eigenschaften bestimmen auch für die Vertreter des qualitativ-aktualistischen Personbegriffs das Personsein. Allerdings fordern sie, dass jeder, der Rechte beansprucht, die mit dem Personsein verbunden sind, tatsächlich über einen gewissen **Teil** dieser **Qualitäten** verfügt. Je weniger diese Fähigkeiten **aktuell** vorliegen, desto niedriger ist der Personstatus. So werden in dieser Richtung verschiedene Abgrenzungen diskutiert. Erlangt ein heranwachsendes Kind den Personstatus erst ab einem gewissen Entwicklungsstand? Kann ein Erwachsener ihn durch Alter, Krankheit oder Unfall wieder verlieren? Entsprechend solcher Festlegungen kann z. B. die Abtreibung oder die Verwendung von Embryonen für Forschungszwecke für Vertreter dieser Position moralisch akzeptabel sein.

3. Menschenwürde

Die Würde des Menschen hat aufgrund von Artikel 1 unseres Grundgesetzes herausragende Bedeutung in unserer **Verfassungsordnung**. Ihr Schutz findet sich auch in zahlreichen internationalen Vereinbarungen.
Im Kern besagt der Begriff der Menschenwürde, dass **jeder Mensch**, ungeachtet seiner Herkunft, Anlagen oder Leistungen einen **Wert** darstellt, der **unbedingt zu achten ist**. Da medizinisches Handeln immer auf das Wohl des Menschen gerichtet sein soll, ist eine Achtung der Menschenwürde selbstverständlich. Dennoch können sich in der Praxis erhebliche moralische Konflikte ergeben, so z. B., wenn ein unheilbar Kranker einen würdigen Tod durch Sterbehilfe einfordert.

Das Wichtigste auf einen Blick

*Der **Personbegriff** spielt eine entscheidende Rolle in der Medizinethik, da sich an ihm weitere Grundbegriffe dieser **Bereichsethik** entscheiden. Von ihm hängt beispielsweise ab, was als menschliches **Leben** aufgefasst wird, **Menschenwürde** besitzt oder unter den **Schutz** der Menschenrechte fällt. Zwei verschiedene Personbegriffe prägen den derzeitigen medizinethischen Diskurs: der **substanzialistische** und der **qualitativ-aktualistische**.*

Aktionsforum

Philosophische Untersuchung: Gesundheit – ein medizinethischer Grundbegriff

Die eigene Gesundheit zu erhalten, zu verbessern oder wiederzuerlangen, ist für viele Menschen in unserer Gesellschaft von großer Bedeutung. Gesundheits-, Ernährungs- und Freizeitindustrie umwerben uns mit diesem Begriff, und auch staatliche Einrichtungen versuchen, uns zu einem verantwortungsvollen Umgang mit unserer Gesundheit anzuregen. Allerdings können die Vorstellungen von Gesundheit und Krankheit stark voneinander abweichen.

In der Antike wurde Gesundheit zum Beispiel als ein Zustand geistig-körperlicher Harmonie verstanden. Verschiedenste Aspekte der inneren und äußeren Natur des Menschen bis hin zu kosmologischen Faktoren spielten für die Heilkunst eine wichtige Rolle. Erkrankungen wurden als Störungen in mindestens einer Dimension dieses umfassenden Geflechts an Bezügen gedeutet. Vorrangiges Ziel war es, solchen Störungen mithilfe eines maßvollen Lebenswandels vorzubeugen.

Gegenüber diesem „ganzheitlich-präventiven" Ansatz in der Antike konzentrierte sich die Medizin ab den Anfängen des 19. Jahrhunderts weniger auf die Vorbeugung als vielmehr auf die Behandlung von Krankheiten. Dabei erzielte sie ohne Zweifel beeindruckende Fortschritte. Allerdings wurde der Kranke dabei mehr und mehr zum bloßen Objekt der Medizin degradiert.

Für unser heutiges Verständnis von Gesundheit erlangte der Gesundheitsbegriff der Weltgesundheitsorganisation (WHO) richtungsweisende Bedeutung. 1947 hielt man in Chicago fest: ‚*Gesundheit ist der Zustand vollständigen physischen, geistigen und sozialen Wohlbefindens und nicht nur die Abwesenheit von Krankheit oder Schwäche.*' Mit diesem Gesundheitsbegriff fand der antike Gedanke erneut Anerkennung, dass zur Gesundheit mehr als Fehlen von Krankheit gehört. So hat sich in diesem Gesundheitsbegriff wieder die Idee vom Menschen als einer Person durchgesetzt, die als eine Einheit von Körper und Geist existiert. Ob der Gesundheitsbegriff der WHO allerdings realistisch ist, mag man bezweifeln. Hand aufs Herz! Wer von uns kann sich schon in diesem Sinne als gesund bezeichnen?

1 Gliedern Sie den Text in einzelne Sinnabschnitte.

2 Arbeiten Sie die verschiedenen, im Text angesprochenen Gesundheitsbegriffe heraus.

3 a) Diskutieren Sie in Kleingruppen die Frage, wie eine Medizin, die den Einfluss des Geistes auf das Entstehen von Krankheiten strikt zurückweist, den Begriff der Person fassen könnte. Nutzen Sie dazu die Ausführungen des Informationsforums zum Personbegriff.
b) Stellen Sie Ihre Ergebnisse der Klasse vor und überprüfen Sie, ob die vorgetragenen Personauffassungen geeignet sind, um zwischen dem Menschen und anderen Lebewesen zu unterscheiden.

4 a) Um die Gesundheit wiederherzustellen oder zu erhalten, werden von Menschen verschiedene Zugänge gewählt. Erarbeiten Sie in einem projektorien-

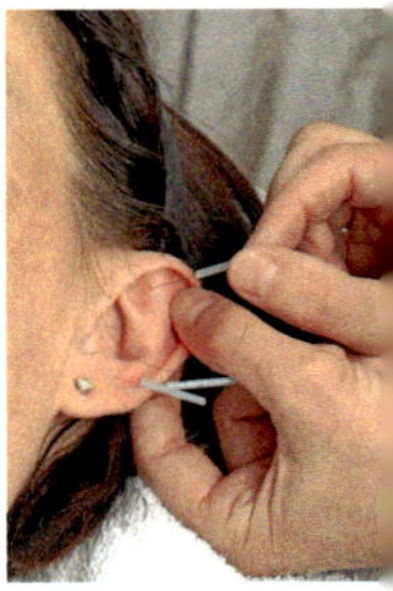

tierten Unterricht das Verständnis von Gesundheit und Krankheit, das folgenden Verfahren zugrunde liegt: *Akupunktur, Hypnose (z. B. als Schmerztherapie), Heilfasten, Psychotherapie, Heilung durch Gebet oder Handauflegung, Behandlung durch Naturkräuter, Homöopathie.*

b) Stellen Sie Ihre Ergebnisse als eine Wandzeitung dar und diskutieren Sie anschließend die Frage, welche dieser Verfahren Sie empfehlen würden.

Philosophische Untersuchungen: Macht der Begriffe

Im Nationalsozialismus wurden begriffliche Vorstellungen über achtens- und schützenswertes Leben sowie über Krankheit und Gesundheit propagiert, die ein Handeln jenseits aller Ethik oder Moral motivieren und rechtfertigen sollten.

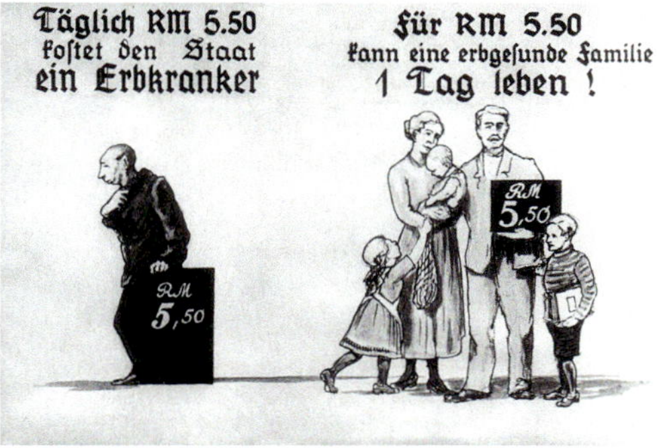

1 Recherchieren Sie, wie im Nationalsozialismus der grausame Umgang mit behinderten und psychisch kranken Menschen sowie mit Personen begründet wurde, die nicht arischer Abstammung waren.

2 Nutzen Sie die Ergebnisse Ihrer Recherche zur Klärung der Frage, welche Vorstellungen von Gesundheit, schützenswertem Leben oder menschlicher Person in diesem Unrechtsstaat zur Anwendung kamen.

Otfried Höffe: Menschenwürde

Der Philosoph Otfried Höffe versucht zu klären, was eigentlich gemeint ist, wenn im Zusammenhang mit dem Menschen von „Würde" gesprochen wird.

„Man verwendet den Begriff ‚Würde' in zweierlei Bedeutung: komparativ (‚mehr oder weniger') und absolut. Nach der ersten Bedeutung gibt es beispielsweise eine (mehr oder weniger) würdige Feier oder aber eine mehr oder weniger unwürdige Person. [...] Bei der Menschenwürde kommt es dagegen ausschließlich auf die zweite Bedeutung an: dass der Mensch, wie der hier entscheidende Denker [Immanuel] Kant sagt, ‚über allen Preis erhaben ist' und einen absoluten Wert hat.
Diese Würde ist ein Superlativ, der sich weder steigern noch abschwächen lässt, überdies unverlierbar ist. Gestritten wird erst über die Frage, wem dieser Wert zukommt."

1 Lesen Sie die Textpassage. Versehen Sie die Sätze, deren Bedeutung Ihnen unklar ist, mit einem Fragezeichen und diskutieren Sie im Klassengespräch über deren mögliche Bedeutung.

2 Fassen Sie die Aussage des Textes schriftlich in eigenen Worten zusammen.

3 Vergleichen Sie die nachfolgende Position eines qualitativ-aktualistischen Personverständnisses mit Höffes Sicht von Menschenwürde.

> *„Denn bei jedem fairen Vergleich moralisch relevanter Eigenschaften wie Rationalität, Selbstbewusstsein, Bewusstsein, Autonomie, Lust- und Schmerzempfindung und so weiter, haben das Kalb, das Schwein und das viel verspottete Huhn einen guten Vorsprung vor dem Fötus in jedem Stadium der Schwangerschaft [...]."*
>
> (Peter Singer)

Der australische Philosoph Peter Singer

4.2 Der Eid des Hippokrates – Grundprinzipien medizinischen Handelns

Ärzte in verschiedenen Jahrhunderten

Der Eid des Hippokrates

Während die frühe Medizingeschichte stark von einem magisch-religiösen Weltbild bestimmt wird, markiert die hippokratische Heilkunst den Beginn der säkularen Medizin. Bis heute gilt der hippokratische Eid, wenn auch in abgewandelter Form, als einer der wichtigsten Texte der ärztlichen Ethik. Er wird dem berühmten Arzt Hippokrates von Kos (vermutlich 460–370 v. Chr., dort geboren) zugeschrieben, obwohl es wahrscheinlicher ist, dass er über einen längeren Zeitraum von verschiedenen Autoren verfasst wurde. 1966 wurde ein fragmentarisch erhaltener Papyrus aus Ägypten (3. Jh. n. Chr.) veröffentlicht, der bis heute die einzige schriftliche Überlieferung des genauen Wortlautes des Eides aus der Antike darstellt.

„Ich schwöre bei Apollon dem Arzt und Asklepios und Hygieia und Panakeia und allen Göttern und Göttinnen, sie zu Zeugen anrufend, dass ich nach meinem Vermögen und Urteil diesen Eid und diesen Kontrakt erfüllen werde. Den, der mich diese Kunst gelehrt hat, gleich zu achten meinen Eltern und ihm an dem Lebensunterhalt Gemeinschaft zu geben und ihn Anteil nehmen zu lassen an dem Lebensnotwendigen, wenn er dessen bedarf, und das Geschlecht, das von ihm stammt, meinen männlichen Geschwistern gleich zu stellen und sie diese Kunst zu lehren, wenn es ihr Wunsch ist, sie zu erlernen, ohne Entgelt und Vereinbarung und an Rat und an Vortrag und an jeder sonstigen Belehrung teilnehmen zu lassen meine und meines Lehrers Söhne sowie diejenigen Schüler, die durch Vereinbarung gebunden und vereidigt sind nach ärztlichem Brauch, jedoch keinen anderen.

Die Verordnungen werde ich treffen zum Nutzen der Leidenden nach meinem Vermögen und Urteil, mich davon fernhalten, Verordnungen zu treffen zu verderblichem Schaden und Unrecht.

Nie werde ich jemandem, auch auf Verlangen nicht, ein tödlich wirkendes Gift geben und auch keinen Rat dazu erteilen; gleicherweise werde ich keiner Frau ein fruchtabtreibendes Mittel geben: Heilig und fromm werde ich mein Leben bewahren und meine Kunst.

Ich werde niemals Kranke schneiden, die an Blasensteinen leiden, sondern dies den Männern überlassen, die mit diesem Gewerbe vertraut sind.

In welche Häuser immer ich eintrete, eintreten werde ich zum Nutzen der Kranken, frei von jedem willkürlichen Unrecht und jeder Schädigung und den Werken der Lust an den Leibern von Frauen und Männern, Freien und Sklaven.

Was immer ich sehe und höre, bei der Behandlung oder außerhalb der Behandlung, im Leben der Menschen, so werde ich von dem, was niemals nach draußen ausgeplaudert werden soll, schweigen, indem ich alles Derartige als solches betrachte, das nicht ausgesprochen werden darf. Wenn ich also diesen meinen Eid erfülle und nicht breche, so möge mir im Leben und in der Kunst Erfolg beschieden sein, dazu Ruhm unter allen Menschen für alle Zeit; wenn ich ihn übertrete und meineidig werde, von alledem das Gegenteil."

Asklepios und seine Tochter Hygieia füttern die Schlange, griechisches Relief, klassisch, letztes Viertel 5. Jahrhundert v. Chr.

Diskussionsforum

Ärzte in verschiedenen Jahrhunderten

1 Beschreiben Sie anhand der Bilder, wie sich im Laufe der Jahrhunderte das Bild des Arztes und das Verhältnis zwischen Arzt und Patient gewandelt hat.

2 Benennen und erklären Sie gesellschaftliche und wissenschaftliche Veränderungen, die zu diesem Wandel beitragen.

Der Eid des Hippokrates

1 Erarbeiten Sie anhand des Textes die wesentlichen ethischen Normen, auf denen die hippokratische Ethik basiert.

2 Der hippokratische Eid ist später variiert und erweitert worden; eine solche Erweiterung lautet:

> *„Ein Arzt, der die Weisheit liebt, kommt einem Gott gleich. Der Unterschied zwischen beiden ist nämlich nicht groß, weil alle Eigenschaften, die zur Weisheit gehören, auch in der Medizin enthalten sind, nämlich Freisein von Geldgier, Rücksichtnahme, Schamhaftigkeit, bescheidene Kleidung, Ehre, Urteilsfähigkeit, Ruhe, Entschiedenheit, Reinheit, sentenzenartige Rede, Kenntnis der für das Leben guten und notwendigen Dinge, Abkehr von unredlichen Verkäufen, Freiheit von Aberglauben, göttliche Überlegenheit.“*
> *Zeigen Sie, welcher besondere Status für die Ärzte sich aus dem ursprünglichen Eid und seiner Erweiterung ableitet. Erläutern Sie: Wie gestaltet sich auf dieser Basis in der Antike das Verhältnis zwischen Arzt und Patient? Wie muss Ihrer Ansicht nach heute ein solches Verhältnis aussehen?*

Diskutieren Sie, inwieweit das traditionelle Arztethos des hippokratischen Eides durch das Recht des Patienten auf Autonomie (Selbstbestimmung) und den Patientenwillen relativiert werden kann.

3 Erörtern Sie, inwieweit das ärztliche Schweigegebot in Konflikt mit einem institutionalisierten, öffentlich finanzierten Gesundheitswesen kommt. Denken Sie dabei insbesondere an die wirtschaftlichen Interessen eines Versicherungsunternehmens.

„Anscheinend kommt Ihre Krankenversicherung nur für Placebos auf.“

Schon gewusst? Prognose oder Diagnose

Während in der heutigen Medizin der diagnostische Ansatz im Vordergrund steht, wurde von den Hippokratikern die Prognose in den Vordergrund gestellt. Beide Ansätze dienen dazu, eine Entscheidung zu fällen, ob und wie Patienten behandelt (therapiert) werden sollen.

1 Erarbeiten Sie mithilfe eines Lexikons den grundsätzlichen Unterschied zwischen Diagnose und Prognose.

2 Erörtern Sie, wie sich diese unterschiedlichen Ansätze auf die Vorstellung von „krank sein“ oder „gesund sein“ und mögliche Therapieansätze auswirken.

Die Veränderung des Verhältnisses zwischen Arzt und Patient im medizinhistorischen Rückblick

Die Geschichte der Medizin ist zugleich eine Geschichte der ärztlichen Ethik. Mit den im Laufe der Zeit entwickelten Konzepten von Krankheit und Gesundheit und den verschiedensten medizinischen Maßnahmen, die sowohl darauf abzielen, die Gesundheit zu erhalten und zu fördern (Hygiene) als auch darauf, Krankheiten zu verhüten (Prävention, Prophylaxe) sowie Kranke zu heilen (Therapie) und deren Arbeits- und Genussfähigkeit wiederherzustellen (Rehabilitation), hat sich auch die Stellung von Arzt und Patient stark verändert.

In **archaischer Zeit** bildet sich eine autoritätsorientierte und durch **magisch-religiöse Weltbilder** bestimmte ärztliche Ethik heraus. Die **Ursachen für Krankheiten** werden – ebenso wie bei den heute noch in Asien, Afrika und Südamerika beheimateten „Naturvölkern" – nicht aus naturwissenschaftlichen Zusammenhängen begriffen, sondern in handelnde Wesen wie Götter, Dämonen, Zauberer und Menschen, die einem Böses oder sich für ein Übel rächen wollen, das man ihnen angetan hat, verlegt. Hilfe bei Krankheiten bietet der **Schamane**.

Seit dem **6. Jh. v. Chr.** wird die Medizin durch den **Asklepioskult** geprägt. In den dem Gott Asklepios geweihten Heiligtümern (Asklepieion) entwickelten sich regelrechte Heilungszentren, zu denen die Kranken pilgerten. Krankheit wird nun nicht mehr als göttliche Strafe aufgrund schuldhaften Verhaltens verstanden, sondern als **Ungleichgewicht der Körpersäfte** (humores). Dieses wird durch einen falschen Lebenswandel verursacht. Die Therapie besteht im Einsatz von Pflanzensäften, die zur Entleerung und Ausscheidung führen. Zugleich muss eine ausgewogene Diät eingehalten werden, die durch Gymnastik und Massagen unterstützt wird. Dafür muss der Kranke einen Heilungslohn zahlen. Unter dem Einfluss der vorsokratischen Naturphilosophie, unter anderem beeinflusst durch Empedokles, entsteht im **5. Jh. v. Chr.** die **rationale Medizin**. Einer der berühmtesten Vertreter dieser medizinischen Ausrichtung war **Hippokrates von Kos**.

Hippokrates von Kos

Im Zentrum seines Handelns steht die genaue Beobachtung des Menschen. Aus dieser wird eine **Prognose** zum Krankheitsverlauf entwickelt und bei positiver Prognose eine mögliche **Therapie** begonnen.

Im westlichen Mittelalter gelangt nur die **klösterliche Heilkräuterkunde** zu Bedeutung. Die Ausübung der Heilkunst ist Mönchen und Geistlichen vorbehalten. Eine der wichtigsten Vertreterinnen dieser Zeit ist **Hildegard von Bingen** (1098–1179 n. Chr.). Nach ihr geht die Betrachtung von Krankheiten weit über die rein naturwissenschaftliche Beurteilung hinaus. Gesundheit wird immer mit einem gottgefälligen Leben in Verbindung gebracht.

Im **17. Jahrhundert** wird **William Harvey** (1578–1657) zum **Wegbereiter der modernen Physiologie**, weil er sich durch Experimente an lebenden Organismen umfassende anatomische Erkenntnisse aneignete.

Das **19. Jahrhundert** bringt enormen medizinischen Fortschritt. Der Zellbiologe **Rudolf Virchow** (1821–1902), einer der bedeutendsten Vertreter einer streng naturwissenschaftlich orientierten Medizin, erkennt in der Zelle den Ort, an dem Krankheiten entstehen.

Von Bakteriologen wie **Louis Pasteur** (1822–1895) und **Robert Koch** (1843–1910, s. Foto) werden die Erreger von Milzbrand, Tuberkulose, Lepra, Pest und Syphilis entdeckt. Jetzt können geeignete Impfstoffe entwickelt werden und durch die konsequente Anwendung der bakteriologischen Erkenntnisse in der Chirurgie (Antisepsis) und den Einsatz des durch Alexander Flemming (1881–1955) entdeckten ersten **Antibiotikums** (Penicillin) kann die Sterblichkeit gesenkt werden.

Beobachtungen im Bereich der Vererbung führen zu ersten Erkenntnissen im Bereich der **Humangenetik** und werden Wegbereiter für gendiagnostische Untersuchungen und Therapien. Damit tritt der **wissenschaftliche Ansatz der Medizin** gleichwertig neben den therapeutischen. Der Mensch selbst wird zum Objekt der Forschung und des Experimentierens.

Grundprinzipien ärztlichen Handelns

Der hippokratische Eid war das erste schriftlich fixierte Berufsethos des Ärztestandes. Er regelte zum einen das Verhältnis zwischen Arzt und Patient, zum anderen das berufliche Leben der Ärzte. Die moralischen Ansprüche, die in ihm aufgestellt wurden, wie etwa nicht auf Verlangen zu töten oder abzutreiben, hatten einerseits ethische Hintergründe, waren aber andererseits auch zeitgebundene pragmatische Anforderungen des Berufsalltags.

Aus diesem Grund bildet der hippokratische Eid heute für viele Ärzte nur noch eine Grundlage, aber nicht mehr das völlige Selbstverständnis ihres Berufs ab.

Prinzipien, die in alle medizinischen Tätigkeiten eingehen müssen, sind die klassischen Forderungen des hippokratischen Eides nach dem Wohl des Patienten, der Nichtschadens- und der Schweigepflicht. Es gibt aber weitere Prinzipien, die heute ergänzt werden müssen, so etwa die Frage nach dem Willen des Patienten oder dem Grundsatz der Gleichbehandlung aller Menschen.

So hat sich auch das Verhältnis von Arzt und Patient gewandelt: Arzt und Patient stehen heute – ganz anders als früher – in einem gleichberechtigten Verhältnis zueinander. Dies rührt letzten Endes daher, dass die Autonomie und Freiheit des Menschen als überragendes Gut erkannt worden ist.

Das Wichtigste auf einen Blick

*Der **hippokratische Eid** ist das erste **Berufsethos** des Ärztestandes. Wie jedes Berufsethos formuliert er aus der allgemeinen Ethik stammende moralische Forderungen. Diese Forderungen wurden zu allgemein verbindlichen Prinzipien des Ärztestandes, die aber entsprechend der Zeitgebundenheit eines Berufsethos ständig weiterentwickelt werden müssen. Heute sind Prinzipien wie **Wohl des Patienten, Wille des Patienten und Nichtschadenspflicht** entscheidende Gesichtspunkte in der Beziehung zwischen Arzt und Patient.*

Das Genfer Gelöbnis

Das Genfer Gelöbnis, erstmals 1948 formuliert und bis 2006 immer weiter verbessert, soll die moderne Fortentwicklung des hippokratischen Eides darstellen.

Bei meiner Aufnahme in den ärztlichen Berufsstand gelobe ich feierlich:
mein Leben in den Dienst der Menschlichkeit zu stellen.
Ich werde meinen Lehrern die schuldige Achtung und Dankbarkeit erweisen.
Ich werde meinen Beruf mit Gewissenhaftigkeit und Würde ausüben.
Die Gesundheit meines Patienten soll oberstes Gebot meines Handelns sein.
Ich werde alle mir anvertrauten Geheimnisse auch über den Tod des Patienten hinaus wahren.
Ich werde mit allen meinen Kräften die Ehre und die edle Überlieferung des ärztlichen Berufes aufrechterhalten.
Meine Kolleginnen und Kollegen sollen meine Schwestern und Brüder sein.
Ich werde mich in meinen ärztlichen Pflichten meinem Patienten gegenüber nicht beeinflussen lassen durch Alter, Krankheit oder Behinderung, Konfession, ethnische Herkunft, Geschlecht, Staatsangehörigkeit, politische Zugehörigkeit, Rasse, sexuelle Orientierung oder soziale Stellung.
Ich werde jedem Menschenleben von seinem Beginn an Ehrfurcht entgegenbringen und selbst unter Bedrohung meine ärztliche Kunst nicht in Widerspruch zu den Geboten der Menschlichkeit anwenden.
Dies alles verspreche ich feierlich und frei auf meine Ehre.

1 Vergleichen Sie mit dem hippokratischen Eid: Fassen Sie wesentliche Gemeinsamkeiten zusammen und arbeiten Sie Unterschiede der Schwerpunktsetzung heraus.

2 Zeigen Sie daran, wie sich Normen und Werte der Gesellschaft im Laufe der Zeit veränderten.

3 Ein häufig formulierter Vorwurf an das Arztbild des hippokratischen Eides ist der des Paternalismus. Der Arzt trifft im Sinne eines wohlwollenden Familienoberhauptes medizinische Entscheidungen für unmündige Familienmitglieder. Diskutieren Sie diesen Vorwurf kritisch unter Einbeziehung folgender Gedanken und der Bezugnahme auf die ethischen Normen des Patientenwillens und der Nichtschadenspflicht.

a) Wie erfolgversprechend ist eine medikamentöse Therapie oder ein chirurgischer Eingriff im Verhältnis zur wahrscheinlich resultierenden Lebensqualität?

b) Darf ein Patient eine aus Sicht des Arztes sinnvolle Behandlung ablehnen, weil die aus ihr resultierende Belastung und das zu erwartende Ergebnis nicht mit seinen Vorstellungen von Lebensqualität zusammenpassen?

c) Weshalb wird die freie Verfügbarkeit von Medikamenten durch verschreibungspflichtige Arzneimittel eingeschränkt?

Gedankenexperiment: Darf ein Arzt lügen?

In der Medizin ist es gar nicht so selten, dass ein Arzt seinem Patienten besser nicht die Wahrheit sagen sollte, wenn er dessen Heilung befördern will. Manche Lüge oder „Verschönerung“ des Zustandes trägt nachgewiesenermaßen zu einem – rein psychologisch zu erklärenden – Heilungserfolg bei. Dies nennt man den sogenannten Placebo-Effekt.

Diskutieren Sie, ob ein Arzt zum Wohl seines Patienten lügen darf: Wird dieses Lügen von seinem Berufsethos gedeckt oder greifen hier allgemeinere ethische Prinzipien? Als kleiner zusätzlicher Impuls: Dürfen auch andere Berufsgruppen, zum Wohl anderer, lügen – beispielsweise Lehrer?

4.3 Modell einer medizinethischen Entscheidungsfindung

Thomas Eakins: Die Klinik Agnew, 1889

Gustave Flaubert, Madame Bovary

Yonville, ein Dorf in der französischen Provinz im 19. Jahrhundert: Der Apotheker Homais überredet den Hausknecht Hippolyte, der einen Klumpfuß hat, sich vom Landarzt Charles Bovary operieren zu lassen. Sowohl der Apotheker als auch der Arzt und seine ehrgeizige Frau Emma Bovary setzen in eine erfolgreiche Durchführung dieses chirurgischen Eingriffs große Hoffnungen.

Homais hatte kürzlich allerlei Rühmliches über eine neuartige Methode zur Heilung von Klumpfüßen gelesen, und da er ein Anhänger des Fortschritts war, kam er auf den lokalpatriotischen Gedanken, dass auch Yonville, um auf der Höhe zu sein, seine Strephopodie-Operationen haben müsse. (...) „Denn", erklärte er Emma, „was riskiert man schon dabei? (...)" – und er zählte ihr die Vorteile eines solchen Versuchs an den Fingern auf: ein so gut wie sicherer Erfolg, Besserung und Verschönerung für den Patienten und eine rasch erworbene Berühmtheit für den Operateur. (...)
Der Apotheker und Emma lagen Charles so lange in den Ohren, bis er sich überzeugen ließ. Er bestellte aus Rouen das Buch des Doktors Duval (...). Und während er die Missbildungen des Fußes (...) studierte (...), redete Herr Homais dem Hausknecht mit allen nur erfindlichen Gründen zu, er müsse sich operieren lassen. „Du wirst vielleicht kaum einen leichten Schmerz verspüren (...)." Hippolyte dachte angestrengt nach und rollte seine stupiden Augen. „Im übrigen", fuhr der Apotheker fort, „geht's mich ja nichts an. Ich tu's nur deinetwegen, aus reiner Menschenliebe! (...)" Dann hielt ihm Homais vor Augen, wie viel gesünder und beweglicher er sich nachher fühlen werde, und gab ihm auch zu verstehen, dass er bessere Aussichten haben werde, bei den Frauen sein Glück zu machen. (...) Was ihn aber vollends umstimmte, war die Aussicht, dass ihn die Geschichte nichts kosten sollte.
(...) Aber trotz diesem Klumpfuß, der in der Tat breit wie ein Pferdehuf war, (...) lief der Krüppel doch von früh bis spät flink wie ein Wiesel herum. Man sah ihn ständig auf dem Marktplatz rings um die Karren umherhopsen, wobei er das längere Bein nach vorn schlenkerte. Es sah sogar so aus, als wäre er auf diesem Bein kräftiger als auf dem andern. (...) Da es sich also um einen Pferdefuß handelte, musste die Achillessehne durchschnitten werden (...); der Arzt (...) zitterte jetzt schon vor Angst, er könnte irgendeinen wichtigen Teil verletzen, den er nicht kannte.
(...)

Charles stach durch die Haut; man vernahm ein trockenes Knirschen. Die Sehne war durchtrennt, die Operation beendet. Hippolyte konnte sich vor Staunen gar nicht fassen; er beugte sich über Bovarys Hände und bedeckte sie mit Küssen. (...) Dann schnallte Charles seinen Patienten in die mechanische Vorrichtung ein. (...)

Dessen ungeachtet kam fünf Tage später Madame Lefrancois völlig verstört angekeucht und schrie: „Zu Hilfe! Er liegt im Sterben!" (...) Mit größter Vorsicht, um ja nicht die Lage des Beins zu verändern, nahm man das Gestell weg, und da bot sich ein grässlicher Anblick. Die Formen des Fußes verschwanden unter einer so unförmigen Geschwulst, dass die Haut sichtlich nahe am Platzen war, und zudem war sie mit blutunterlaufenen Flecken übersät, die von der famosen Vorrichtung herrührten. Hippolyte hatte schon vorher über Schmerzen geklagt, doch hatte man dem keine Beachtung geschenkt. Jetzt musste man erkennen, dass er doch nicht ganz Unrecht gehabt hatte (...). Tatsächlich fraß der Brand immer weiter.

(Gustave Flaubert, Madame Bovary, dtv/Winkler 1991, S. 226–233)

Diskussionsforum

Thomas Eakins: Die Klinik Agnew

1 Betrachten Sie das Bild und versetzen Sie sich in die Rolle des Zuschauers. Welche Stimmung beherrscht die dargestellte Szene und mit welchen Gestaltungsmitteln kann der Künstler sie beim Betrachter erzeugen?

Hendrik Goltzius (1558–1617): Der Arzt als Engel

2 Diskutieren Sie darüber, inwiefern die nebenstehende Darstellung des Arztes als Engel einen Zugang zur Deutung des Kunstwerkes von Thomas Eakins liefert.

3 Die Radierung von Hendrik Goltzius ist Teil einer Serie von Bildern, in der der Arzt nicht nur als Engel, sondern auch als Gott oder Teufel dargestellt wird. Versuchen Sie zu klären, was diesen allegorischen Darstellungen im Hinblick auf die Rolle des Arztes gemeinsam ist.

Gustave Flaubert, Madame Bovary

1 Fassen Sie in eigenen Worten zusammen, worum es bei der im Romanausschnitt dargestellten Operation geht.

2 Die an der Operation direkt und indirekt beteiligten Personen bewegen unterschiedliche Motive dazu, den medizinischen Eingriff zu wagen.
   a) Halten Sie die Motive und Erwartungen der folgenden Personen fest: Charles Bovary, Hippolyte, der Apotheker Homais und Emma Bovary.
   b) Versuchen Sie zu klären, ob es einen Zusammenhang zwischen den Motiven und dem Ausgang der Operation gibt.

3 Beschreiben Sie das Verhältnis zwischen dem Arzt Bovary und dem Patienten Hippolyte, indem Sie sich auf die entsprechenden Textstellen beziehen.

4 Flaubert kritisiert den zu seiner Zeit üblichen Umgang von Autoritäten mit einem Patienten mithilfe der Ironie. Formulieren Sie eine moderne Kritik in Form einer Schmerzensgeldforderung des Rechtsanwaltes von Hippolyte, adressiert an den Verteidiger Bovarys. Beziehen Sie folgende Begriffe in Ihre Argumentation ein: *Fürsorgepflicht, Aufklärung, Selbstbestimmungsrecht eines Patienten, Schadensvermeidung*.

Schon gewusst? Neue Patientengeneration

„Ich habe über meine Symptome im Internet nachgelesen und herausgefunden, dass ich tot bin und dass es Ihr Fehler ist."

1 Erklären Sie, was die Karikatur über das heutige Verhältnis des Patienten zum Arzt aussagt.

2 Diskutieren Sie darüber, welche Möglichkeiten sich auf der einen und welche Probleme sich auf der anderen Seite aus diesem Verhältnis ergeben.

3 Stellen Sie Überlegungen dazu an, inwieweit das Internet Einfluss auf das Arzt-Patienten-Verhältnis genommen hat.

Das amerikanische Modell

Wer trifft bei einem medizinischen Problem eigentlich eine Entscheidung? Lassen Sie den Arzt für sich entscheiden, wollen Sie eine Beratung oder beauftragen Sie angesichts eigener Recherchen den Arzt mit einer Behandlung? Das Verhältnis von Arzt und Patient hat sich im Laufe der Geschichte gewandelt. Während früher der Arzt als „Halbgott in Weiß" oder als „väterlicher Freund" die medizinischen Entscheidungen weitgehend alleine traf, beanspruchen Patienten heute mehr und mehr ein Mitspracherecht. Aber welche Kriterien sollen eine solche Mitsprache bestimmen? Hierauf gibt das „amerikanische Modell" einer medizinischen Entscheidungsfindung Antwort. Unter dem **„amerikanischen Modell"** verbindet man **vier grundlegende ethische Prinzipien**:

- Selbstbestimmung (Autonomie),
- Schadensvermeidung,
- Fürsorge,
- soziale Gerechtigkeit.

Aus diesen Prinzipien ergibt sich, dass bei einer medizinischen Behandlung eine **autonome, freiwillige Entscheidung und Zustimmung des Patienten** vorliegen muss. Dies setzt voraus, dass er von den Ärzten informiert wird und kompetent ist, zu entscheiden. Es gibt allerdings Fälle, in denen ein Patient nicht oder nur beschränkt einwilligungsfähig ist, weil er z. B. bewusstlos, dement oder depressiv ist. Des Weiteren ergibt sich aus diesen Prinzipien, dass grundsätzlich ein **Schaden für den Patienten vermieden** und **sein Wohl berücksichtigt** werden muss. Das Prinzip der sozialen Gerechtigkeit fordert, dass **Gesundheitsfürsorge für jeden Bürger** im Rahmen des Möglichen garantiert sein soll.

Problemfelder

Das amerikanische Modell findet vielfach Anerkennung. Dennoch ist seine Anwendung auf den Einzelfall nicht unproblematisch, denn die Prinzipien des Modells können im **Konflikt miteinander** liegen. Dies ist z. B. bei der Ablehnung einer lebensnotwendigen Operation durch einen Patienten der Fall. Ist seine Entscheidung oder die ärztliche Fürsorge höher zu gewichten?

> **Hausfrau wird mit 64 Mutter**
> Die Hausfrau Memnune Tiryaki und ihr 62-jähriger Mann hatten sich an ein Labor für Retortenbabys auf dem türkischen Teil der Insel Zypern gewandt. Gerade noch rechtzeitig entschieden sie sich für eine künstliche Befruchtung – mittlerweile ist die Alterbegrenzung dafür auf 45 Jahre herabgesetzt. (Focus Online, 11.10.2006)

Darüber hinaus können drei wichtige Elemente menschlichen Handelns, nämlich **Zweck, Mittel** und **Folge** auch in die Bewertung einer medizinischen Praktik einfließen. Darf zum Beispiel die Reproduktionsmedizin das Ziel verfolgen, Frauen in der Menopause zu einem Kind zu verhelfen? Sind die eingesetzten Mittel für Mutter und Kind unschädlich? Eine Vielzahl weiterer ethisch relevanter Fragen tut sich bei solchen Überlegungen auf.

Das Wichtigste auf einen Blick

*Medizin braucht ethische **Modelle** für eine **Entscheidungsfindung**. Denn es muss geklärt werden, welche **Ziele** und **Mittel** bei einer medizinischen Behandlung zum Tragen kommen. Wichtige ethische Prinzipien wie **Selbstbestimmung** (Autonomie), **Schadensvermeidung**, **Fürsorge**, **soziale Gerechtigkeit** sind die Grundlagen des sogenannten **amerikanischen Modells**. Viele Mediziner und Patienten diskutieren dieses Modell.*

Aktionsforum

Modell einer ethischen Entscheidungsfindung

Michael Naumann schreibt in der ZEIT unter dem Titel „Moralischer Hörsturz. Oder: Taube Kinder auf Bestellung": Taubheit kann erblich sein. Ein gehörloses amerikanisches Paar, genauer, zwei lesbische Frauen haben sich entschieden, ihr angeborenes Handicap mittels künstlicher Befruchtung durch den Samen eines ebenfalls tauben Spenders fortzupflanzen. Zwei Kinder kamen ohne Gehör zur Welt (...). Für ihre Eltern ist Taubheit keine Behinderung, sondern Teil einer besonderen Kultur – ihrer eigenen. Normaler Nachwuchs hätte nur gestört.
Demnächst: Ein blindes Kind für blinde Eltern? Der bizarre Fall illustriert die Möglichkeit von missbräuchlicher genetischer Selektion. Mit der Abschaffung von „Schicksal" dank wissenschaftstechnischer Mittel werden sehr alte ethische Grenzen fallen. Mit dem gleichen Egoismus könnte das nächste Ehepaar, dem absehbaren Stand der Forschung folgend, ein elitäres persönliches Züchtungsprogramm – das erste Kind bitte blond, musikalisch und langbeinig – in Auftrag geben.
Auch der geklonte Mensch, die höchste Eitelkeit, ist nicht mehr auszuschließen. Die Dämme brechen. (...) Laut einer Umfrage lehnen es 71 Prozent der Deutschen ab, einen Embryo für „einen medizinischen oder wissenschaftlichen Zweck zu verwenden, der nicht dem Leben des Embryos dient". (...)

Arbeiten Sie in Gruppen:

1 Michael Naumann bezieht in seinem Artikel klar Position. Fassen Sie seine Meinung und die Gründe, die er dafür anführt, in eigenen Worten zusammen.

2 Erarbeiten Sie eine ethische Stellungnahme zu diesem Fall, die Beitrag zu einer Neuregelung der künstlichen Befruchtung in Deutschland sein soll. Überprüfen Sie die Zulässigkeit der Behandlung in Hinblick auf die vier Prinzipien des amerikanischen Modells sowie die angewandten Mittel und den Therapiezweck.

Podiumsdiskussion

Übernehmen Sie in den folgenden Situationen die Rolle der Ärztin/des Arztes oder des Patienten bzw. des gesetzlichen Vertreters des Patienten. Bereiten Sie sich auf die Diskussion vor, indem Sie Argumente für Ihre Position sammeln, die auf Prinzipien des amerikanischen Modells beruhen.

A) Eltern verweigern die Zustimmung zu einer lebensnotwendigen Operation an ihrem herzkranken Kind, weil sie als Zeugen Jehovas Bluttransfusionen ablehnen.

B) Ein(e) Patient(in), bei der ein Gentest ein erblich bedingtes erhöhtes Brustkrebsrisiko bestätigt hat und deren Schwester an der Krankheit gestorben ist, verlangt aus Angst, dass bei ihr vorsorglich eine Brustamputation durchgeführt wird.

Rechercheaufgabe

Die Patientenverfügung stellt eine Möglichkeit dar, den Willen zu einer Behandlung im Voraus zu äußern, solange man dazu noch kompetent ist. Man kann damit z. B. lebensverlängernde Maßnahmen im Falle eines Komas verweigern.
Recherchieren Sie die Neuregelung für diese Verfügung durch das Patientenverfügungsgesetz von 2009.

4.4 Medizinische Praxis und ethisch verantwortliches Handeln

Reproduktion von: Gustav Klimt, Fakultätsbild Medizin (Ausschnitt), um 1907

Die stille Selektion

Ein Großteil der Schwangerschaften, bei denen Ärzte eine Behinderung des Fetus feststellen, endet mit einem Abbruch. Immer besser können die Mediziner heute Fehlbildungen im Mutterleib erkennen. Die pränatale Vorsorge erfährt seit der Einführung des Ultraschalls vor 30 Jahren „enorme Wachstumsraten“, sagt Irmgard Nippert von der Universität Münster. Drei obligatorische Ultraschalluntersuchungen, optionaler Bluttest bei der Mutter (...), im Verdachtsfall auf Wunsch Punktion des Mutterkuchens (...) oder Untersuchung des Fruchtwassers (...) gehören heute zum Standardangebot gynäkologischer Praxen. (...)

Findet die Eugenik von unten bereits heute statt?

Diese Untersuchungen machen es möglich, eine Krankheit unmittelbar nach der Geburt, mitunter sogar noch im Uterus zu behandeln. (...) Gleichzeitig erleichtern die pränatalen Tests die Selektion behinderten Lebens. Denn die vorgeburtliche Diagnostik steht erst am Anfang. Durch die Entschlüsselung des menschlichen Genoms erhoffen sich Mediziner einen enormen Schub neuer Möglichkeiten. Bis zum Jahr 2003 sollen Molekularbiologen den „genetischen Bauplan des Menschen“ dechiffriert haben. Damit könnte es gelingen, spätere Krankheiten bereits nach der Vereinigung von Ei- und Samenzelle vorherzusehen, zu therapieren – oder per Abtreibung aus der Welt zu schaffen.

In der Debatte um die Rede des Philosophen Peter Sloterdijk (*ZEIT* Nr. 36–40/99) wurde noch theoretisch diskutiert, ob der Mensch seine genetische Entwicklung selbst in die Hand nehmen solle. Für Betroffene ist zumindest die Selektion heute schon gegeben. Die Behindertenorganisation *Lebenshilfe* kritisiert den „Automatismus, mit dem die Schwangerenvorsorge und die Aussonderung behinderter Ungeborener derzeit verknüpft werden“, und warnt vor einem „Leben nach Maß“. Dass solche Befürchtungen nicht aus der Luft gegriffen sind, zeigen die Worte eines der wissenschaftlichen Väter des ersten Retortenbabys, Bob Edwards. Der Mediziner prophezeite, es werde bald „eine Sünde sein, wenn Eltern ein Kind mit schweren Behinderungen zur Welt bringen“. (...)

Mütter wie Kerstin Reetz spüren den gesellschaftlichen Druck bereits jetzt. In ihrer Familie verwandelte sich das Mitleid nach der ersten Diagnose in einen Vorwurf. Die Eltern brachen den Kontakt zur Tochter ab, als sie erfuhren, dass sie das Kind austrägt. Andere Mütter mit einem behinderten Kind hören den Satz: „Das muss doch heute nicht mehr sein.“

Aus diesem Erfolg von Betroffenenverbänden und Kirchen, die sich gegen die Diskriminierung Behinderter wehrten, wurde im Ergebnis eine Niederlage. Nun gilt nicht die Missbildung des Kindes, sondern die Belastung der Schwangeren *durch* ihr Kind als legaler Abtreibungsgrund. Das Gesetz öffnet einen breiten Interpretationsspielraum und nennt, anders als die alte Regelung, fast keine Beschränkungen. Weder muss sich die Schwangere beraten lassen noch eine Wartezeit zwischen Diagnose und Abbruch einhalten. (...) Heute darf eine Frau theoretisch bis kurz vor der Geburt abtreiben. (...)

(gekürzt aus DIE ZEIT vom 29.12.1999, Martin Spiewak, Achim Wüsthof)

Diskussionsforum

Gustav Klimt: Die Medizin

Im Vordergrund des Kunstwerkes von Gustav Klimt ist die griechische Göttin Hygieaia, die Gesundheit, abgebildet.

1 Gliedern Sie das Bild in Vorder- und Hintergrund. Analysieren Sie die dafür jeweils verwendeten Bildmotive im Hinblick auf den Bildtitel.

2 Diskutieren Sie, inwieweit sich Vorder- und Hintergrund des Bildes wechselseitig interpretieren.

3 Erschließen Sie aus den einzelnen Bildmotiven die Aktualität der Darstellung in Hinblick auf medizinethische Fragestellungen wie z. B. Schönheitsoperationen, künstliche Befruchtung, Umgang mit alten Menschen, lebensverlängernde Maßnahmen usf.

Die stille Selektion

1 Fassen Sie die wesentlichen Inhalte des Textes zusammen. Stellen Sie dabei die konträren Anliegen heraus und beginnen Sie eine Diskussion über den Wert oder Unwert pränataler Diagnostik.

2 Nehmen Sie zu der Auffassung Stellung, dass der Personbegriff die Befürworter und Gegner einer auf Selektion ausgerichteten pränatalen Diagnostik voneinander trennt.

3 1998 wurde gegen einen Frauenarzt im oberpfälzischen Weiden das Urteil verhängt, lebenslänglich Unterhaltszahlungen an eine Patientin zu zahlen, die ein Kind mit Down-Syndrom geboren hatte. Die Begründung der Eltern für ihre Klage: Bei einer Fruchtwasseruntersuchung wäre die Behinderung bemerkt worden und somit ein Abbruch der Schwangerschaft sinnvoll gewesen.

a) Diskutieren Sie die Entscheidung im Vergleich mit der von Bob Edwards erhobenen Behauptung.

b) Vertreten Sie Ihre Position: Unter welchen Umständen würden Sie einem Schwangerschaftsabbruch zustimmen?

Quer gedacht

Die Broschüre zur Ausstellung im Deutschen Hygiene-Museum in Dresden (20.12.2000–12.8.2001) beginnt mit folgenden Worten: „Wer ist schön? Wer ist hässlich? Wer ist gesund? Wer ist krank?
Der Biotechnologie-Boom und die Machbarkeitsfantasien, die er auslöst, erhöhen den gewaltigen gesellschaftlichen Normierungsdruck, der ohnehin auf jedermann lastet: „Normal" oder noch besser, „perfekt" zu sein, erscheint zunehmend erstrebenswert …"

1 Zeigen Sie in einem fiktiven Szenario, welche Folgen es langfristig haben könnte, wenn Biotechnologie bestimmt, welche Menschen den Planeten bevölkern.

2 Recherchieren Sie, welche biotechnologischen Methoden heute schon am Menschen angewandt werden und welchem Zweck sie jeweils dienen.

3 Diskutieren Sie die Aussage, dass es ein erster Schritt zur sozialen Mündigkeit ist, sich den in Medien propagierten Leitbildern menschlicher Perfektion zu entziehen.

4 Ganz im Gegensatz zum oben angesprochenen Normierungsdruck fordert Jan P. Beckmann in seinem Buch „Ethische Herausforderungen der modernen Medizin": Der Mensch sollte genetisch unplanbar, ethisch unverfügbar und anthropologisch nicht perfektibel sein. Diskutieren Sie, welches Verständnis von Leben, Person oder Menschenwürde den Hintergrund für diese Forderung darstellen könnte.

Informationsforum

Praxis der Lösung medizinethischer Probleme – ein Leitfaden

Wie können Modelle einer medizinethischen Entscheidungsfindung eigentlich für ein konkretes Problem genutzt werden? Drei Schritte sind dabei unerlässlich: die Situations-, Mittel- und Zielanalyse.

Schritt 1: Situationsanalyse

Zunächst gilt es zu erfassen, wer von der Problemlage betroffen ist: die eigene Person, Familie, Freunde, Ärzte und Pflegepersonal, Schule oder Arbeitsstelle, Krankenversicherung usf.? Welche Bedürfnisse und Erwartungen haben die Betroffenen? Worin besteht für die jeweiligen Personen überhaupt ein Problem?
Hierbei wird man immer eine **Wertung** vornehmen müssen, da zu entscheiden ist, welche Bedürfnisse Vorrang haben.

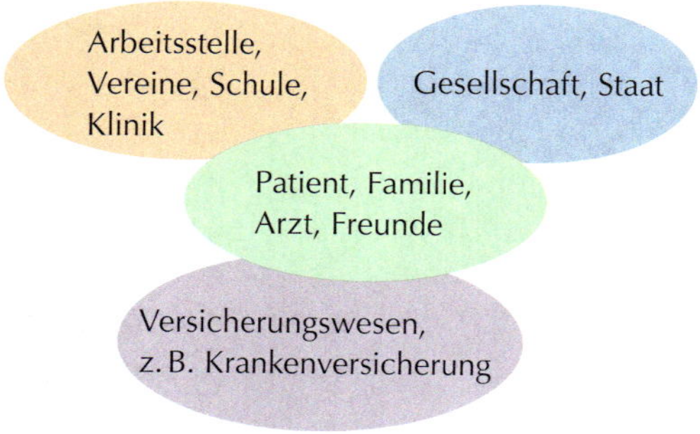

Schritt 2: Analyse der Lösungsmöglichkeiten

Ein weiterer wichtiger Schritt besteht darin, zu klären, worin das **medizinische Problem** besteht und welche zusätzlichen Probleme psychischer, sozialer oder wirtschaftlich-finanzieller Art damit verbunden sind. Um die Gesamtsituation verantwortlich bewältigen zu können, ist es wichtig, für die verschiedenen Facetten des Problems Rat und Informationen bei **Fachkräften** einzuholen. Nur so kann man sich ein realistisches Bild von den eigenen Handlungsmöglichkeiten und -spielräumen machen.

Schritt 3: Zielanalyse

Schließlich geht es darum, sich Klarheit über die **eigenen Ziele** zu verschaffen und zu prüfen, welche Handlungsmöglichkeiten mit ihnen korrespondieren. Die Schwierigkeit in diesem Schritt ist eine mehrfache: a) Es ist gar nicht leicht, sich darüber klar zu werden, was man selber will. b) Auch wenn eine rationale Einsicht in eine Problemlösung gewonnen werden kann, bedeutet das noch lange nicht, dass man von dieser Lösung auch emotional überzeugt sein muss. c) Hinzu kommt, dass immer auch die **Bedürfnisse** der **anderen Personen** berücksichtigt werden müssen.

Eine solche – umrisshaft – dargestellte Entscheidungsfindung entspricht dem **amerikanischen Modell** moderner Medizinethik: Denn in jedem der angeführten Schritte müssen die Prinzipien **Selbstbestimmung** (Autonomie), **Schadensvermeidung**, **Fürsorge** und **soziale Gerechtigkeit** bedacht werden.

Das Wichtigste auf einen Blick

*Bei einer medizinethischen **Entscheidungsfindung** kommen **ethische** und **rationale** Vorgehensweisen zum Tragen. Dabei verbinden sich **Situations-, Ziel- und Mittelanalyse** mit ethischen Prinzipien, wie sie beispielsweise im **amerikanischen Modell** zu finden sind. Eine zentrale Schwierigkeit dieses komplexen Abwägungsprozesses besteht darin, die eigene psychische Befindlichkeit in Einklang mit rationalen Erkenntnissen zu bringen.*

Medizinethische Fallanalysen

1. Pränatale Diagnostik und Schwangerschaftsabbruch

Manchmal liegt zwischen Leben und Tod nur ein Augenblick. Für Kerstin Reetz und ihren Sohn kam der Moment, als die 31-Jährige ihre schriftliche Einwilligung für den Schwangerschaftsabbruch geben sollte. Der Termin für den Eingriff stand fest. Die Diagnose kannte Kerstin Reetz bereits seit Tagen: Ihr Kind würde mit einem Down-Syndrom auf die Welt kommen. Es fehlte nur die Unterschrift, mit der sie der Abtreibung zustimmte. Da schoss es ihr durch den Kopf: „Was jetzt gemacht werden soll, ist Unrecht."

In der 21. Woche hatte eine Fruchtwasseruntersuchung den Traum von einem gesunden Kind zerstört. „Wie ein Schock" traf es sie, als die Ärztin ihr mitteilte, dass ihr Kind an der auch Trisomie 21 genannten Behinderung litt. Für ihre Gynäkologin schien die Konsequenz klar: Abtreibung. Down-Syndrom, das machte sie der Schwangeren klar, bedeute geistige Behinderung, erhöhtes Risiko angeborener Organschäden, später vielleicht Leukämie. Sprich: unendliches Leid auch für die Eltern. „Die negativen Folgen und Belastungen wurden immer wieder betont", so Reetz.

(gekürzt aus DIE ZEIT vom 29.12.1999, Martin Spiewak, Achim Wüsthof)

Versetzen Sie sich in die Lage von Eltern, die mit der gleichen Diagnose konfrontiert werden wie Kerstin Reetz und erproben Sie das im Informationsforum skizzierte Modell einer medizinethischen Entscheidungsfindung.

1 Führen Sie in Partnerarbeit den ersten Schritt des Modells durch: die Situationsanalyse. Gehen Sie dabei von Ihren realen Lebensbedingungen oder einer fiktiven Situation aus.

2 Erarbeiten Sie den zweiten Schritt der Entscheidungsfindung in Gruppenarbeit. Recherchieren Sie dazu in Kleingruppen Informationen zu den medizinischen, sozialen, psychologischen und wirtschaftlich-finanziellen Aspekten des Problems und tragen Sie sich Ihre Ergebnisse in Kurzreferaten vor.

3 Führen Sie den dritten Schritt der Entscheidungsfindung in Einzelarbeit durch. Fragen Sie sich bei den in die engere Wahl genommenen Handlungsmöglichkeiten, welche der Handlungsweisen Sie emotional am meisten überzeugen kann.

4 Klären Sie im Unterrichtsgespräch, inwiefern die gefundenen Entscheidungen den ethischen Prinzipien des amerikanischen Modells gerecht werden. Klären Sie in diesem Zusammenhang auch die Frage, ob das ungeborene Kind hierbei ebenso wie die Eltern als Person mit Menschenwürde zu berücksichtigen ist.

2. Präimplantationsdiagnostik und Designerbabys

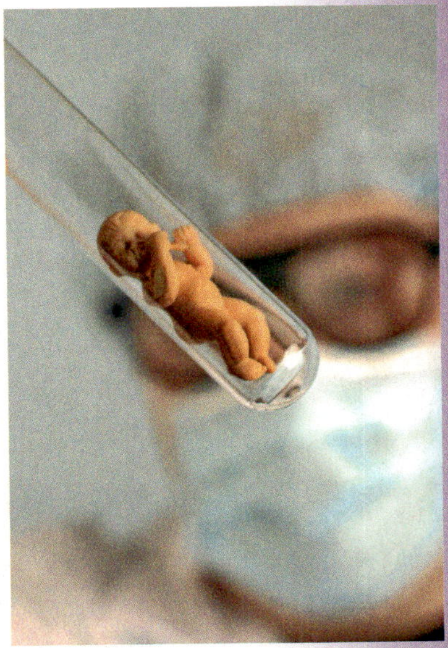

Wenn man normalerweise bei der künstlichen Befruchtung von der Präimplantationsdiagnostik (PID) spricht, dann meint man damit eine genetische oder zytologische Analyse der Embryos, die vor dem Einsetzen in die Gebärmutter auf bestimmte genetische Risiken geprüft werden. Man will entweder vermeiden, dass Kinder schwere, genetisch bedingte Krankheiten oder Behinderungen erleiden, oder sicherstellen, dass sie bestimmte Eigenschaften haben, beispielsweise als Spender von Nabelschnurblut für Geschwister, oder dass sie das erwünschte Geschlecht besitzen. Designer-Babys würden mit Freigabe oder weiteren Lockerungen der Selektion von

Embryos durch PID entstehen, man spricht vom Recht auf Gesundheit oder auch von Diskriminierung von körperlich oder geistig Behinderten. Und natürlich ist von Eugenik die Rede, von dem Versuch also, vermeintlich „unwertes“ Leben zu verhindern.

In Großbritannien drehen gerade Paula Garfield (Theaterdirektorin) und Tomato Lichy (Künstler und Designer) den Spieß um. Beide sind genetisch bedingt taub und haben bereits ein taubes Kind gezeugt. Nun wollen sie noch einmal ein Kind haben, da Paula Garfield aber schon über 40 Jahre alt ist, müsste dies eventuell durch künstliche Befruchtung geschehen. Dann wollen sie die Embryos aber daraufhin überprüfen lassen, ob sie die genetische Voraussetzung für Taubheit besitzen. Beide wollen nämlich unbedingt ein taubes Kind, weswegen die Embryos, die nicht taub zu werden drohen, ausselektiert werden sollen.“

(Quelle: Florian Rötzer 16.04.2008)

1 Recherchieren Sie Informationen zur Präimplantationsdiagnostik und stellen Sie die damit verbundenen Möglichkeiten in einem Schaubild dar.

2 Diskutieren Sie die Berechtigung des Anliegens von Paula Garfield und Tomato Lichy vor dem Hintergrund des Modells medizinethischer Entscheidungsfindung. Gehen Sie bei Ihrer Argumentation von den dort zentralen ethischen Prinzipien aus.

3 Setzen Sie diesen Fall in Bezug zu den folgenden Aussagen des Molekularbiologen und Nobelpreisträgers James Watson (s. Foto). Bei einem Interview wurde ihm die Frage gestellt, ob der Staat gentechnologische Methoden stärker kontrollieren sollte. Er antwortete:

„Ich glaube, sie [die Methoden] sind so umstritten, dass der Staat sich nicht einmischen sollte. Ja, ich würde mich raushalten, genau wie [die Regierung] sich bei der Abtreibung raushalten sollte. Entscheidungen hinsichtlich der Fortpflanzung sollten nicht vom Staat getroffen werden, sondern von den Frauen. (…) Im Mittelpunkt sollten nach meiner Überzeugung die Interessen der Familie stehen und nicht die des Staates. Die Leute sagen: „Aber das wären ja Designerbabys.“ Und ich antworte: „Gut, was ist denn so schlimm an Designerkleidung?“ Wäre es nicht schön, wenn man sagen könnte: „Mein Kind wird sicher kein Asthma haben?“ Was ist so schlimm am therapeutischen Klonen? Wem tut es weh? Wer glaubt, jede Pflanze sei zu einem bestimmten Zweck von einem Gott geschaffen – der mag der Ansicht sein, man solle nichts daran ändern.“

(James Watson)

a) Zeigen Sie, welchen Standpunkt James Watson hier vertritt.
b) Diskutieren Sie die Frage, welche Aufgabe eine staatliche Kontrolle zu leisten hätte, die Watson rigoros ablehnt.
c) Diskutieren Sie die These „Menschenwürde, Personalität und Freiheit werden in einer Welt zur Leerformel, in der nur noch „passende“ Menschen ein Recht darauf haben, geboren zu werden und zu leben.“

Das Wichtigste merken …

„Wenn Menschen auf einem so niedrigen intellektuellen Entwicklungsstand sind, dass sie ihrer selbst nicht bewusst sind, dann sind wir nicht verpflichtet, sie am Leben zu halten.“

(Peter Singer, australischer Philosoph)

1 Erläutern Sie den Personbegriff, der dieser Behauptung zugrunde liegt, und grenzen Sie ihn von einer anderen Ihnen bekannten Position ab.

2 Vergleichen Sie philosophische und biologische Auffassungen von dem, was „Leben“ ist.

3 Stellen Sie dar, was man unter dem „hippokratischen Eid“ versteht und erläutern Sie, inwieweit er eine Erweiterung durch das amerikanische Modell erfährt.

„Ein Transplantationspatient spielt seine Ausgaben im Zweifel wieder ein. Ein dauerkomatöser Patient verursacht wirklich nichts mehr als Kosten.“

(Hans-Georg Koch, Jurist)

4 Legen Sie dar, welche Forderung mit diesem Vergleich zum Ausdruck gebracht wird und setzen Sie sich kritisch mit ihr auseinander. Berücksichtigen Sie dabei Ihnen bekannte medizinethische Grundbegriffe und die Prinzipien des amerikanischen Modells.

5 Der Fall Jesse Gelsinger
Der 18-jährige Jesse Gelsinger starb 1999 an einer starken Abwehrreaktion seines Immunsystems gegen genetisch veränderte Viren, mit deren Hilfe eine schwere Stoffwechselstörung behandelt werden sollte. Zu diesem klinischen Experiment, das der Entwicklung von Therapien dienen sollte, hatte sich Jesse freiwillig bereit erklärt; man hatte ihm versichert, dass die Behandlung ungefährlich sei. Bis dahin hatten die Ärzte das Verfahren aber nur an Mäusen erprobt. Vier Tage nach der Infusion war Jesse tot. Experten sind sich im Nachhinein einig, dass die klinische Forschung aus Erfolgsdruck viel zu früh begonnen wurde. (aus: Lebensfragen. Kontroversen zur Bioethik, S. 12, Aktion Mensch)

a) Stellen Sie das zentrale ethische Problem medizinischer Forschung dar, das der Fall Jesse Gelsinger aufwirft.

b) Die Freiheit der Forschung ist grundrechtlich geschützt (Artikel 5, Grundgesetz). Zeigen Sie am geschilderten Fall die Grenzen dieser Freiheit auf. Beziehen Sie sich dabei auf medizinethische Grundbegriffe und die Prinzipien des amerikanischen Modells.

6 Gentests ermöglichen es, ein genetisch bedingtes Erkrankungsrisiko, z. B. für die Gehirnerkrankung Huntington, Diabetes und verschiedene Krebserkrankungen, zu erkennen und festzustellen, ob Nachkommen die Krankheit erben können. Der Genetiker Uwe Claussen fordert dagegen ein Recht auf Nichtwissen: „Schon vom drohenden Risiko einer gefährlichen Krankheit zu wissen, kann krank machen. (…) Vor allem werdende Mütter sehen sich unter Druck, nur gesunde Kinder auszutragen. Möglichst mit TÜV-Stempel auf dem Po: Besteht Abitur.“
Zeigen Sie anhand der Prinzipien des amerikanischen Modells auf, ob Claussen mit dem Recht auf Nichtwissen tatsächlich ein zusätzliches Recht formuliert oder ob dies bereits in bestehenden Rechten enthalten ist.

7 a) Beschreiben und deuten Sie die Karikatur (S. 169) vor dem Hintergrund, dass Gesundheitsfürsorge für jeden Bürger im Rahmen des Möglichen garantiert sein soll.

b) Zeigen Sie anhand der Prinzipien des amerikanischen Modells die medizinethische Problematik auf, die thematisiert wird.

c) Nehmen Sie begründet Stellung zur Aussage der Karikatur.

8 Seit dem Jahre 2003 ist das Fach „Ethik der Medizin" Pflichtfach in der Ausbildung der Medizinstudierenden. An der Universität Ulm gab es bereits seit 1990 ein Seminar für Medizinethik, über das Irene v. Hardenberg in dem Artikel „Wollen Sie so behandelt werden" für die Zeit berichtete:

„Ethische Probleme im medizinischen Alltag: Der Fortschritt der Medizin führt dazu, dass Ärzte sich immer häufiger in Situationen wiederfinden, in der ihnen schwierige Entscheidungen abverlangt werden. Reanimiert man auf der Notfallstation einen Hirnverletzten, nur weil die Angehörigen darum flehen und obwohl man weiß, dass er aus dem Koma nie mehr aufwachen wird? Hilft oder schadet man einem Patienten, wenn man ihm die Wahrheit über eine noch nicht ausgebrochene tödliche Krankheit sagt? Wie soll man reagieren, wenn ein Patient um Sterbehilfe bittet?

(…) Als die Ulmer Kurse vor acht Jahren starteten, ahnte niemand, dass sie einmal an jedem Wochenende ausgebucht sein würden. Ihr Initiator, der 76-jährige Humangenetiker Helmut Baitsch, leistet seinen Einsatz unbezahlt. Seine Mitarbeiterin Sponholz meint: „Wenn ein Medizinstudent die Universität abschließt, ist ein Drittel seines Wissens schon wieder veraltet. Die Methoden, mit denen Ärzte später ethische Probleme erkennen und angehen können, bleiben hingegen gleich. Auch ein Arzt muss erst trainieren, Verantwortung im Entscheidungsprozess zu tragen." Ärzte in der Praxis sehen das ähnlich, wie eine Umfrage bestätigt, die der Chefarzt der Neugeborenenabteilung an der Frankfurter Uniklinik im vergangenen Jahr vorstellte: Kinderärzte, die über das Schicksal von behinderten Frühgeborenen entschieden, empfanden es danach mehrheitlich als Defizit, dass kaum einer im Studium eine „systematische Methodik zur ethischen Entscheidungsfindung" kennengelernt hatte. Mehr als drei Viertel der Befragten hatten Schuldgefühle, wenn sie bei einem schwerstbehinderten Frühgeborenen eine lebensrettende Behandlung bewusst unterlassen hatten; noch häufiger aber plagte sie ihr Gewissen nach einer Intensivbehandlung solcher Babys.

Die Zahl chronisch Kranker und moribunder alter Patienten, aber auch die Möglichkeiten lebensverlängernder Therapien nehmen ebenfalls weiter zu. Schon heute sterben sechzig bis achtzig Prozent der Menschen im Krankenhaus. „Koma gab es zwar schon immer, aber früher starb man eben automatisch daran", sagt Baitsch und fragt: „Wie gehen die Ärzte in Zukunft mit ihrer Macht über das Lebensende um? Und wie verteilen sie die Segnungen der Medizin bei immer knapperen Kassen? Wer bekommt bei begrenzten Ressourcen eine neue Niere, wer nicht?" Baitsch ist überzeugt: „Die Abwägung zwischen dem, was medizinisch machbar und menschlich vertretbar ist, wird immer wichtiger."

(aus: Zeit online, 18.06.1998)

a) Erläutern Sie die Aussage, dass „Methoden, mit denen Ärzte … ethische Probleme erkennen und angehen können, … gleich" bleiben, indem Sie auf Ihnen bekannte medizinethische Prinzipien eingehen.

b) Verfassen Sie in Anlehnung an diese Prinzipien eine Anleitung für Ärzte, die über eine lebensrettende Behandlung schwerstbehinderter Frühgeborener entscheiden müssen. Berücksichtigen Sie bei Ihren Überlegungen den Kreis der unmittelbar Betroffenen.

Stichwortverzeichnis

Textnachweis

S. 6: Martin Euringer: Griechisch-römische Philosophie im interkulturellen Kontext., Traugott Bautz Verlag, Nordhausen 2007, S. 42–44

S. 8: Störig, Hans Joachim: Kleine Weltgeschichte der Philosophie. Frankfurt 1983, S. 146, Fischer Taschenbuch

S. 12: Hans-Georg Gadamer: Ein „sokratischer" Dialog (1965), in: Gadamer, H.-G., Hermeneutische Entwürfe. Vorträge und Aufsätze, Mohr-Siebek, Tübingen 2000, S. 227–228

S. 14: Karl Jaspers, „Merkwürdig ist, dass wir das Aussehen des Sokrates kennen", in: Karl Jaspers, Große Philosophen, Piper, 1959, S. 107

S. 17 f.: Platon: Apologie des Sokrates, reclam 1986

S. 18: aus: Skirbekk, G./Gilje, N.: Geschichte der Philosophie. Bd. 1, Suhrkamp 1993, S. 62 f.

S. 20 f.: Platon, Der Staat. Stuttgart: Kröner, 2011, S. 238–242

S. 27: Jostein Gaarder: Sofies Welt. München: Hanser 1993, S. 103–108

S. 34: Platon: Siebter Brief, in: ders.: Gesammelte Werke. Bd. 5, Darmstadt: WBG 1990, S. 367–373, gekürzt und in Abschnitte geteilt

S. 37: Vereinfach gesprochen stellt Platon folgende Bedingung …", aus: Skirbekk, Gunnar/Gilje, Nils: Geschichte der Philosophie, Suhrkamp 2003, S. 86 f.

S. 39: Thomas Hobbes: Leviathan. Rascher Verlag Zürich/Leipzig MCMXXXVI. Hrsg. und eingeleitet von J. P. Mayer, hier zitiert nach http://www.welcker-online.de/Links/link_957.html am 16.06.2011

S. 42: Thomas Hobbes: Grundzüge der Philosophie, Leipzig 1949, Meiner Verlag

S. 44 f.: Jean Jacques Rousseau, Der Gesellschaftsvertrag oder Die Grundsätze des Staatsrechtes. In der Übersetzung von H. Denhardt, hrsg. von Heinrich Weinstock, Reclam Verlag Stuttgart 1974

S. 51: Immanuel Kant: Beantwortung der Frage: Was ist Aufklärung?. Philosophie von Platon bis Nietzsche, S. 24931 ff. (vgl. Kant-W Bd. 11, S. 53 ff.), http://www.digitale-bibliothek.de/band2.htm, Text leicht bearbeitet und gekürzt

S. 54: „In der politischen Philosophie sprechen wir oft von negativer Freiheit …", aus : Skirbekk, G./Gilje, N.: Geschichte der Philosophie. Bd. 1, 1993, S. 532–536, Suhrkamp

S. 60 f.: Interview von Uwe Birnstein mit Dorothee Sölle, leicht gekürzt und überarbeitet aus: Sonntagsblatt - Archiv, http://www.sonntagsblatt-bayern.de/02/02-17-28.04.2002_1019654334-28931.htm

S. 63: „Arbeit ist …" aus: http://de.wiktionary.org/wiki/Arbeit, 04.01.2011

S. 66: „Wenn es um Schattenwirtschaft geht …", aus: Die Welt, 25.02.2009

S. 69: „Müßiggang ist ein Feind der Seele", aus: Des Sculpicius Severus Schriften über den hl. Martinus. Des heiligen Vinzenz von Lerin Commonitorium. Des heiligen Benediktus Mönchsregel. Bibliothek der Kirchenväter, 1. Reihe, Band 20, Kempten; München: Jos. Kosel, 1914

S. 73: „Die Arbeit bekommt immer mehr alles gute Gewissen …", aus: Friedrich Nietzsche: Werke und Briefe: S. 3514, C. Hanser Verlag, hier zitiert nach: http://www.digitale-bibliothek.de/band31.htm

S. 76 f.: aus: http://www.schulbank.de/newsletter/2009/10/im-fokus-adam-smith-2013-begru308nder-der-klassischen-volkswirtschaftslehre

S. 80: „Da nun jedermann nach Kräften sucht …", aus: Adam Smith, Eine Untersuchung über Natur und Wesen des Volkswohlstandes, Achenbach, Jena 1923, Band 2, S. 235 f.

S. 84: aus: Heinrich Böll, Wanderer, kommst du nach Spa …, Deutscher Taschenbuch Verlag, Köln 1967, S. 117–120

S. 93 f. Text aus: Spiegel online, hat den Text mit freundlicher Genehmigung der Frankfurter Allgemeinen Sonntagszeitung übernommen, http://www.spiegel.de/netzwelt/web/0,1 518

S. 95: Karl Marx: „Die Arbeit ist zunächst ein Prozess …", aus: Das Kapital, Bd. 1, Kritik der politischen Ökonomie, III, 5.1 Arbeitsprozess, Gesellschaftsanalyse und Politische Bildung e.V. von Dietz, Berlin

S. 98 f.: „Der Arbeiter wird um so ärmer …", aus: Karl Marx, Philosophische und ökonomische Schriften, hrsg. von Rohbeck, Johannes/Breitenstein, Peggy H., Reclam Verlag 2008

S. 100: „Mittlerweile leiden rund 30 Prozent der Bevölkerung …", aus: http://www.focus.de/finanzen/news/wirtschaft-burn-out-alarm_aid_565450.html unter „Psychosoziale Krisen bedrohen als Massenphänomen Wirtschaft und Gesellschaft"

S. 103 f.: Martin Auer, in: http://www.peaceculture.net/stories/2/12

S. 119: Johann Wolfgang Goethe: Aus meinem Leben. Dichtung und Wahrheit, Erstausgabe Tübingen, Cotta 1811, 1812, 1814. (Zitiert nach Hamburger Ausgabe Bd. IX

S. 30 f.))
S. 122: Leibniz: Die Theodicee. Philosophie von Platon bis Nietzsche, S. 17490, (vgl. Leibniz-Theod., S. 97-104), http://www.digitale-bibliothek.de/band2.htm, gekürzt und bearbeitet)
S. 124 f.: Auszug aus „Nathan der Weise", aus: Gotthold Ephraim Lessing, Werke, Bd. 2, hrsg. von Herbert G. Göpfert, Lizenzausgabe der WBG Darmstadt 1996, S. 276–280
S. 130: Wortlaut der der Erklärung der Delegierten: http://www.kathweb.at/content/site/dokumente/dokumente/article/343.html
S. 132 f.: Aus Focus 14/99, zit. nach http://www.dober.de/religionskritik/ am 1.2.2010
S. 134: Bertold Brecht, zitiert nach http://www.dober.de/religionskritik/ am 01.02.2010
S. 137: Feuerbach: Das Wesen des Christentums. Philosophie von Platon bis Nietzsche, S. 46410 (vgl. Feuerbach-Wesen Bd. 1, S. 51) http://www.digitale-bibliothek.de/band2.htm
S. 138: „Der tolle Mensch.", aus: Nietzsche, Die fröhliche Wissenschaft. Philosophie von Platon bis Nietzsche, S. 67476–78 (vgl. Nietzsche Bd. 2, S. 127–128), http://www.digitale-bibliothek.de/band2.htm
S. 139: aus: Miriam Meckel, Brief an mein Leben, Rowohlt 2010, S. 173 f.
S. 140 f.: aus: Georg Christoph Lichtenberg: Schriften und Briefe. Herausgegeben von Wolfgang Promies, Bd. 1–3, München: Hanser, 1967 ff., Bd. 2, S. 410
S. 142: aus: Ludwig Feuerbach, Grundsätze der Philosophie der Zukunft. Philosophie von Platon bis Nietzsche, S. 47132 (vgl. Feuerbach-KPS, S. 88), http://www.digitale-bibliothek.de/band2.htm
S. 144 f.: aus: Stanislaw Lem, Nacht und Schimmel. Erzählungen, Suhrkamp, Frankfurt a. M. 1972, zit. nach Spiegel Special 3/1996, Die Multimedia-Zukunft, S. 70–74
S. 145: aus: Dieter Birnbacher, Bioethik zwischen Natur und Interesse, Suhrkamp, Frankfurt a. M. 2006, S. 58 f.
S. 159: Ausschnitt aus: Gustave Flaubert: Madame Bovary, dtv/Winkler 1991, S. 226–233
S. 161: aus: FOCUS Online vom 11.10.2006, Quelle: dpa
S. 162: Auszug aus: Michael Naumann: „Moralischer Hörsturz. Oder: Taube Kinder auf Bestellung", in Die ZEIT 18/2002, http://www.zeit.de/2002/18/Moralischer_Hoersturz
S. 164: gekürzt aus: Die ZEIT vom 29.12.1999, Martin Spiewak, Achim Wüsthof
S. 167: gekürzt aus: Die ZEIT vom 29.12.1999, Martin Spiewak, Achim Wüsthof
S. 168: aus: Florian Rötzer 16.04.2008, http://www.heise.de/tp/r4/artikel/27/27720/1.html, 05.01.2011
S. 169: aus: Lebensfragen. Kontroversen zur Bioethik. S. 12, Aktion Mensch
S. 170: aus: Zeit online Wissen von Irene von Hardenberg, 18.06.1998A

Bildquellennachweis

5 Parlamentsdirektion (Parlamentsdirektion/Mike Ranz), Wien-Parlament; **7** Picture-Alliance (Ton Koene), Frankfurt; **9** Kannegießer, Wulf/wulkan, Düsseldorf; **9** Ullstein Bild GmbH (Reuters), Berlin; **10** AKG (Andre Held), Berlin; **10** Fotolia LLC (Bergfee), New York; **11** AKG (John Hios), Berlin; **12** Fotolia LLC (Klaus-Peter Adler), New York; **13** Speth, Frank (www.kunstsam.de), Quickborn; **14** Picture-Alliance (Herve Champollion/akg-images), Frankfurt; **15** AKG (Schuetze/Rodemann), Berlin; **16** AKG (Erich Lessing), Berlin; **18** AKG, Berlin; **19** Lea Scheurer, Stuttgart; **23** Mauritius Images (Alamy), Mittenwald; **23** Fotolia LLC (Xavier Marchant), New York; **24** Fotolia LLC (Anastasiya Igolkina), New York; **25** UNIVERSAL PICTURES/Album/AKG; **26** akg-images, Berlin/Erich Lessing © Salvador Dali, Fundacio Gala-Salvador Dali/VG Bild-Kunst, Bonn 2010 [Salvador Dali: Die zerrinnende Zeit, 1931]; **27** Quint Buchholz, Am Wasser. Ein Bilderbuch. Durchgehend farbig bebildert. Mit Texten von Johanna und Martin Walser © 2000 Sanssouci im Carl Hanser Verlag, München; **28** Ullstein Bild GmbH (NMSI/Science Museum), Berlin; **28** Herzog August Bibliothek, Wolfenbüttel; **29** Thinkstock (Hemera), München; **30** Thinkstock (Hemera), München; **31** Thinkstock, München; **33** Ullstein Bild GmbH (Spiegl), Berlin; **34** AKG (Erich Lessing), Berlin; **35** Truschkewitz, Tommy, Förderstedt; **37** BPK (SMB/Johannes Laurentius), Berlin; **38** AKG, Berlin; **40** Schopf, Oliver, Wien; **41** AKG (AKG Pressebild), Berlin; **42** WARNER BROS. PICT./VILLAGE ROADS/AKG; **43** Bridgeman Art Library Ltd. (Archives Charmet), Berlin; **46** Robischon, Rolf, Freiburg; **47** Picture-Alliance (Pum-MacPhoto), Frankfurt; **48** culture-images (Lebrecht), Köln; **48** Ullstein Bild GmbH (Roger Viollet), Berlin; **49** BPK (Kupferstichkabinett, SMB/Jörg P. Anders), Berlin; **52** Wilhelm-Busch-Gesellschaft e.V., Hannover; **54** Thinkstock (Getty Images), München; **55** Ullstein Bild GmbH (TopFoto), Berlin; **55** Gerhard Mauch, Rottweil; **56** Tim Noble & Sue Webster. Courtesy of the artists and Gagosian Gallery; **57** Peter Kunzmann, Franz-Peter Burkhard, Franz Wiedmann: dtv Atlas der Philosophie. Graphische Gestaltung: Axel Weiß. © 1991 Deutscher Taschenbuch Verlag, München; **59** Abendroth, Barbara, Dortmund; **60** Ullstein Bild GmbH (B. Friedrich), Berlin; **63** Ärzte ohne Grenzen/Médecins Sans Frontières (MSF), Wien; **64** Fotolia LLC (Susanne Körner), New York; **65** Fotolia LLC (Franz Pfluegl), New York; **66** Institut für Demoskopie, Allensbach; **68** Hanitzsch, Dieter, München; **69** Nachzeichnung des Säkularisationsplanes von 1802/03 (BayHStA München) des Benediktinerklosters Oberaltaich, Hans Neueder und Andreas Kammermeier, Bogen; **70** Verein der Freunde der Kartause Aggsbach, Aggsbach-Dorf; **71** AKG, Berlin; **72** Fotolia LLC (Leno2010), New York; **74** BPK (Münzkabinett, SMB), Berlin; **75** BPK (Hermann Buresch), Berlin; **76** iStockphoto, Calgary, Alberta; **78** LWL-Landesmuseum für Kunst und Kulturgeschichte, Münster/Sabine Ahlbrand-Dornseif/Museen Burg Altena, Inv. Nr. Mz 92/74; **80** Fotolia LLC (Thomas Aumann), New York; **81** Ullstein Bild GmbH (Archiv Gerstenberg), Berlin; **81** Ullstein Bild GmbH, Berlin; **82** Ullstein Bild GmbH (Granger Collection), Berlin; **83** Berger, Karl, Pressbaum; **85** Sozialverband VdK Deutschland e.V., Bonn; **85** Fotolia LLC (Falko Matte), New York; **86** Wikimedia Foundation Inc. (PD), St. Petersburg FL; **87** AKG, Berlin; **88** ARD-aktuell (NDR/Wolfgang Borrs), Hamburg; **89** Picture-Alliance (Matthias Hiekel), Frankfurt; **92** Picture-Alliance, Frankfurt; **93** The Associated Press GmbH (Eckehard Schulz), Hamburg; **96** JupiterImages photos.com, Tucson, AZ; **97** Fotolia LLC (Natalia Bratslavsky), New York; **98** Wössner, Freimut, Berlin; **99** Fotolia LLC (Lichtmeister), New York; **101** ce-comico.de, Solingen; **102** Wikimedia Foundation Inc. (PD), St. Petersburg FL; **103** Roger Schmidt, Karikatur-Cartoon, Brunsbüttel; **104** Fotolia LLC (Artmann Witte), New York; **105** Wikimedia Foundation Inc. (PD), St. Petersburg FL; **107** NASA/courtesy of nasaimages.org; **108** Fotolia LLC (Oliver Kloth), New York; **110** DVD-Rom The Yorck Project: 10.000 Meisterwerke der Malerei. DVD-ROM, 2002. ISBN 3936122202 (Distributed by DIRECTMEDIA Publishing GmbH); **111** AKG, Berlin; **113** Intersport Deutschland eG, Heilbronn; **114** ddp images GmbH (AP Photo), Hamburg; **117** Fotolia LLC (Alexandr Mitiuc), New York; **118** Paul Klee, Das Tor zur Tiefe, 1936, 25. Aquarell auf Grundierung auf Baumwolle auf Karton, 24 x 29 cm, Privatbesitz Schweiz, Depositum im Zentrum Paul Klee, Bern; **119** AKG (North Wind Picture Archives), Berlin; **120** Picture-Alliance (dpa/Marijan Murat), Frankfurt; **120** ddp images GmbH (dapd/Oliver Lang), Hamburg; **122** Koch, Dr. Wilfried, Rietberg; **123** Brandner, Toni, Borgholzhausen; **126** Picture-Alliance (Dominic Favre/EPA), Frankfurt; **128** Erfurter Interreligiöser Dialog [2011, Radio F.R.E.I., alle Rechte vorbehalten, http://dialog.radio-frei.de]; **129** KNA-Bild GmbH (Katharina Ebel), Bonn; **130** KNA-Bild GmbH (Romano Siciliani), Bonn; **131** AKG, Berlin; **133** Fotolia LLC (Michael Klug), New York; **134** Jacques Tilly, Düsseldorf; **135** Peter Kunzmann, Franz-Peter Burkhard, Franz Wiedmann: dtv Atlas der Philosophie. Graphische Gestaltung: Axel Weiß. © 1991 Deutscher Taschenbuch Verlag, München; **136** Aichberger, Michael von, Erlangen; **136** Klett-Archiv (Steffen Jähde), Stuttgart; **136** PantherMedia GmbH (Alfred Osterloh), München; **137** Bensien, Hasso, Oldenburg; **138** Wikimedia Foundation Inc. (PD), St. Petersburg FL; **140** Kannegießer, Wulf/wulkan, Düsseldorf; **142** KNA-Bild GmbH (liron almog\gpo handout), Bonn; **142** Habicht, Christian, Eisenberg; **143** Museen der Stadt Aschaffenburg (Christian Schad Stiftung Aschaffenburg), Aschaffenburg; **146** Aktion Mensch, Bonn; **147** Fotolia LLC (Beerkoff), New York; **147** Fotolia LLC (Lichtmaler), New York; **147** Fotolia LLC (M&S Fotodesign), New York; **148** Greiner, Ralf (Ralf Greiner), Hausach; **150** DKMS Deutsche Knochenmarkspenderdatei, Köln; **150** Fotolia LLC (Klaus Eppele), New York; **151** BPK, Berlin; **151** Wikimedia Foundation Inc. (Joel Travis Sage), St. Petersburg FL; **152** AKG, Berlin; **152** BPK, Berlin; **152** BPK (Hermann Buresch), Berlin; **152** shutterstock (Brasiliao), New York, NY; **152** BPK (Hervé Lewandowski/RMN), Berlin; **153** AKG (Erich Lessing), Berlin; **154** www.cartoonstock.com, Bath; **155** Picture-Alliance (akg-images/Erich Lessing), Frankfurt; **156** Wikimedia Foundation Inc. (PD), St. Petersburg FL; **158** Corbis (Geoffrey Clements), Düsseldorf; **160** Ullstein Bild GmbH (The Granger Collection), Berlin; **160** www.cartoonstock.com, Bath; **162** Aktion Mensch, Bonn; **163** epo-film, Wien; **164** Aktion Mensch, Bonn; **167** Fotolia LLC (Gina Sanders), New York; **168** Wikimedia Foundation Inc. (Raul654), St. Petersburg FL; **169** Reinhard Trummer, Konstanz

Sollte es in einem Einzelfall nicht gelungen sein, den korrekten Rechteinhaber ausfindig zu machen, so werden berechtigte Ansprüche selbstverständlich im Rahmen der üblichen Regelungen abgegolten.